Nous S… Malgré Nous

…ogie politique

Bernard Charbonneau et Jacques Ellul

차례

서문

보르도 학파의 기술 비판, 정치생태학의 근원 사상

"사회의 뼈대를 강화하지 않으면 진보 구축은 요원하다.
즉, 국가의 강화를 배제한 진보는 있을 수 없다.
자유의 무한 성장과 안락한 삶을 종합한다는 말 자체가
하나의 유토피아다."

베르나르 샤르보노, 「자연 감성, 혁명적 힘」

표층의 온수는 떠내려 보내고 심층의 냉수는 고요히 가라앉히는 해류처럼, 책의 생명력도 정신의 산물을 가라앉히거나 떠오르게 하는 시대와 감성의 흐름을 따른다. 베르나르 샤르보노1910-1996의 책들은 깊은 바다를 헤엄치는 물고기 떼와 같다. 그것은 당초 물질세계라는 바다에 빠졌다가 새로운 사유70년이나 앞서 표현했던 생각에서 맛볼 수 있는 청량감와 시대의 힘우리가 발견한 글들은 1935년에서 1945년 사이에 기록된 원고들이다을 거치면서 진면목을 드러냈다. 말 그대로, 심층에서 다시 솟아난 "냉

수”다.

이 원고들이 작성된 이후, 인간은 사라졌다. 근·현대성의 확고부동성과 전지전능함이 인간을 조립했다. 사람들은 이미 세상을 떠난 특정 저자의 발견을 지난 세기에 대한 호기심 정도로 여긴다. 위대한 문화국을 자처하는 늙은 프랑스는 자국의 위대한 유산에 프랑스판 헨리 데이비드 소로[1]가 있었다는 사실을 새까맣게 잊었다. 샤르보노는 니체가 말했고, 스탕달이 반복했던 공식인 “사후死後에 태어난” 인물에 딱 맞는 사상가였다. 어떤 사람들은 살면서 숨은 쉬지만 침묵이라는 무덤에 매장된 채 산다. 또 어떤 사람[2]은 살면서 서른 권의 책을 쓰고, ‘사상의 전복’과 ‘체화된 삶’의 맞선을 주선할 수 있으며, 근본적이고 독창적인 사고의 심화를 위해 전력을 다하고, 몸의 온 근육을 모아 뜬 마지막 한 술, 마지막 식사를 마치고, 결국 돌아보니 인생은 실직‘이요’ 황량한 사막뿐이었노라고 이야기할 수도 있다.[3]

청년기의 글에서 샤르보노는 시적詩的 여유를 즐기며 옛 사람들의 심오한 통찰과 현대성을 읊는다.[4] 샤르보노의 글은 1945년 이후로 세간에 유포되기 시작했다. 등사본 형태의 유인물이었고, 유포 범위도 제한되었으며, 자비량 출판이었다. 출판사 측에서 활용한 제목만 하더라도 셀 수 없이 많았다. 베르나르 샤르보노는 ‘한 세기’를 냉혹하게 비판한 인물이다. 그는 현대의 탄생을 제대로 이해했다.[5] 그가 주목했던 '현 시대', 즉 그가 살던 시대는 메마르고 척박한 시대이자 배반의 시대였다. 즉, '문명인들' 사이에서 '사람들'이 말없이 죽어갔던 시대였다.

샤르보노의 친구이면서, 그와 함께 이 책의 첫 번째 글[6]을 쓴 자끄 엘륄1912-1994 [7]은 1985년에 작성한 감동적인 글에서 샤르보노에게 아낌없는 찬사를 보낸다. 엘륄은 샤르보노를 "현대 사회를 건설한 힘인 기술을 폭넓은 시야로 조망하면서, 기계화와 산업을 비판하고 그것의 극복을 외친 최초의 인물"[8]로 소개한다. 엘륄은 샤르보노를 "우리 시대에 보기 드문 천재들"[9] 중 하나로 보았다. 엘륄을 알게 된 지 얼마 되지 않아 샤르보노는 "엘륄과의 만남으로 나는 완전한 절망에 빠지지 않을 수 있었다"[10]라고 고백했다. 지난 두 세기 동안 이어졌던 이른바 '인류세'人類世 Anthropocène 시대[11]에 접어들어, 과학기술이 지구를 통째로 집어 삼킬 수도 있다는 전망이 나왔다. 지금 우리는 중대 기로에 섰다. 이러한 전망이 입증되었던 순간, 샤르보노와 엘륄 사상의 현실성둘의 저작을 모두 합치면 족히 80권을 상회한다이 마치 폭탄 터지듯 터졌다. 샤르보노는 현실의 이러한 상황을 "대격변"Grande Mue [12]이라 칭했다. 그는 1943년에 작성한 글에서 이 현상을 꽤 길게 기술한다. 글의 제목은 「죽어가는 목신木神판」*Pan se meurt*이며, 당시 미간행 자료였다.

이 책의 수원지, 본문의 밑바탕, 그리고 내 실존의 기저에는 거대한 격변에 대한 의식이 있다. 우리는 지난 두 세기를 거치며, 문명의 변화를 직시한다. 근본변화는 단지 문명에만 그치지 않는다. 내면의 심층부에서, 사회와 인간도 근본적으로 바뀌는 중이다. 과거의 모든 혁명들은 본질과의 결합에 실패했다. 이러한 혁명의 과정에서 인간의 의식이 중요한 역할을 했다. 그러나 오늘날 인간의 의식은 근자에 등장한 무제한적인 노력 앞에서 초개草芥와 같이 사라진다. 의식화된 인간의 소멸이야말로 현 시대의 크나큰 위기이다. 진보라는 이름으로 영광을 누린 인간, 혹은 치명적 운명을 겪는 인간은 생성과 변화의 화신avatar이 된다. 인간이 최악의 사태를 만들었다. 인간은 특정 신화에 불과한 것을 중요하다고 떠들며, 자기 단련용 운동의 속도를 증가하기 위해 갖은 노력을 기울인다. 인간은 자기 입으로 '행동'이라 불렀던 것의 방향 설정이 과연 옳은지 그른지에 대해 숙고하지 않으려 한다. 또한 지식을 동원해 그 행동을 엄격하고 총괄적으로 검토하는 작업을 거부하려 한다. 인간은 자신을 조련하는 난폭한 시류에 휩쓸린 물건la chose에 불과하다.[13]

샤르보노의 글이 주축을 이룬 이 책은 우리에게 기쁜 소식을 전한다. 정치생태학의 태생지는 나치의 장화에 묻은 찌꺼기도 아니고, "자연으로 돌아가라"고 외쳤던 페탱 원수의 입도 아니다. 뤽 페리Luc Ferry에서 장 자콥Jean Jacob에 이르기까지, 보수주의 노선의 정치 철학자들은 생태학에 근본적인 문제가 있다는 생각을 대중에게 강요했다.[14] 다시 말해, 이들은 1930~40년대 독일 '나치'와 프랑스 '비시' 괴뢰 정부라는 두 개의 도가니를 '자연 보호'의 태생지로 지정한다. 이들에 따르면, 자연에 대한 염려와 존중이나 자연의 취약성에 대한 의식은 결국 인간 존엄성에 대한 시각과 반비례 관계이다. 이러한 관점에서 정치 철학의 공간은 자연과 문화의 양극단 사이에 놓인 제로섬 게임으로 축소될 뿐이며, 자연을 문화에서 분리하는 역할을 할 뿐이다. 요컨대, 생태학은 인간에 대한 혐오를 은폐한다.[15]

이러한 우화 같은 언급에 거리를 두면서, 우리는 보다 사실에 가까운 계보학을 그리려 한다. 만일 정치생태학의 수원지를 찾는다면 아마도 1930년대, 특히 프랑스의 인격주의 운동에서 최고의 청정수를 찾을 수 있을 것이다. 특히 프랑스의 인격주의 운동[16]에서 그것을 찾을 수 있을 것이다. 인격주의 운동을 전개한 청년들은 대량 실업을 낳는 기계들의 급속 발전, 압제와 다르지 않은 노동과 사회생활에 대한 정당화, 기술 진보의 결과로 나타난 사회문화의 심층 변화를 우려하면서, 포괄적인 문제를 제기했다. 차디찬 물질들 덕에 정신의 빈사瀕死 상태가 도래한 시대 아니었던가? 심각한 위기와 변화에 휘말린 유럽의 현실을 직시한 인격주의 운동가들은 자유주의와 결탁한 자본주의를 맹비난했을 뿐 아니라 파시즘이나 공산주의의 헛소리와 기만술사도 비난했다. 이들에게 유일한 노선은 인격주의에 기초한 "제3의 길"이다. 인격주의 노선에 대한 개방만이 무질서한 세계를 벗어날 수 있는 출구가 될 것이다. 1930년대 제기되었던 기계주의와 기계에 관한 논쟁은 현대사의 중요한 국면이었다. 철학과 정치 분야에서 일어난 이 운동이 우리에게 주는 교훈의 핵심은 다음과 같다. 19세기 초반에 일어난 산업주의 반대 운동과 1960~70년대 반문화 저항 운동 사이에서, 진보에 대한 진보주의적 비판혹은 현대적 시각으로 단행한 근현대성 비판이 근현대성을 쉴 새 없이 가로질렀다.[17]

선언 형식으로 구성된 네 가지 기초 문서

이 책에 수록된 "인격주의 선언을 위한 강령"1935, "인간에 반대하는 진보"1936, "자연 감성, 혁명적 힘"1937, "서기 2000년"1945은 산업사회에서 벌어지는 활동의 근본 변화에 대한 진단서라 할 수 있다. 당시는 그야말로 각종 사건들로 꽉 찼던 시대였다. 경제 위기, 전체주의 급상승, 나치의 집단학살, 히로시마와 나가사키의 원폭 투하와 같은 사건들이 시대를 빼곡히 채웠다. 그러나 이 문서들이 논하는 주요 쟁점은 근·현대적 삶의 형식과 내용이다. 우리는 이 문서들을 연대기 순으로 배치했다. 이는 지성사에 중요한 시사점이 될 것이다.

이 책에 수록된 네 가지 문서는 선명한 어조로 생태주의 사상의 핵심을 외친다. 다시 말해, 네 문서는 정치 집권으로는 결코 도달할 수 없는 '혁명 기획안'을 제시한다. 한 마디로, "생활양식"의 긍정과 대항 사회의 구축을 통한 혁명 기획이다. 특히, 대항 사회란 분리, 독립, 분산 공동체, 다양한 가치들에 대한 인정, 다양한 실천에 대한 특권 부여, 다양한 인간관계 배양을 지향하는 공동체에 기반한 사회를 가리킨다. "혁명의 문제는 단지 정치나 경제의 지평에서만 제기되지 않고, 문명의 지평 자체에서도 제기되는 문제이다. 윤리와 관습, 사고방식, 각자의 현실 생활, 신문과 식사에서도 혁명의 문제가 제기된다. 혁명은 인간을 통해 일어나야 하고, 인간을 위해 일어나야 한다. 그리고 각 사람에게 내재된 고유하고 독창적인 것을 위해 일어나야 한다."「인격주의 선언을 위한 강령」" 우파 반동의 이념인 '선한 야생'이나 '대지로의 회귀', 좌파 이념인 '여가 활동의 조직'을 넘어서 자연에 대한 새로운 관계를 고안해야 한다. "우리가 원하는 것은 일요일에 시골을 찾는 삶이 아니다. 덜 인위적인 삶이다."「자연 감성, 혁명적 힘」 자연에 대한 숙고자연을 단지 자원으로 보는 시각과 다른 시각와 혁명이라는 양방향의 밑바탕에는 기술 발전에 대한 분석과 진보의 의미에 관한 반성이 있다. "기술 진보에 대한 수동적 수용이 오늘날 벌어지는 모든 혼란의 원인이다. 그 원인은 뿌리 깊고 항구적이다."「인간에 반대하는 진보」 "우리의 수단들은 점점 경이로워지고, 우리의 목표들은 점점 불확실해진다."「서기 2000년」

비순응주의 운동으로 유명한 인물들에마뉘엘 무니에, 드니 드 루즈몽, 로베르 아롱, 아르노 당디외에 비해 5세에서 10세가량 젊었던 샤르보노와 엘륄은 각각 25세와 23세에 「인격주의 선언을 위한 강령」을 작성한다. 젊은 나이였지만, 두 사람은 탁월하고 성숙한 지적 능력을 선보였다. 다양한 잡지들에 수록된 비슷한 선언문에서 영감을 얻은 "인격주의 선언을 위한 강령"은 두 사람의 지적 미래를 위한 초안을 83개의 주제들로 제시한 글이다. 당시 국제 상황은 자유주의 모델의 실패, 파시즘과 공산주의의 발흥으로 정치와 경제 모두 위기를 맞았다. 이 상황에서 베르나르 샤르보노는 보르도에서 "인간에 반대하는 진보"1936라는 제목의 글을 들고, 대중 강연장의 연단에 올랐다. 이 젊은 역사학도, 지리학도는 "150년 전부터 세계가 겪었던 기술의 전환"에서 출발해 근대성에 관한 대대적 반성을 외쳤다. 이듬해에 그는 이러한 분석을 심화한다. "자연 감성" 개념을 출발점으로 삼아 인간과 문명의 관계를 이해하자고 외친다. 당시까지 문학 개념이었던 "자연 감성"에서 진정한 정치생태학을 명확하게 드러내겠다는 뜻으로 "혁명적 힘"을 구축한 샤르보노는 자본주의, 파시즘, 공산주의 가릴 것 없이 기성 체제의 산업 질서에 제기되어야 할 새로운 사회적, 생태학적 비판의 밑거름을 제공하려 한다. 이 비판은 단순한 자원도 아니고 보기 좋은 장식품도 아니다. 그것은 인간이 자유와 타자성을 실천에 옮길 수 있는 핵심 공간이다. 다시 말해, 자연과의 풍성한 접촉이 없는 문화에 대한 문제이다. 역사상 최초의 원자폭탄 폭발이 벌어진지 불과 몇 달 후, 샤르보노는 "서기 2000년"이란 글을 통해 예측 불가능하고 막강한 파괴력을 지닌 폭탄을 제조, 투하한 인간이 배출한 철학적 결과들의 정체를 분석한다. 핵무기 사건에 대한 진지한 접근을 통해, 그는 진보와 우리의 관계에 대한 질문을 심층 차원에서 다시 한 번 제기할 수 있었다. 왜냐하면 "기술의 자율성"이 인간의 선택권을 빼앗았고, 인간에게서 기술을 선택하고 방향을 설정하는 능력도 제거했으며, 결국 수단을 목적에 예속시키는 능력마저 지웠기 때문이다.

우리는 땅 속에 묻힌 또 다른 보석들 가운데, 이 책의 구성을 위해 선별한 네 가지 문서가 철학, 정치 분야에 미친 공헌을 아래 열 가지 내용으로 요약한다.

1. **"근·현대성의 결정판은 기술이다."** 마르크스주의의 눈으로 세태를 읽는 방식에서 벗어난 두 보르도 청년은 현대 세계의 진화와 위기에 대한 해석의 출발점이 '기술'이라고 강조한다. 기술은 단순히 기계주의를 의미하지 않는다. 기술이 존재하는 신대륙의 여러 지역 중에

서, 오로지 한 지역북미에만 존재하는 도구들의 상호 접속성, 작업들의 자동화 현상이 이들이 생각하는 기술의 정체이다. 그것은 새로운 사회의 기틀을 이루는 기술력의 결집과 증식으로 탄생한 새로운 현상이며, 지식, 경제, 정치, 법, 기계, 조직 기법, 의사소통 기술, 교통수단 기술까지 포괄한다. 사회생활은 효율성을 유일한 행동 기준으로 제시한다. 이 생활 내부의 분야들에 대한 정당화 작업은 다음과 같은 과정을 낳는다. 멈추지 않는 사회 골조 강화책이 사회정치 질서의 항구적 재조직을 가중시키는 과정, 즉 주체를 상실한 채 이뤄지는 과정을 일으킨다. 공동생활을 제작하는 틀에는 역동성과 유동성이 있다. 그리고 이 성질들의 가속화는 국가 장치의 지속적이고, 돌이킬 수 없는 성장을 동반한다. 향후 엘륄은 이 가설을 심화하면서, 기술의 역동성을 점차 반사회적인 힘타율성의 요인, 순전히 인과관계의 발전을 통해 자극을 받는 힘으로 분석한다. 경합과 경쟁을 자양분으로 성장하는 발명 활동, 폭포수처럼 끝없이 진행되어야 하는 이 작업이 새로운 기술들을 낳는다. 또한 이 새로운 기술들은 새로운 연구 등을 식량으로 섭취하며 연명하는 새 과정으로 이어진다. 이렇게 자체 유지가 가능한 기술의 연쇄 고리에서, '지속적인 성장'이 나타난다. 그리고 이것이 현대 사회의 유일무이한 정치적 지평이다.[18]

2. **"기술에 대한 사유와 비판은 진보주의와 산업주의를 문제 삼는다."** 1936년의 한 강좌에서 보여준 샤르보노의 진단은 명확했다. 오늘날 정치 학설과 구호의 배후에, 그리고 이데올로기의 충돌이 상영되는 왁자지껄한 무대 너머에 자유주의 체제, 파시즘 체제, 공산주의 체제 간의 확실한 공통점이 있다. 세 체제 모두 자기 철학의 맥을 진보주의 이데올로기에서 찾았다. 그리고 체제에 속한 "시민들"에게 사회의 합목적성을 제안하고, 정치 안내도를 그린다. 바로 '생산력의 무한 성장'이다. 진보는 신화의 집합체에 불과하다. 진보는 야심찬 해방 기획이론상 존재했던에서 산업주의로 축소되었다. 다시 말해, 노동의 고양, 정치, 경제, 인구통계학을 아우르는 중앙집권화, 기술 상부구조들의 거대화, 대중 선전과 대중 매체잡지, 라디오, 영화의 영향력을 포함한 생산 기초 사회 조직에 환원되었다.

3. **"기술 보편성은 이데올로기 대립을 일삼는 체제들 간의 유사성을 설명한다."** 진보주의의 실체이자 진실은 '발전/개발'이다. 이것은 시카고, 파리, 로마, 모스크바에 공존한다. 다시 말해, "대도시, 거대 공장, 관료주의"의 발전이다. 샤르보노는 자유주의의 도전으로 탄생한 파시즘과 공산주의가 자유주의 극복에 매진했으나 결국 "자유주의의 정상적인 귀결에 불과했다"라는 주장을 명확히 밝힌다.[19] 달리 말해,

자유주의, 파시즘, 공산주의에 대한 선명한 구별 작업보다 셋의 밀접한 연관성을 탐색하는 작업이 더 중요하다. 서로 다른 통치 행정부를 표방하지만, 그 배후에는 하나의 문명이 있음을 확인할 수 있다. 샤르보노는 통계의 배후로 침투한다. 그리고 거기에서 모든 정당과 선진국의 공통된 모습을 들춘다. 바로 "잠재의식에 깊이 각인된 진보에 대한 신비주의"이다. 이를 고발하는 샤르보노는 성스러움을 특징으로 장착한 상품과 생산의 문제를 논한다. 따라서 샤르보노의 논제에 포함된 '현대의 범주'와 '해방의 기획'을 숙고하는 작업은 '진보 형이상학'을 도마 위에 올려놓고 점검하는 작업으로 되돌아가는 일이다. 즉, 언론 문제, 소유와 축적에 깊이 관련된 부르주아 정신의 문제, 노동과 일상생활을 규율에 길들여 완전히 바꿔버린 산업의 문제, 자연을 정복하면서 추구하는 권력의 문제 등을 야기한 진보의 명확한 특징을 끈질기게 물고 늘어져야 한다. 바쿠닌과 일부 마르크스주의 전통의 유산인 '국가 자본주의'라는 용어가 본문에 직접 등장하지는 않으나, 샤르보노와 엘륄은 체제자본주의, 파시즘 혹은 공산주의와 무관하게 "이윤은 사라질 수 없고, 단지 소유주만 바뀔 뿐"[20]이라는 사실을 확실히 알았다. 기술의 보편적 발전에서 출발해, 국가들과 국민들 사이의 균형은 거의 완성에 가까워진다. 자잘한 차이 너머에서, 결국 사람들은 "일상생활의 관점에서 보면, 공산주의 노동 체제는 스타하노프 운목표초과달성과 노동생산성 향상동과 동일하며, 미국의 노동 체제는 테일러주의분업화와 자동화와 동일"하다는 사실을 확인할 수 있을 뿐이다.

4. "진보주의자들은 기술을 여러 가치에 동화시킴과 동시에 진보를 신화로 바꾼다." 기계 발전이 자유를 낳고, 가치들이 기계의 힘과 결합하리라는 믿음은 '진보에 대한 예배'이며, 기술이 설정한 방향과 대면한 '우리의 자유를 포기'하라는 말과 동의어이다. 과학 지식의 성장과 기술 실현의 증가는 정신의 진보를 낳는 필수 요소라는 생각은 결국 수단에 불과한 것기술에 실증과 고유성을 덧붙여 목적을 양도해 버리는 일과 같다. 기술 자체는 권력에 복무할 뿐이다.

5. "기술은 국가주의화, 관료주의화, 무산계급화 현상을 낳는다." 「인격주의 선언을 위한 강령」은 "자본주의 사회에서 강자의 유형이 자본가가 아닌, 행정 관료"라는 점에 주목했다. 이것은 「강령」의 독창성이다. 또한 이 글은 이탈리아의 이론가 브루노 리치의 주저 『세계의 관료주의화』프랑스어판 1939년 출간나 미국의 사회학자 제임스 버냄을 유명1941년부터하게 만든 『조직 관리의 혁명』[21]보다 몇 년 전에 나왔다. 「강령」의 핵심 사고는 단지 프롤레타리아와 부르주아 사이에 새로운 계급 "기술자"의 출현에만 초점을 맞추지 않는다. 오히려 현대 기술이

새로운 실천의 집합체와 사회 질서를 '숙명론'의 세계로 몰아가고, 계급과 상관없이 인간을 프롤레타리아로 바꾸는 전대미문의 상상계를 도입해 버린 현실을 겨냥한다.

6. "기술을 진중하게 고려한다는 말은 담론들과 이데올로기들에 관한 관심보다 근대성이 만든 실천들에 대한 관심, 삶의 형식들에 대한 관심, 사회적 관계에 대한 관심을 뜻한다." 이러한 전환을 주의 깊게 관찰할 때, 우리는 사회 질서가 "익명의 힘들의 세계"로 나타난다는 것을 알 수 있다. 주변 세계에서 벌어지는 실제 변화를 은폐하고 저지하는 단신 기사와 시청률 논리에 맞서, "언론은 우리에게 구경꾼의 사고방식이라는 먹잇감을 던질 뿐이다"라고 말하는 샤르보노는 "매일 일어나는 삶의 완만하고 점진적인 변화들"에 주목할 것을 강조한다. 오늘날 생활 리듬의 심층에서 뛰는 맥박을 탐구하고, 일상생활의 두께에 주목하는 작업은 화려한 겉치레 문화에 맞서는 이들의 배후에서 작동 중인 작업 과정을 볼 수 있도록 함과 동시에 현실에 대한 타당한 진단을 내리는 데 유용하다. 샤르보노가 진단한 내용들에는 그만의 독창성이 나타난다. 거리에 대한 주의 깊은 관찰력, 거리의 벽보, 노동, 스포츠 열기, 돈의 지위 등에 관한 유사 현상학적quasi phénoménologique 관찰력, 진보의 제반 과정에서 이러한 변화를 도출했다는 사실 등에서

그의 독창성을 확인할 수 있다.

그는 단순히 위기의 조건들을 도출한 것이 아니다. 샤르보노는 국가에서 얻은 경험론에 준해이 얼마나 명민한 태도인가? 한 문명의 상상계와 대부분의 사고방식에 스며들어 있는 일반 상식을 명확히 밝힌다. 새로운 위기의 시대가 가까이 왔을 무렵, 경제학자나 정치학자들의 예견에 매일매일 모순이라는 판결이 내려졌다. 우리는 경과經過 예측에 관련된 글1936년 작성에 담긴 그의 통찰에 주목할 필요가 있다. "히틀러는 프랑스를 점령할 것이다. 하바스[22]는 그 혼을 바꿀 것이다." 따라서 그가 전반적으로 계속 문제 삼는 대상은 산업의 근·현대성이 만들어 낸 생활양식이다. 덧붙여, 샤르보노는 근·현대성의 규범들, 급성장한 국가주의화, 생산과 노동의 중앙집권화, 그리고 이러한 현상들이 수반하는 불가피한 규율에도 문제를 제기한다.

7. "기술은 인간을 무책임하게 만든다." 기술 발전의 주요 측면을 논하자면, 우리는 거대화, 집중화, 추상화를 이야기할 수 있다. 이러한 요소들은 기술의 작동 결과물을 곳곳에 퍼트린다. 달리 말해, 기술 시대에는 작동 당사자의 책임 소재를 판별하는 문제가 핵심으로 부상한다. 그러나 결론부터 말하면, 그것의 판별은 불가능하다. "기술 사회에서 의식 있게 행동하는 유형의 인간은 사라진다." 따라서 도덕·정신적

행동은 불가능하다. 왜냐하면 인간은 자기 행동의 결과를 감당할 수 있는 대표자가 아니기 때문이다. 이러한 장치에 빠져 허우적댈 때, 인간의 행동에 근본 변화가 생긴다. 즉, 자기 자신이나 타인들과 진정성 없는 관계를 맺음으로, 포기와 위선이 인간의 이차 본성이 된다. 샤르보노와 엘륄은 이 본성을 "사회적 죄"péché social라 부른다. 기술이 일으킨 사건들을 희생 제물로 불태워 버리는 독법讀法은 음모와 선동을 부추길 뿐이라고 비판하는 자들을 향해, 샤르보노는 다음과 같이 답한다. "마피아 범죄가 사라져서 비극이 아니다. 광범위하게 퍼진 익명의 무기력한 존재들의 도래가 진짜 비극이다." 현대 기술이 자본주의에 '거대화'라는 수단을 부여한 순간, 새로운 사태에 대한 책임이 확산된다. 각 사람은 자기 존재의 근본 방향에 대한 질문을 포기한다. 그리고 새롭게 사고를 치고, 심지어 그것의 심화에 기여한다. 결국, "무관심한 행동"은 없다는 사실을 깨닫는 것이야말로, 인간 조건이라는 고지에 오르는 일이다.

8. **"기술은 자율성을 확보했다."** 히로시마와 나가사키 원폭 투하 몇 개월 후, 샤르보노는 전례 없는 파괴력과 살상력을 갖춘 폭탄 제조와 사용을 철학적으로 분석한 결과물을 내놓는다. 1945년 8월 6일 이후로, 인류는 통일되었다. 지구의 취약성에 대한 의식이 명확해졌다. 왜

냐하면 인간의 장래는 지정학에 달렸기 때문이다. "앞으로, 별 생각 없이 살아가기는 불가능할 것이다." 우리는 서구 역사를 사망 신고서 작성해 놓고 떠나는 모험으로도 읽을 수 있을 것이다. 도구 이성이 발전을 거듭한 끝에 당도한 곳은 '죽음의 폭발'이었다. 그곳에는 파멸만 있었다. 서구 문명의 유일한 목적은 효율성 증대였다. 효율성 증대를 위해 새로운 수단들을 끝없이 연구해야 한다. 기술 자율성은 행동과 책임의 사슬을 철저하게 파괴한 결과물이다. 인과관계의 사슬은 숙명론을 낳는다. 다시 말해, 누구도 폭탄의 폭발을 바라지 않았지만, 폭탄의 생산에 기여하는 일도 거부하지 않았다. 수단들의 과도한 성장은 새로운 노예제를 낳는다. 이 과정에서 인간은 기록부에 기재된 구경꾼의 자리에 선다. 다시 말해, 자신이 방향을 설정할 수 없고, 멈출 수도 없는 발전을 그저 구경할 뿐이다. 이러한 연관성과 그 연관성이 만드는 이질성에서 탈피하려면, 집단이 아닌 '인격', 집단 권력이 아닌 '개인 행복'을 출발점으로 삼아야 하고, 동시에 자연에 대한 제어와 지배가 아닌 내적 완성을 지향해야 한다. 대량 살상을 가능케 할 기술은 "신체들, 대륙들, 언덕들의 민주주의"[23]에 문제를 제기한다. 기술들을 재전유하는 작업은 다음 내용을 필요로 한다. (1) 기술들을 사회에 동화시키는 작업이 성공해야 한다. (2) 일련의 가치들을 따라 기술들을 선택하는 작업도 성공해야 한다. (3) 사회의 유용성에 따라 기술들의 방향을 재정립하는 작업이 성공해야 한다. 샤르보노는 아래와 같은 글로 차후 도래할 문명의 초안을 그린다.

사람들은 자유의 조건들을 갖춘 인간을 위해 창조를 지향했던 기술 진보를 상상할 수 있다. 예컨대, 인간에게 안락함보다 자기만의 시간을 부여하고, 자기 우선권과 개별 행동 능력을 발전시킬 수 있을 수단들을 연구함으로써 그것을 가능케 한다. […] 이러한 시각은 혁명적이다. 왜냐하면 지금까지 이어진 방향과의 단절을 의미하고, 더 이상 복잡하지 않고, 완벽하지 않고, 도리어 다채로운 제도들과 기술들에 도달할 것이기 때문이다.「서기 2000년」

9. **"세상을 만들어라."** 사회 구조들의 혁명적 변화는 기술 제국과의 단절로 이행한다. "현실의 무질서에 맞서 완벽한 사회를 다시 제작해야 한다. 즉, 경제, 법, 정치를 다시 만들어야 한다." 현 시대와도 공명하는 이러한 주장을 통해, 샤르보노는 문명의 위기에 대한 처방전으로 국제연합갈등 시기에 대한 해법과 같은 기구를 주장하는 사상을 대차게 공격한다. 마찬가지로, 그는 진보의 의미와 방향에 대한 성찰 부재 문제에 대해, 히스테리를 부리며 지연전만 펼치는 정치 극단주의도 공격한다. 이러한 접근 방식들국제연합, 정치 극단주의은 "현실의 여러 정당들에

공통 내재된 철학 이데올로기"라는 중대사를 논하지 않는다. 왜냐하면 "투옥과 집단 살상이라는 현실에도 불구하고, 공산주의, 자유주의, 파시즘은 모두 프랑, 톤, 헥토리터로 측정 가능한 '생산'이라는 논리로 연결되기 때문이다. 그러나 이러한 이데올로기들의 뿌리는 '부르주아 자유주의 이데올로기' 다른 것으로 대체되기 원했던 이다. 따라서 파시즘과 스탈린주의는 우리의 일상생활을 바꾸지 못할 것이다." 또한 "유일한 효력을 갖춘 혁명은 인간들의 삶의 방식을 대대적으로 바꾸는 혁명일 것이다." 결과적으로 "혁명은 무엇보다 사태의 현실과 진보 이데올로기에 대한 의식화 작업이다. … 오늘날 단 하나의 문제가 있다면, 그것은 이익에 혈안이 된 문명이 분비물처럼 마구 뿜어 낸 기계들을 인간 멸절을 위해 사용하는 것이다." 혁명적 출구만이 진보주의의 상승에 저항할 수 있을 것이다. 이 "진보"에 맞서는 핵심 가치가 있다면, 인격 우선성에 근간한 문명 건설일 것이다. 그것은 그 자체로 "선하지도 악하지도 않은" 기계들이 차지한 장소를 지속적으로 비판하면서 진행해야 할 작업이다. 노동의 형식과 장소, 도시계획, 미디어, 국가 발전, 돈의 역할 등[24] 처럼 기술을 진정한 민주주의에 들어서도록 하는 것은 정치화 작업의 재림이다. 다시 말해, 현대 사회의 심층부를 논하고, 사회 집단의 차원에서 숙고해야 할 작업이다. 혁신의 운율은 무엇인지, 그것이 사회에 미치는 유용성은 얼마나 되는지, 중앙집권 형태인지 아니면 지방자치 형태인지 등의 문제를 다뤄야 한다. 인격주의자들이 규탄한 "기성 사회의 무질서"désordre établi와 단절하기 위해 필요한 것은 **사고방식의 대변혁**과 "인간의 가치가 고양된" 곳에서 각 사람이 단독자로서 자신을 긍정할 수 있는 **혁명의 발발**이다. 권력 추구가 아닌 자율성 추구라는 의미에서 진보 문제를 다뤄야 한다. 양적 초과생산보다 질적 생산을 가능케 하는 쪽으로 기술을 통제하고 방향을 설정해야 한다. 이러한 문제를 다룸과 동시에 노동시간 감소, 광고의 획기적 축소, 작은 국가의 구성을 구현할 지방자치제와 연방주의, 최저소득 보장 등을 구상해야 한다. 인간의 물질 차원과 정신 차원의 평형을 이루기 위해, 소비가 감소하고 내면의 삶이 도드라지는 "금욕절제 도시"cité ascétique[25]의 건설이 관건이다.

> "모호한 말을 끝낼 시간이다. […] 사회 건설 계획에 지나치게 소극적인 일부 주장들을 떠내려 보낼 시간이다. 다시 말해, 우리는 더 이상 지속할 수 없는 지점, 다른 세계를 만들어야 할 상황에 도달했다."

10. **"새 문명의 담지자가 될 진정한 혁명은 자연과의 새로운 관계 맺음을 통해 이뤄질 것이다."** 자연을 정치 문제로 다루고 우리 인류의 본질적 부분으로 만든 샤르보노는 '생명주의 존재론'une ontologie vitaliste

을 전개한다. 그와 병행해, 그는 이 존재론에 대한 이교주의 접근법이나 기술 지상주의 접근법을 비판한다. 샤르보노는 본질주의화된 자연une nature essentialisée이 아닌 육화된 자연une nature incarnée을 이야기한다.[26] 인간은 육화된 자연에서 서로 만나며, 육화된 자연 없는 정신과 자연은 사실상 아무것도 아니다.[27] "아나키즘의 구체적 표현"인 자연 감성은 문명의 과잉에 대한 반발에서 전개된다. 그러나 문명의 과잉에 맞선다고 하여, 자연 감성이 문명 거부로 귀결되지는 않는다. 자유로운 삶이란 갈등이나 모순 없는 삶이 아니다. 오히려 인위적인 것과 자연적인 것 사이의 긴장에 대해 절규하고, 고뇌하며, 책임지는 삶이 자유로운 삶이다. "과도하게 문명화된 인간은 사라질 것이다. 그러나 문명이 없다면, 인간은 무력한 존재에 불과하다." 자연 감성은 인간의 심오한 열망이긴 하지만, 자연 감성의 회복은 여행, 영화, 기행문을 통해 가능하다. 즉, 대다수 사람들이 대리 만족을 통해 이 감성을 경험한다. 이 감성은 부르주아식 관광중량감, 강요, 의무 통행로를 수반한 도시에서 볼 수 있는 자연 개조으로 바뀐다. 샤르보노는 보이스카우트 활동도 비판한다. 혁명의 진정한 힘은 반동 세력의 수장들로 인해 퇴색했다단순성, 정의에 대한 본능, 자유롭고 투박한 삶을 위한 맛. 스카우트 활동 경험에서 얻은 혁명적 잠재력은 샤르보노의 유년기에 선명한 자국으로 남았지만, 그는 이 시절의 운동들이 인격주의 혁명의 요소들을 유지하는 데 실패했다고 생각한다. 정권의 하수인 노릇을 하는 정치적 주장과 조직 체계화의 실패가 그 이유이다. 마찬가지로, 자연주의 역시 실패했다. 왜냐하면 자연주의는 진보 신화와 단절하지 않고, 위생학적 순수성에 갇히기 때문이다. 샤르보노는 우파의 주장인 "대지로의 복귀"[28]와 좌파의 주장인 "여가활동 조직"을 모두 분석한다. 양측의 도전을 모두 분석한 후, 그는 정치생태학이 될 수 있는 혁명과 인격주의의 범위를 기술한다. 이러한 기획이 담긴 샤르보노의 문장을 읽어보자.

> "계급의식이 사회주의가 되었던 것처럼, 자연 감성은 인격주의가 되어야 한다. 즉, 이성은 감각할 수 있는 살로 구현육화, l'incarnation되어야 한다."

엘륄과 샤르보노를 대표로하는 보르도 학파가 비판의 동력으로 삼았던 내용은 인간과 인공물의 '분리'로 인해 발생할 수 있는 위험 요소였다. 다시 말해, 인간이 제작하고 다듬은 기술 세계에서, 인간 자신이 점점 소외되고 낯선 존재가 된다. 인간이 만든 상품의 범람, 인간이 배치한 매개체의 과잉이 갖은 위험을 부른다. 이러한 위험은 인류와 기술 제품 사이의 '약분가능성 부재'를 나타낸다. 그리고 이러한 부재로 인해, 인류는 기술에 대한 정치적 통제권을 상실한다.[29] 현대 세계에 대한 무정부주의혹은 자유지상주의 비판의 독창성은 '자연 파괴'와 '자연 희생'의 밀접한 관계에서 형성되었다.

혁명적인 청년기의 역사 배경

엘륄과 샤르보노가 이러한 글들을 작성했던 시기에 젊은 지성인들의 생각을 이해하는 데, 폴 니장1905-1940은 훌륭한 표본이 된다. 『아덴 아라비아』1931에서 이 공산주의 작가는 노화에 가속도가 붙은 세계를 그린다. 고등사범학교 출신의 이 젊은 철학 선생은 정신의 진정한 욕망과 1930년대 사회가 제시한 생활 지평 사이의 거대한 불일치를 기술한다. 그는 현 세계와의 분리, 이 세계의 원리들 및 가치들과의 분리를 기술함과 동시에 현 세계에서 경제가 필수불가결 요소로 출현했다고 말한다. 자기 방어적이고 잔뜩 겁먹은 자리를 벗어나 자기 존재에 대한 순수 긍정의 자리로 옮기려면, 양심의 호소에 귀 기울이고, 주체성의 범람에 주목해야 한다. "각 사람은 자기 꿈의 바닥에서 시대의 무질서를 발견한다. 얼마나 많은 사람들이 자기만의 근심에 파묻혀 사는 저속한 단계로 오그라드는지 모르겠다. 우리에게는 분리, 소외, 전쟁, 지루한 담화만 있을 뿐이다."[30]

1914년에서 1918년 사이에 일어났던 전쟁, 그리고 그 전쟁으로 인한 삶의 큰 갈등이 이 젊은이들의 한 부분을 차지했던 정열과 격정을 설명할 수 있는 요체이다. 1차 대전은 '거대한 기만'이었다. 즉, 젊은이들은 사회 질서와 가부장 질서의 무게가 4년 동안 일시 중단된 것처럼 보였던 근래 보기 드문 시기에, 사회의 소란과 군대 동원이라는 그늘에서 성장했다. 투쟁 세대와 니장의 세대 사이에는 급진주의를 표방한 "새로운 조직"인 '전후 세대'가 있었다. 앞의 두 세대를 "개혁주의자들"로 규정한다면, 새로운 세대는 혁명 의지로 인해 앞 세대와 확연히 구별되는 세대일 것이다. 자신보다 17세 위였던 형 자크 샤르보노가 전투에서 부상을 입고, 가스에 중독되었을 당시 베르나르 샤르보노의 나이는 예닐곱 살 밖에 되지 않았다. "내게 이 사건은 매우 어린 나이에 '사회 부조리'에 대한 지식을 어렴풋이나마 갖도록 한 사건이었다."[31] 그의 눈에 비친 1차 대전은 개인의 비극을 극명하게 보인 사건, 개인이 어떻게 해보지도 못할 정도의 거대한 소용돌이에 휩쓸려 비극을 맞이해야 했던 사건, '세계 문명'을 전복하는 축대를 구축한 사건이었다.

정치의 다양한 방향에도 불구하고, 다니엘롭스1901~1965는 『영혼 없는 세계』1932라는 책에서 니장의 분석에 매우 근접한 분석을 보인다. 그는 비순응주의를 표방한 당대 젊은이들의 상을 그린다.[32] 또한 그 자신이 비순응주의 운동계의 저명 인사였다. "금세기의 불안과 새로운 악을 이야기하는 세대는 대부분 서른 살 정도의 세대이다. […] [전쟁으로 인해] 이들은 이전 시기, 전 세대와 완전히 분리되었다. […] 지금 이 세대의 젊은이들은 위기로 꽉 찬 세상을 발견한다. 그 세상의 질서에 내재된 유일한 전제는 역설처럼 보인다. […]"[33] 이 가톨릭 작가에게 비순응주의 정서는 양심의 상태와 사회 구조 사이에서 형성된 괴리감을 반영한다. 우리는 다음 세 가지 축에서 그의 표현을 분석할 수 있다. 첫째, 전쟁 중에 체험했던 청소년기의 위기감이 연장된 부분과 교육 과정이나 학습을 제대로 이수하지 못한 부분이다. 둘째, "극도의 불안, 종교적 염려와 형이상학적 염려, 보다 일반적으로 말해 존재론의 불안과 염려의 실제 의미"[34]가 있다. 셋째, 현대인의 위기 징후를 들 수 있다. 다니엘롭스와 비순응주의 운동가들의 눈에 비친 1930년대는 무기력이 지배하던 세상이며, 세계를 정당화했던 지적 혹은 정신적 지주들이 사라진 세상이다.

> "우리 현대인은 이전 세대가 결코 알지 못하는 열병을 앓는 중이다. 현대인은 실리적 계획 실현에만 관련된 존재들이다. 그러나 현대인들에게 다음과 같은 정서가 퍼졌다. 주로 현대인의 무지를 따라 퍼지는 이 정서는 모든 활동이 헛되고 무의미한 결핍 상태라고 느껴지는 감정과 궤를 같이 한다. 그렇게 느끼는 이유는 어떤 도덕이나 정신, 형이상학도 더 이상 실천 활동을 정당화하지 못하기 때문이다."[35]

잡지 『에스프리』1932와 『새 질서』1933 창간

우리는 이러한 배경에서 청년 지식인들의 창조적이고 특별한 분노를 이해해야 한다. 1928년부터 새로운 잡지들이 우수수 쏟아졌다. 『플랑』, 『에스프리』, 『새질서』, 『지금 그리고 여기』, 『시대』, 『카이에』, 『반향』, 『프랑스 잡지』 등이 그렇다.[36] 조르주 이자르, 앙드레 델레아주와 함께 『에스프리』를 창간한 에마뉘엘 무니에는 잡지의 정신과 기획을 두 가지 형식으로 조립했다. 창간 목표는 "20세기 인간의 위기를 흡수"하는 데 있었다. 즉, 지배 사상의 틀에서 벗어나야 한다. 왜냐하면 "아비들의 대담함을 자녀들의 근심에 대한 해답으로 제시할 수 없기" 때문이다. 따라서 『에스프리』의 야망은 반자본주의적이고 혁명적인 비판을 통해 우파와 좌파의 순응주의를 극복하는 데 있다. 또한 그는 『에스프리』를 통해 인격에 기초한 공동체를 창조하려 한다. 다시 말해, 개성이 차고 넘치는 개인, 세계에서 자기 역할을 깨닫는 개인이 장차 도래할 문명의 예언자가 되어야 한다.[37]

문학 비평가이자 역사가인 르네 마리유 알베레스는 친히 "20세기의 지적 모험"이라 부른 글에서 1933년의 결정적인 변화 국면을 확인한다. 모리스 바레스, 앙드레 지드, 가브리엘레 다눈치오, 데이비드 허버트 로렌스, 슈테판 게오르게, 후고 폰 호프만스탈이 증언했던 생명론에게 사망 선고를 받은 근대 합리론에 반대하는 노선과 이 생명론을 섭취하면서 성장한 반응들이 20세기의 제1기를 지배했다면, 1930년부터 시작된 제2기를 지배한 것은 환멸과 근심이다. 극단주의자들[38]의 시대가 아직 초기 단계에 있을 때, 유럽의 문학은 이미 인간의 조건에 관한 비극을 거론하기 시작했다. 인간은 "집 잃은 아이가 되었다. 그리고 인간은 대지의 자식이 되기를"[39] 멈췄다. 격변의 순간에 "젊은 지식인들은 같은 잡지를 보았고, 같은 말을 하고, 같은 용어를 사용했다. 모두가 전통 대립 구도의 극복을 꿈꿨고, 프랑스 정치의 봄날과 갱신을 바랐으며, 동일한 활력으로 혁명 의지를 표했다. 그러므로 무엇보다 1930년대는 정치 대립과 이데올로기 대립이 사라지는 혼합주의의 시대, 각종 사조에 대한 전통 식별 작업보다 시대정신이 더 중요한 시대처럼 보인다. 1848년의 정신이 존재했던 것처럼, 1930년의 정신과 매우 다른 1936년의 정신, 레지스탕스 정신, 해방 정신이 존재했던 것처럼, '1930년 정신'이 존재할 것이다.[40]

1930년대 비순응주의자들의 정치 상상계를 구체적으로 드러낸 잡지 『새 질서』의 초판은 1933년 5월에 발간1938년 폐간된다. 초판은 이들의 방향을 다음과 같이 요약한다. "자본주의의 무질서와 공산주의의 압박에 반대하고, 살생 민족주의와 파시즘에 반대하는 『새 질서』는 제도들을 인격체인 인간에게 봉사하도록 하며, 국가를 인간에게 종속시킨다." 잡지의 공식 창간은 수년 동안 이론에 대한 강력한 성찰을 선도

했다. 로베르 아롱1898~1975과 아르노 당디외1897~1933는 중요한 저서 세 권을 출간한다. 『프랑스의 쇠퇴』1931[41], 『미국의 암癌』1931[42], 『필연 혁명』1933[43]이 그것이다. 『새 질서』를 위해 "니체에게 도움을 호소해야 한다. 히틀러주의건 스탈린주의건 국가에 반대하는 니체. 파시스트 대중이건, 미국 대중이건 혹은 소련 대중이건 대중에 반대하고 인간에 찬성하는 니체. 로마에서 나왔건, 모스크바에서 나왔건, 소르본에서 나왔건 합리주의에 강고하게 맞서는 니체를 호출해야 한다."[44] 『새 질서』의 주동자들은 새로운 정치를 모색하려 한다. 이 정치의 무게 중심은 사회생활에서 국가 중심 이념을 거부하는 데 있다. 전위적인 다른 활동가들처럼, 이 잡지도 성숙한 시대를 요구하는 이념들의 우선성과 혁명 행동의 긴급성 사이에서 주저한다. 아롱과 당디외의 책과 『새 질서』의 또 다른 창립자인 드니 드 루즈몽의 책에 큰 영향을 받은 엘륄과 샤르보노는 선배 인격주의자들의 노선을 따라 자신들의 생각을 전개한다.[45]

자기 약속을 스스로 배신한 '진보 이데올로기'에 대한 비판은 시대를 편력한다. 스페인 철학자 호세 오르테가 이 가세트1883~1955는 "대중으로서의 인간"[46] 개념을 제안한다. 프랑스 시인 폴 발레리1871~1945는 1931년에 "우리 자신에 맞서는 창의적 노력들이 낳은 호기심 어린 전환 국면"을 관찰한다. "우리는 힘들과 사물들을 굴복시켰다고 믿는다. 그러나 자연에 대항하는 지식을 토대로 한 이 공격이 유일한 방식은 아니다. 자연은 직간접적으로 우리를 자신에게 예속시키지 않고, 우리를 권력의 노예로 만들지도 않는다. […]"[47] 1920년대부터 속도, 기계주의, 사회 조직의 복합성 정도, 기술 생산물과 인간의 관계에 관한 문제들을 빈번하게 논하기 시작했다. 베르그손의 유명한 정식을 따라, "물질의 정신화 대신, 정신의 기계화"를 확인할 때 발견하는 위험은 양차 대전에 대한 철학적, 정치적 질문 가운데 하나다. 1930년대 프랑스 비순응주의자들은 자기 실존의 예민함과 정치 범위를 바로 양차 대전에서 발견했다.[48]

복잡하게 변하는 이 시기에 등장한 청년 세대의 비범한 창조성을 강조할 필요가 있다. 덧붙여, "계획 변경"이들의 유명한 구호들 가운데 하나에 대한 이들의 욕망이 오류를 수반했다는 점도 강조해야 한다. 파시스트 체제 혹은 공산주의 체제가 선전한 "혁명" 의지에 현혹된 일부 청년들은 부르주아 민주주의에 대한 비판에서 전체주의 체험과의 일시적 화해, 즉 전체주의 체험에 대한 지지로 이행했다. 일부 비순응주의자들의 궤도 이탈에도 불구하고, 엘륄과 샤르보노는 모두가 들끓는 시기에도 '예리한 판단력'과 '오판 없는 감별력'을 유지했다. 샤르보노는 1934년 2월 12일 파리에서 벌어진 "반파시즘" 대규모 시위에 가담했다. 1939년에 어떠한 방식으로도 참전하지 않겠다고 서약했지만,

『에스프리』 서남부 지부 동지들과 더불어 피레네 산맥에서 레지스탕스의 국경 통과를 도왔다.[49] 엘륄은 1940년 학생들 앞에서 페탱 원수를 비판한 후, 교수직에서 해임된다. 지롱드로 되돌아간 그는 거기서 손수 땅을 일구며 레지스탕스 운동을 지원했고, 유대인들의 피신을 도왔다.[50]

가스코뉴 지방의 인격주의: 기술 비판과 정치생태학의 맏물

이 젊은 비순응주의자들 가운데, 베르나르 샤르보노와 자끄 엘륄은 이미 정통주의 성향이 희박해진 운동권 내부에서 비정규군처럼 독립 활동을 전개했다. 두 사람은 "가장 개인주의적이고 반권위주의적이며 지롱드 지방의 국지주의 계파를 형성했을 뿐만 아니라 인격주의 운동권 가운데 가장 생태주의 성향을 보였다."[51] 1934년부터 이들은 다량의 글을 생산한다. 특히 인격주의 사상의 공통 원천들을 아울렀고 더 나아가 그 원천들을 극복했던 『에스프리』지에 주로 글을 수록했다. 당시 사회를 향해 포효했던 이 젊은이들이 널리 공유했던 이념은 사회 질서의 불안정이었다. 그러나 샤르보노와 엘륄은 이 불안정 문제를 자연의 영역까지 확대한다. 기술 조직화는 사회 세계와 마찬가지로 자연계도 바꾼다. 이제 자연은 취약하며, 자연의 평형 상태도 불안정하다. 이들의 철학적 경종에는 비극의 종소리가 담겼다. 급격한 자연의 변형으로 인간의 자유도 위태로워졌다. 이 강력한 경고는 지나치게 이른 시기에 제시된 새 이념의 메아리였다. 사람들은 이에 침묵으로 답했다. 특히 에마뉘엘 무니에가 이끈 인격주의 운동이 1945년 이후 "현대화"에 가담했을 때, 두 젊은이의 경고는 묵살되기 일쑤였다. 이들의 눈에 비친 무니에의 방식은 '교회 중심', '파리 중심'이었다. 무니에의 주 관심사나 고려 대상도 마찬가지였다. 또한 무니에는 지방에 근거지를 둔 여러 집단들의 생생한 혁명 운동에서 나오는 소리를 경청하지 않는 완고한 모습을 보였다.[52] 이들이 생산한 글에서 정치생태학[53]이 최초의 이론 양식-크리스티앙 루아가 "가스코뉴 지방의 인격주의"[54]라 불렀던 양식, 사실상 이 인격주의의 바탕에는 "보르도 학파"[55]가 있다-을 발견한다면, 그 이유는 두 보르도 청년이 근대성의 결정적 사건에 관심을 가졌기 때문일 것이다. 다시 말해, 이들이 문제 삼은 부분은 도구 이성의 승리를 견인한 '기술'이었다. 기술은 일련의 산업 공정 그 이상이다. 기술은 "일반 공정"이다. 다시 말해, 상상계, 무제한 성장을 지향하는 실천과 활동, 효율성, 추상적이고 압제적인 장치들의 증대이다. 수단들에 불과하고 총체적으로 연결된 영역에 빠져 자기 환경에 별다른 영향력을 발휘하지 못하는 '호모 테크놀로지쿠스'Homo technologicus는 대규모 분야경제, 미디어, 산업, 노동 등들이 머리 꼭대기에서 자아를 조작하는 숙명의 세계에서 살아간다.[56] 샤르보노와 엘륄의 기본 사상 가운데 하나는 '기술 중립성 이념'에 대한 근본적인 문제 제기이다. 기술은 진보 그 이상이다. 즉, 기술은 권력을 먹이고 살찌운다. 또 권력은 해방하는 역량에서 멀어져, 결국 불균형을 초래하고 통제 불가능한 상태로 바뀐다. 왜냐하면 권력은 반드시 집중화와 거대화를 부르기 때문이다. 이러한 궤적과 단절하기 위해 엘륄과 샤르보노는 "문명의 혁명"[57]을 호출한다. 이 혁명에 관해, 본서의 첫 번째 글인 「인격주의 선언을 위한 강령」을 참고하라. 사람들은 "1935년 겨울에 정식화 된 '절제된 도시금욕 도시'에 관한 인격주의의 기획에서 서구 근현대사에서 최초로 경제 성장에 대한 자발적 제한을 주장하는 목소리를 들을 수 있을 것이다. 경제 성장은 삶의 질적 차원 '전체'를 담보물로 잡고, 삶을 수량화하며, 그러한 '삶의 단계'에 희생자들을 가득 담는다."[58]

샤르보노는 1933년 무렵에 10여명으로 구성된 소규모 집단을 결성했다. 이 집단은 서남부의 다른 인격주의 집단'새 질서'도 포함과 연대해 "에스프리의 친구들 보르도 모임"이 된다. 샤르보노가 결성한 집단은 특히 포Pau와 바욘Bayonne 지방의 인격주의자들과 조우했다. 샤르보노는 "인격적이면서 동시에 집단적인 변혁과 전환"으로 나아갈 프로그램을 기획한다. 또한 "지역에서 자기 조직과 전략을 창안할 수 있는 소규모 집단들인 공동체의 길을 제대로 활용할 수 있을" 프로그램도 기획한다.

다양한 사귐을 바탕으로 건설되고, 자연과의 접촉을 추구하는 이 새로운 공동체들은 소외와 비인간화를 조장하는 사회를 대체할 수 있는 신뢰 집단으로 점차 부상할 것이다. 자신의 절대자유주의무정부주의 사상을 구체적인 실천에 옮긴 보르도 모임은 당시 "이 곳간에서 저 곳간으로" 산책을 떠났고, "오두막에서 숙식"했다. 1934년 6월부터 『에스프리』에 "동일 지역의 구성원들이 학회보다 야영을 통해 점점 더 많은 모임을 갖는다"라고 말했다. "연방 정부의 문제"와 관련해, 샤르보노는 자신의 정치 기획에 담긴 철학적 의의를 구체적으로 밝힌다. "인간이 자기 이웃, 자기의 구체적 생활 터전인 땅과 지속적으로 접촉하는 일이야말로 유일무이한 창조생활이다. 물론 거기에는 다양성의 원리가 되어야 할 공동체의 높은 현실들을 망각하지 말아야 한다는 전제가 붙는다. 또한 이러한 접촉은 먹을 것을 충분히 교환할 수 있는 '자율적' 생활 터전에서 유지되어야 한다."[59]

본서에 수록된 글들은 자신들의 눈에 비친 사회 변혁의 진행 과정을 단단한 정신으로 진단하고 구체적인 정치 해방을 위한 주장을 제시하는 두 젊은이고작 25살도 되지 않은의 모습을 보게 한다. 첫째, 이들은 현대 세계에 대한 비판을 당시 사료 편찬자의 주장과 반대로 반동의 자리에 환원할 수 없음을 제시한다.[60] 둘째, 이들은 기술에 대한 제반 비판이 하이데거의 손바닥을 벗어나지 못한다는 점을 보여줬다. 프랑스의 기술 비판은 1930년대에 탄생했고, 전후에 성숙기에 도달했다. 하이데거의 본질주의와 달리, 프랑스의 기술 비판은 역사와 경험에서 얻은 시각에 정박碇泊한다. 이론상으로 기술 문명의 극복은 가능하지만, 혁명만이 그 분기점을 허용할 것이다. 이 주제는 1968년 이전의 상황주의에 깊은 영향을 미쳤고기 드보르와 자끄 엘륄의 서신 교환, 1968년 이후의 정치생태학 운동에 전달되었다. 샤르보노와 엘륄은 자크 마리탱, 드니 드 루즈몽, 빅토르 세르주, 시몬 베유, 이냐치오 실로네, 아서 쾨슬러 등과 함께 1930년대 극소수 지성인 집단에 속했다. 이들은 반파시즘, 반공산주의를 표방했다. 다시 말해, 완전히 '반反전체주의'의 입장에 섰다. 당시 '국가 우상 숭배'la statolâtrie가 만연했다. 그러나 이 우상 숭배에 대한 공통된 불신이 이들을 자유주의자로 만들지 않았다. 왜냐하면 이들은 진보의 의미와 방향에 근본적인 문제를 제기했고, '인간이 제작한 기술의 생산'과 '인간'의 관계를 근본적으로 재정립하며 공동체의 토대에서 솟구치는 혁명적 변화를 호소하기 때문이다.[61]

이러한 재평가 작업은 '기술 공포증'반동, 반현대성, 유토피아과 '기술 예찬론'진보주의, 시대 부합, 현실론 사이에 존재하는 느슨한 이분법, 이데올로기적으로 독성 강한 이분법으로 구축된 표상을 문제 삼을 수 있을 것이다.[62] 새로운 사료 연구의 자취를 따라가면, 본서에 수록된 글들과 여타 비순응주의 운동가들의 글은 1920년대 말에서 2차 대전 사이에 주목할 만한 비판적 갱신 작업이 있었음을 밝힐 것이다. 거기에는 자유주의 성향의 진보주의에 대한 문제 제기만 있었던 것이 아니고, 정통 마르크스주의에 대한 문제 제기도 있었다. 이 사조들에 대한 문제 제기는 속도, 생산력주의, 노동 신화를 겨눴다. 보다 포괄적으로 말해, 인간에게 "자율성"을 선사하지만, 인간의 변화를 초래하는 결정론 논리에 제재 당한 새로운 영역의 동력인 기술, 이 영역의 역동적 과정인 "기술 신화"에 대한 근본 비판에 초점을 맞췄다. 샤르보노와 엘륄 이외에도, 아롱과 당디외, 베르댜예프, 베유, 뒤아멜, 베르나노스 등이 그 증인들이다.[63] 본서에 수록된 네 개의 글은 일치점을 보이며 다음 사실을 증명한다. 후일 프랑크푸르트 학파와 68운동[64] 이후 세대가 대중화 시킨 사상들은 격동기였던 1935년에서 1945년 사이에 '보르도 학파'가 이미 초안을 제시했던 것들이다. 이 네 개의 글은 진보에 대한 진보주의 비판이 19세기 이래로 결코 중단된 적이 없음을 증명한다.[65]

사상사에 나타난 정치생태학

샤르보노와 엘륄이 자신들의 분석을 구체적으로 제시했을 때, 인간과 자연의 관계들에 대한 이들의 이론상의 숙고는 분명 새로운 것은 아니었다. 1907년부터 다니엘 모르네는 문학 양식을 빌어 낭만주의 노선을 열고, 새로운 해안선 접안을 원했던 당대인들의 욕망이 서린[66] 18세기 후반의 "프랑스판 자연 감성"을 빼곡히 기록한 글을 집필하는 데 전념했다.[67] "숭고"라는 도장이 찍힌 유럽의 숲과 고산들은 매혹과 빈번한 접촉의 대상이었던 반면, 19세기에 국가의 "자연" 경치혹은 시골 경치는 국보 예술품에 준하는 가치를 누렸다. 프랑스에서 퐁텐블로의 숲은 황실의 명령으로 1858년에 보호구역으로 지정되었다. 거기에는 바르비종 유파의 각별한 노력이 있었다. 반면 미국의 옐로우스톤 공원은 1872년에 조성되었다. 영국 내에서 두드러진 구역들을 확보, 보존하기 위한 내셔널 트러스트National Trust는 1895년에 창설되었다.[68] 프랑스의 투어링 클럽Touring Club과 알프스 클럽은 자연주의 협회들과 더불어 "자연 보호"를 위한 행동을 전개했다. 더 나아가, 자연 보호를 위한 대규모 국제학회도 1921년과 1931년 두 차례에 걸쳐 프랑스에서 열렸다.

다른 사람들이 민족주의, 공산주의, 파시즘의 깃발 아래에서 열 맞춰 행진하는 동안, 자연과의 접촉을 통한 감각과 경험을 탐구하던 샤르보노는 도보로 카나리아 지역과 피레네 산맥을 다녔다. 또한 그는 스페인의 땅 끝 마을세계의 유한함을 나타내는을 탐험했다. 엘리제 르클뤼1830~1904에서 『인간과 자연』1864의 저자 조지 퍼킨스 마쉬1801~1882, 알도 레오폴드1887~1948를 거쳐 샤르보노에 이르기까지, 대지와의 접촉과 여행은 '인간'과 '환경'인간이 발 디딘 사이의 활동에 변화의 척도를 확보하도록 했고, 거기에 담긴 위험을 경고할 수 있도록 했다.

자연, 육체, 노력 등을 신비화하거나 고양하려는 시도에서 벗어난 샤르보노는 자끄 엘륄과 시골에서 "가방 메고 소풍 떠나는 생활의 맛"을 공유한다. 바로 그 맛, 샤르보노는 유년기에 개신교 보이스카우트 활동그는 이 모임의 강압적인 부분을 점차 거부한다을 하며, 랑드 지역의 숲에서 그 맛의 깊이를 향유한다. 그에 반해, 엘륄은 "개신교 보이스카우트를 반대하는" 캠프를 개최했다. 아나키즘 모델을 추진한 엘륄은 아침에 "깃발 하강식"을 열었다.[69] 샤르보노가 1993년에 해설한 내용에 따르면, 그 당시 두 사람에게 중요했던 문제는 "우파 전체주의의 혼탁한 암흑에서 비롯된 진보, 혹은 공허, 무해, 이완, 당대 문학이 설명한 자연에 대한 지식이나 욕망의 억압에 대한 보상에서 비롯된[70] 진보"를 통해 자연에 제기된 문제들에서 탈피하는 것이었다. 이러한 의식은 고전적, 공리적 혹은 미학적 시각과 대립하며, 각종 범신론 및 자연에 "성스러움"을 덧입히는 사상과도 대립한다.

생의 황혼기에 작성한 글에서 베르나르 샤르보노는 다음과 같이 말한다. 자연과 사회에 대한 간극은 개인이 자신과 타자를 아는 데 꼭 필요한 조건이며, 각자의 자유를 얻기 위해서도 필요한 조건이다. "자연, 그리고 자연의 몸체에 활력을 부여하며 약동하게 할 대지를 연장한 자는 자기 보호 욕구로 인해 사회에 기댄다. 또한 자기 가치들과 문화에 의존하며, 자기를 둘러 싼 세계를 알고 설명하는 언어, 자신과 이웃의 소통을 가능케 하며 양자를 결합하는 언어에 의존한다." 개인이 자연과 사회두 번째 자연에 공통으로 내재된 불안정성을 감지하면서, 환경 존중의 토대를 구축할 수 있는 길은 바로 취약성의 윤리une éthique de la fragilité와 유약성의 윤리une éthique de la vulnérabilité이다.[71] "자기 개별성을 수용하는 자, 우주를 위해 근심과 죽음까지 수용하는 자를 필요로 한다. […] 인간을 위한 사랑만이 사랑의 전부는 아니다. 사랑은 바닥에 떨어진 우리의 형제들, 화초, 대지, 별이 빛나는 하늘에 대한 사랑까지 아우른다." 자율성과 자유를 갖춘 개인의 삶은 바로 이러한 필연적 연합에서 태어난다. 즉, 우리가 '지구'라 부르는 세계의 가장자리마다 붙어 살아가는 존재들과 연합할 때, 개인의 자율적이고 자유로운 삶이 고개를 든다. 이 삶은 자연과 사회에 빚진 것이 무엇인지를 알 때 가능하며, "진정한 진보고철과 플라스틱 누적이라는 의미의 진보와 전혀 다른"[72]의 탄생을 이끈다.

21세기 생태 위기를 파악하기 위해, 우리는 베르나르 샤르보노를 호출한다. 인류는 거대한 위기에 봉착했다. 지질학자, 생태학자, 기후 전문가, 토질 전문가들이 다양한 지표들이산화탄소, 질소, 황, 인의 농도, 멸종 등로 제시한 곡선은 충적세holocène 초기였던 11,500년 전부터 지금까지 균형을 이뤘지만, 점차 불안정한 상태로 바뀌고 있다는 사실을 보여준다. 기술 과학이 지구 공학과 함께 기후 장애에 대한 해법을 찾는 순간을 상상해 보자.[73] 샤르보노의 시각에, 문제는 바뀌지 않고 그대로 남아 있다. 우리는 동일한 철학적 관찰로 회귀해 1930년대의 물음과 같은 물음에 처하게 될 것이다. 기술의 절대 명령에 굴복한 세계에서 인간의 자유는 과연 무엇인가? 인간과 자연의 직접 관계, 즉 살과 살이 맞닿는 관계란 과연 무엇인가? '도시 자율성 기획'에서 '인간 고양의 기획'으로 어떻게 이동할 수 있는가?

위기의 일부를 해결하는 기술 관료주의 관점은 우리와 자연의 분쟁이 단지 기술의 문제가 아닌, 존재론의 문제라는 사실을 이해하도록 한다. 샤르보노의 눈에, 자연에 관한 질문은 본질적으로 '민주주의적' 질문이다. 다시 말해, 우리 각자가 외부 세계의 야생 동식물들과 긴밀한 유대 관계를 맺는다. 자연은 바로 이 점을 묻도록 한다. 또한 다른 쪽에서, 자연은 현대인의 삶을 점한 무기물과 인공물의 영역에 대해서도 질문하도록 한다.

수많은 지식인들이 정치와 학설에 흥분하고 오류를 범했던 시절에, 베르나르 샤르보노와 자끄 엘륄은 자신들만의 통찰에 충실했던 극히 드문 사례라 하겠다. 두 사람은 청년기의 통찰을 나이 들어서도 멈추지 않고 유지했다. 독자들은 70년도 더 된 오늘, 독자들의 손에 들린

네 개의 글투쟁 선언문에 가까운에서, 그러한 사상의 형성 과정을 목도할 수 있을 것이다.[74] 세월의 흔적으로 종이는 노랗게 빛을 바랬지만, 그 안의 글자들은 여전히 그 두께를 유지하고 있으며, 마치 잘 심겨진 뿌리처럼 그 확고한 판단력 또한 싱싱하게 유지되어 있다. 국가, 과학, 자유주의, 생산력주의, 기술처럼 우상이 될 수 없는 제반 요소들이 책 곳곳에 흩어져 있다. 이러한 초기 사상들은 2차 대전 이후 약 80권에 달하는 책들로 재탄생하게 될 것이며, 근·현대성이라는 '포템킨' 전함을 날려 버릴 수 있을 막강한 폭발물이 될 것이다.

쿵탱 아르디

감사의 글

서문을 작성하면서, 문서 선정 과정에서 명민하고 박식한 능력을 보인 다니엘 세레쥐엘, 크리스티앙 루아, 세바스티앙 모리용, 로맹 뷔앵, 크리스토프 보뇌이유에게 감사의 말을 전한다. 이들의 우정어린 도움이 없었다면, 이 책의 기획은 불가능했을 것이다. 아울러 파트릭 샤스트네에게도 감사의 말을 전하며, 「인격주의 선언을 위한 강령」의 재판을 수락한 자끄 엘륄의 세 자녀 장, 이브, 도미니크 엘륄에게도 감사의 말을 전한다.

쿵탱 아르디

인격주의 선언을 위한 강령[75]

자끄 엘륄 / 베르나르 샤르보노

반란의 기원

혁명 의식의 탄생

1. 우리가 아직 세상에 태어나지 않았던 때, 이미 한 세계가 조직되어 있었다. 그 세계는 출발부터 불균형 상태였다. 그러나 우리는 이미 그 세계에 들어왔다. 이 세계는 심오한 법칙들에 굴복했다. 그것은 우리가 알지 못하는 법칙들이며, 이전 사회의 법칙들과도 다르다. 누구도 이 법칙들에 대한 연구에 뛰어들지 않았다. 이 세계의 특징이 바로 익명성이기 때문이다. 즉, 누구도 책임지려 하지 않았고, 누구도 세계를 통제하려 들지 않았다. 각 사람은 심오한 법칙들의 놀

이로 구성된 세계 속에서 자신에게 부여된 자리만 차지한 채 살아갈 뿐이다.

2. 각 자리마다 할당된 이름이 선명하게 새겨져 있는지 확인해 보라. 이제 우리는 사회의 숙명론에 복종해야 할 것이다. 우리가 할 수 있는 것이라곤, 각자의 역할을 다하고 새로운 사회 법칙들의 놀이에 무의식적으로 협조하는 일 밖에 없다. 이 법칙들과 마주한 우리는 무력하기 그지없다. 우리의 무지가 무력함의 첫째 원인이며, 익명으로 생산된 것을 뒤바꿀 수 있는 역량의 부재가 둘째 원인이다. 은행, 증권거래소, 각종 계약문서, 보험, 보건 위생, 무선 전송, 절대 생산 등과 마주한 인간은 완벽한 무능력 상태에 빠졌다. 옛 사회에 존재했던 '만인에 대한 만인의 투쟁'은 현 사회에서 불가능하며, '이념에 대한 이념의 투쟁'도 불가능하다.

3. 그러나 이러한 무력감에도 불구하고, 우리는 특정 가치와 능력의 필요를 절감한다. 세계는 우리에게 장소를 제공했다. 그러나 우리에게 특정한 장소를 제공한 세계는 이러한 가치들을 고려하지 않은 채 건설되었으며, 우리의 무력함과 상관없이 건설되었다. 우리가 필연이라 여겼던 인간의 자유, 진리를 향한 노력, 친숙한 주제와의 접촉, 정

의와 권리를 결합하고픈 욕구, 반드시 실현해야 할 소명 등이 이 능력들을 전개하는 데 필요한 자리를 마련하기도 했다. 그러나 결국 무용지물이 되고 말았다. 현실 사회는 능력들을 펼치고자 마련된 자리들을 큰 노력 없이도 고사시키는 사회다. 이에, 일반 문제와 개인 문제라는 두 가지 형태의 문제가 제기되었다.

4. 인간의 가치가 특정 사회에서 우연히 얻은 가치에 지나지 않는지, 아니면 인간 자신이 살아가는 사회의 가치에 머무는지를 자문하는 것이 바로 일반 문제다. 요컨대, 사회의 결함들은 추상적이거나 실제적이다. 그러나 보편적일 수도 있다. 단, 이러한 사회 결함들과 상관없이, 사회가 구성원들의 가치를 수용할 수 있는지를 묻거나, 구성원들이 사회의 추상적이고 일반적인 특징들을 통째로 수용할 수 있는지를 묻는 문제가 일반 문제에 해당한다.

5. 우리 안에 존재하는 필요의 실제 구현 가능성을 묻는 것이 개인 문제다. 다시 말해, 우리의 소명을 실현할 수 있는지를 물어야 하며, 우리를 행동으로 이끌고 속박했던 가치들을 앞세워 현 사회에서 실제적인 영향력을 발휘할 수 있는지를 물어야 한다. 이러한 내적 속박은 단지 지성의 문제에 머물지 않고, 실제적인 문제가 되었다.

6. 우리는 이 가치들을 반드시 실현해야 한다는 사실을 깨닫는다. 동시에 다른 가치들보다 더 필요한 가치라는 사실도 깨달았다. 하여, 우리는 보편성을 띈 두 가지 현실 원리와 마주한다. 첫째, 우리는 '사상 자체가 갖는 가치보다 사상을 더 보편적으로 여기는 현실 원리'와 만났다. 둘째, '세계가 순수하게 물적 유기체라는 사실보다 더 보편적인 현실 원리'와 만났다. 사람들은 자기 사상을 삶으로 실현하는 문제에 대해 묻지 않는다. 또한 사상에 따른 행동의 반추와 숙고를 쟁점으로 삼지도 않는다. 오히려, 사람들은 단편적인 생각에만 몰두한다. 극히 짧은 인생에서 어떻게 하면 더 많은 돈을 벌 수 있을까 궁리한다. 오로지 돈 관련된 문제만 묻고 또 물을 뿐이다.

7. 인간은 둘로 갈라졌다. 갈라진 양쪽 모두 저마다 강고하다. "하나는 하늘ciel로, 다른 하나는 땅Terre으로 방향을 잡았다." 이러한 분리를 통해, 우리는 현 사회에 존재하는 인간의 무능력 문제에 집중했다. 유물론과 관념론은 상호 보완적인 두 가지 형태의 타락으로 등장한다. 이러한 타락 때문에 인간은 생을 포기했다.

8. 유물론은 특정 학설을 부정하고, 삶과 행동에 선행하는 특정 사상도 부정한다. 유물론은 인간에게 세 가지 유죄 선고를 내렸다. 첫째,

잉여 인간을 위한다는 명목으로 인간을 우연이나 국가[76]와 동격인 특정 신에게 내맡김으로써 더 이상의 생존을 불가능하게 만들었다. 둘째, 인간이 살았던 세계의 발전을 더 이상 이해할 수 없도록 했다. 셋째, 인간을 물질의 필요에 따라 사는 존재에 가둠으로써 유일성과 독자성을 가진 존재가 되지 못하게 했다. 이는 모두에게 똑같이 벌어진 일이다.

9. 관념론은 물적 조건들의 역할을 부정하고, 형태와 무관하게 관념이라면 무조건 전능의 자리를 부여하고, 행동을 위한다면서 모든 조각들을 잘라내고 허구에 사로잡힌 이상 추구로 회귀하고, 내밀하고 은폐된 삶에 만족한다. 결국 관념론은 인간에게 더 이상 삶을 살지 말라는 극형을 선고한다.

10. 한 쪽에서, 우리는 그릇된 유용성의 문제를 발견한다. 그리고 다른 한 쪽에서, 무용성의 문제를 발견한다. 후자는 행동의 불필요성으로 이어졌다. 즉, 별 걱정 없이 그럭저럭 먹고 살 것만 있으면 만족하는 쪽으로 사람들을 끌어갔다. 사람들은 세계 안에서 행동의 필요를 느끼지 못한다. 왜 행동할 수 없는가? 행동의 중요성에 대한 인식이 없고, 먹고 사는 데 자족하는 인간 본성이 변하지 않기 때문이다.

11. 우리는 이러한 현실을 확인하면서, 유물론과 관념론의 분리에 대항하는 투쟁으로 길을 잡았다. 현 사회에서 둘의 분리는 근본적인 문제이기에, 우리는 사회 자체에 맞서는 투쟁에도 가담한다. 사회는 도처에서 호출하는 소명—인간의 통일성에 대한 재발견—의 구현을 회피했다. 그렇기 때문에, 현 사회는 우리의 적이다. 이와 같이 보편 문제와 특수 문제가 합류한다. 두 가지 문제로 인해, 우리는 현실 사회에 맞서는 투쟁의 판에 뛰어든다.

사회에 관한 우리의 정의定義

12. 사회에 관한 우리의 정의는 교조적이지 않으며, 특정 언설로 요약되지도 않는다. 그것은 정의라기보다 차라리 앎이며, 현 사회의 통념들에 대한 주석 작업의 결과다. 즉, 사회에 대한 우리의 정의란 별로 중요치 않다고 여기는 사건들, 순진해 보이는 측면들, 그러나 사회 제작자 모두가 공유한 이데올로기의 표출, 모두가 인정하는 표현, 일반화된 사고방식의 면면을 일일이 주석한 결과다. 예컨대, 수백만 군중은 틀릴 수 없다는 식의 선언, 대중, 다수, 다중의 중요성 등이 그것이다.

13. 불가피성, 그리고 터무니없을 정도로 방대해진 규모가 우리의 눈에 비친 현 사회의 특징이다.

14-1. 숙명론은 지고至高의 질서, 영적인 질서의 형태로 등장하지 않는다. 애당초 예정론 따위는 존재하지 않는다. 숙명론은 몇 가지 물적 결합들에 대한 표현일 뿐이다. 이 결합들은 인간 의지의 개입 없이도 작동한다. 사람들은 물적 사건들에 대한 절대 인식을 전제하고, 그 방식에 따라 모든 사건들을 예단한다. 몇 가지 사례를 보자.

14-2. '전쟁 숙명론'과 관련된 몇 가지 사실을 강조하는 것으로 설명은 충분할 것이다. 전쟁 숙명론의 구성 요소는 다음과 같다. 첫째, 광활한 국가이다. 모두가 전쟁의 이유를 막막하고 추상적인 차원에서 느낄 정도로 광활한 국가가 있을 때, 전쟁 숙명론이 고개를 든다. 둘째, 무기 체계의 발전이다. 사람들이 더 이상 살상을 피부로 느끼지 못하고, 단추 하나만 '삑'하고 누르면 다 해결되는 수준으로 무기 체계가 발전해야 한다. 셋째, 금전 상의 신용을 유일한 토대로 삼은 경제 조직이다. 넷째, 협소한 영토와 출산 독려 간에 존재하는 모순이다. 다섯째, 외부 유통에 대한 희망이 없이 국가들마다 초과 생산에 열을 올리는 현상이 전쟁 숙명론을 구성한다.

14-3. '파시즘 숙명론'에 관한 연구는 지금보다 오랜 시간이 필요할 것이다. 파시즘 출현 직전에는 항상 '자유주의'가 있었다. 공익을 매개로 한 국가 신격화, 노동자들에게 돌아가야 할 재화들로 일군 사회민주주의, 고요하고 안정된 삶을 살려는 부르주아 중간 계급의 이상주의, 가짜 위기와 가짜 영웅주의를 논하기 바쁜 낭만주의, 대중참여신문 구독, 무선통신 사용, 영화 관람, 노동 참여 대중 등, 추상 세력을 지지하는 정치 취향, 양극단 사이에서 중도를 고수하는 실천과 행동에 관련된 부분은 눈 감고 입 닫고 지지하는 취향이 바로 자유주의의 내용이다. 자유주의를 서술하는 이 요소들은 서로 대립각을 세울 수도 있다. 그러나 생산 기술의 압력을 받아 결국 파시즘을 탄생시키는 요소들이 되었다.

14-4. 마지막으로, 다양한 생산 질서에서 등장하는 '불균형 숙명론'에 관해 이야기해 보자. 특정 분야에서 두드러지는 기술 진보, 예컨대 대도시의 발전, 신용의 불균등, 전 계급에서 나타나는 동일한 사고방식, 고가高價 유지의 필요성, 유통 상품들의 보편화 등은 농업 생산물과 기타 생산물 간의 치명적인 불균형을 일으킨다. 덧붙여, 사회의 현 상황에서 이러한 불균형을 치료할 수 있는 마땅한 처방전도 없는 형편이다.

15-1. 숙명론과 관련된 여러 사례들 중, 우리는 단 세 가지 사례에 집중했다. 이 사례들은 숙명론의 산물이며, 숙명론 자체가 이러한 사례들이 집중된 결과다. 숙명론은 기준과 척도로서의 인간을 극복하고, 동시에 극복을 위한 성장을 멈추지 않는다. 우리는 여기에서 숙명론의 기원을 발견한다. 인간은 더 이상 자기 세계의 기준과 척도로서 존재하지 않는다. 이를 체념하고 수용한 '인간'은 모든 기준과 척도에서 '상실'된 '자기'를 경험한다.[77]

15-2. '생산 집중'은 기계들자본, 최소 생산 비용 등으로 인해 필연의 단계에 이른 '공장 거대화' 현상이다. 그러나 이 현상은 생산 전체의 집중화를 낳는다. 출판물이나 영화욕구와 생산의 불균형을 일으키는 집중화가 대표 사례다. 생산에 부과할 수 있는 한계는 더 이상 존재하지 않는다. 왜냐하면 생산을 가능케 하는 집중화를 이끄는 주역이 바로 생산이기 때문이다. 다시 말해, 생산 집중 이외에 다른 형태의 집중은 개입 여지조차 없다.

15-3. '국가 집중'은 현실성을 확보하지 못하고 정복 전쟁을 정당화하는 국가가 극도로 넓어진 한계들 속에서 진행하는 팽창 사업을 가리킨다. 한 사람이 있다. 만일 자신이 원하는 토지와 조국이 제공하는

토지가 서로 맞지 않을 경우, 이러한 팽창 한계를 중단해야 할 인간적인 이유는 더 이상 존재하지 않을 것이다. 오히려 다른 것을 중단하면 중단하지 이 한계를 중단시킬 이유는 없다. 국가 집중과 더불어 인간을 추상적인 존재로 여기고 법으로 포장해 버리는 '행정 집중'도 짚어야 한다. 행정 집중은 결코 현실과 결부되지 않는다. 법으로 포장된 인간에게 국가는 곧 '행정'이다.

15-4. '인구 집중'은 생산의 필요에 따라 만들어진 대도시를 가리킨다. 공장, 증권사, 기차역을 중심으로 건설된 대도시는 결국 다수의 군중으로 귀결된다. 이 군중은 단지 대도시에 살 뿐이다. 다른 시각에서 보면, 이 군중은 우리 사회 전반에 퍼진 익명성을 나타낸다.

15-5. '자본 집중'이란 마르크스가 예고했던 자본 집중이 아니다. 자본 집중은 익명 사회의 신용 체계와 행동 체계에서 비롯된 자본의 가상 집중 현상이다. 우리는 가상 집중을 두 가지 이유에서 심각한 문제로 본다. 첫째, 소유주와 직접 싸울 수 없는 상황 때문이다. 둘째, 자본 보편성에 대한 효율적 통제가 가능해졌기 때문이다. 자본주의 사회에서 강자는 자본가가 아니라 행정가다.

16. 이러한 집중 운동은 역사 전체에서 추진되었다. 그것은 질서를 겨냥한 발전이었다. 그러나 결코 특정 결과에 도달하지 못했다. 집중 운동은 거대한 실현에 필요한 수단을 항상 결여했다. 그러나 이렇게 추진된 운동이 항상 집중화로 이어지지 않았기에 사람들은 집중화를 정당하다고 여겼다. 사회와 개인의 악행수탈, 농노에 대한 영주의 직접 지배, 낭비에 따른 재정 불평등에 맞서 싸우기 위해, 정당성과 효율성을 갖춘 대동大同의 이상이 존재했던 시절도 있었다. 그러나 현재는 그 시절과 같지 않다. 우리는 집중화에 맞서 싸워야 한다. 집중화의 항구적 경향 때문이 아니다. 집중화를 구현하는 수단들 때문이다.

17. 집중화를 구현하는 수단은 '기술'이다. 이것은 산업의 방식이 아닌, 일반성과 포괄성을 두루 갖춘 방식이다. (1) 지식 기술: 대학의 학과, 정보 색인표, 박물관을 사례로 에른스트 르낭Ernst Renan이 종종 이야기한 방식이다. 이는 확고부동한 원칙들을 통해 공공 지식을 고착화하는 방식이다. (2) 경제 기술: 경제 숙명론을 통해 폭군이 된 금융 기술의 설립을 말한다. 이제 경제는 '자가 발전'한다. 즉, 경제학은 인간의 의지 바깥에 있는 자율 학문이다. (3) 정치 기술: 기술을 통해 도달한 최초의 영역들 가운데 하나이다. 외교술, 구식 의회주의 규범 등이 그에 해당한다. (4) 기계 기술: 인간의 실제적인 욕구

들을 고려하지 않는 기계의 집약적인 발전을 통해 이뤄졌다. 애당초 기계의 탁월성이라는 원칙만 기초로 삼아야 한다. 다른 길은 없다.

18. 기술 사건에서 창조력은 단순한 적용 비법으로 바뀐다. 극단적인 지식인과 예술가는 사회와 예술의 기술 비법들을 앞 다퉈 응용하기 바쁘다. 이들은 별 연관성도 없고, 생산성도 없는 형식들을 느슨하게 결합하는 정도에 그치는 기능인으로 바뀌었다.

19. 더 나아가, 집중화는 숙명론과 재결합한다. 인간이 사회의 요구들을 더 이상 지지할 수 없을 때, 즉 인간이 스스로 통제 불가능한 세계를 수용해 만물의 척도가 되기를 멈추고 자신의 창조 재능의 사망을 수용하는 순간, 인간은 숙명론에 자유를 부여한다. 사회 법칙인 숙명론은 인간의 책임 회피에서 태어난다.

20. 마찬가지로, 숙명론은 집중화를 압박하고 부추긴다. 왜냐하면 그것이 역사의 과정이며, 우리는 더 이상 이를 거스를 수 없기 때문이다. 또한 이것은 숙명론의 길이기도 하다. 모두에게 익명성을 보장하는 편리한 길, 따라서 산 존재로 살기보다 죽은 존재로 살기 더 쉬운 길이다.

증거들

21. 기술은 인간을 지배한다. 동시에, 기술은 인간의 모든 반응까지 지배한다. 기술에 대항하는 정치는 무력하며, 기술에 맞서는 인간은 행정 통치력을 발휘할 수 없다. 정치가 작동하는 현실 사회 곳곳에서, 인간은 극도로 물질적이고 비실제적인 힘들에 예속된 상태이기 때문이다.

22. 자본주의 국가에서 인간을 더 압제 상태로 내모는 것은 금융 권력 물론, 우리는 이 권력에 맞서 싸워야 한다. 그러나 실제로 금융 권력은 경제 숙명론의 대리자일 뿐이다이 아닌, 부르주아의 이상주의, 안전, 안락, 보험의 이상향이다. 돈이 만들어 낸 모든 것이 이상향이며, 그것은 금융 권력들의 중요성을 부각한다. 생존을 위한 투쟁이 아닌 이윤을 위한 투쟁이 자본주의 국가의 특징이다. 이윤을 위한 투쟁 바깥에는 영원히 속고 속이는 기만 밖에 없다. 도덕, 정신, 종교, 지성 등을 명목으로 내세우지만, 결국 이윤 획득에 골몰하는 기만 밖에 없다. 그리고 이러한 기만 술사들은 자기 정당화를 꾀하려 정신적 가치들을 활용한다. 또 이 가치들이 위험에 빠졌다고 호들갑을 떨면서, 결국 이를 비효율적인 것들로 만들어 버린다. 정의Justice의 의미는 사라졌다.

23. 파시스트 국가에서 인간은 국가의 위대함, 국가에 대한 희생을 궁극의 이상으로 수용한다. 모두의 희생을 요하는 정치적 신神의 번영에 너도나도 협력해야 한다. 이 신이 모든 생존 수단을 점유했기 때문이다. 사람들은 현실적 영향력을 발휘하는 수단들인 잡지, 무선 송신, 영화 때문에, 파시스트 국가의 궁극 이상을 외부 세계에서도 수용할 수 있다.

24. 공산주의 국가에서 인간은 경제 생산과 그 성장을 궁극의 이상으로 수용한다. 사회의 생산을 위해 개인의 모든 자유를 제거할 수 있다. 인간의 모든 행복은 다음 두 가지의 용어로 요약할 수 있다. 첫째, 더 생산하라. 둘째, 안락함이다. 모든 것은 딱 여기에서 멈춘다. 이 국가의 신비를 창조하는 주역은 각종 통계이며, 채굴된 다량의 석탄을 명목으로 민중의 희생을 요구한다.

25. 세 가지 형태의 국가에서, 사람들은 너도나도 인간다운 삶의 쇠락을 목도한다. 또 일상과 죽음까지 아우르는 인간의 삶 전체를 희생시키는 퇴폐 현상도 확인한다. 국가가 사람들에게 요구하는 희생의 목표는 '초인간적'이지 않고, '비인간적'이다. 기만과 퇴폐는 정치의 시각과 다르며, 경제 학설과도 다르다. 이러한 요소는 더 이상 중요

치 않다. 이제 기만과 퇴폐의 동의어는 바로 '인간'이다. 인간은 기만과 퇴폐를 위한 하나의 도구일 뿐이다. 일상생활로 시각을 돌려도 상황은 마찬가지이다. 왜냐하면, 공산주의 노동 체제는 스타하노프 운동[78]과 동일한 체제이며, 미국의 노동 체제는 테일러주의[79]와 동일한 체제이기 때문이다. 지식인의 위치는 파시스트 체제에서나 공산주의 체제에서나 마찬가지이다. 세 체제에서 이익은 결코 사라지지 않는다. 소유주만 바뀔 뿐이다.

26. 그럼에도, 세 형태의 사회도 파국을 맞을 수 있다. 앞에서 지적한 사악함과 동일 수준의 사악함에 도달할 수 있기 때문이다. 집중화가 일으킨 사회의 복잡성은 결국 생산의 축을 이탈생산 부재로 인해, 신용은 금융의 문제들을 비현실적인 문제로 바꾼다한다. 인간은 임무 완수를 목적으로 단지 소소한 과제만 수행할 뿐이며, 각종 숙명론이 인간의 방향을 대체했다. 인간은 프롤레타리아로 전락했다.

결과

27. 이러한 사회에서는 의식을 갖고 행동하는 유형의 사람들이 사라진다. 인간은 일을 바꿀 수 없는 기계적 존재 너머의 존재로 살 수 없

는 현실에 순응한다. 이것은 지적 순응이거나 육체적 순응이다. 인간은 정부의 '공개 강령'이나 자본의 '은폐 강령'에 따라 행동한다. 그러나 이러한 강령들은 언제나 추상적이다. 독재자는 광고와 정치의 기술이라는 감옥의 수감자이며, 자본가는 금융 기술이라는 감옥의 수감자이다. 이들은 기술이 직조한 숙명론의 도구들이다.

28. 이처럼 인간은 자기 포기를 통해 사회적 죄를 범한다. 사회적 죄란 외부 영향들을 수용자발적이든 그렇지 않든, 가령 이미 받아들인 질서들이나 영화 관람 등을 통한 수용함으로써, 인간이 자신의 의무, 능력, 소명을 의식하는 인격체가 되기를 포기하는 죄를 뜻한다. 이제 인간은 군중 속으로 들어갈 것이다. 사회적 죄는 정신에 맞서는 죄이다. 왜냐하면 인간은 동일한 행동에 동화되고, 같은 낱말을 읊어대고, 같은 생각을 하며, 이웃들과 차별화된 삶을 거부하기 때문이다. 이는 곧 삶에 대한 거부를 뜻한다.

29. 사회적 죄를 범한 이상, 다른 죄는 불가능하다. 사상이나 행동으로 죄를 범하는 자는 더 이상 '인간'이 아니기 때문이다. 다시 말해, 개별자, 기성 사회 질서의 파편일 것이다. 최고의 중죄重罪가 드러난 이상, 다른 여죄들은 자기 자리를 찾을 수 없을 것이다.

30. 그리스도인에게 이 죄는 죄를 범한 인간에 대해 행동하는 신의 범위를 벗어나지 않는다. 또 그리스도를 통한 구속이 재차 중요한 역할을 한다. 그러나 핵심은 죄를 범한 자가 아니며, 그리스도인에게 구원할 힘이 없다는 것도 중요치 않다. 핵심은 이 죄에 대한 그리스도인의 '의식'이다. 덧붙여, 이러한 죄를 가능케 하는 조건들을 이탈하는 일과 다른 목표, 다른 인간적 소명을 확보할 수 없다는 사실에 대해 의식하는 일이 무엇보다 중요하다.

31-1. 비그리스도인에게 인간이 추상적 힘과 스스로 아무것도 할 수 없는 힘들에 예속된 상태에 있기 때문에 실제의 삶에서 분리되었다는 말은 결국 인간이 완전히 프롤레타리아가 되었음을 의미한다. 자본이 만든 프롤레타리아로 인해, 노동자가 거대 자본의 소유주가 될 가능성은 영원히 사라졌다. 추상이 만든 프롤레타리아로 인해, 지성은 창조력 없는 상태가 된다. 부과된 기술 수단들이 일련의 사고 형태가 되었기 때문이다. 국가가 만든 프롤레타리아로 인해, 인간은 결코 국가를 장악하지 못하고 항상 국가 공무원 수준에 머물 것이다.

31-2. 우리 중 누구도 자신의 노동, 자본, 자유, 힘에 대한 정당한 보상을 받을 수 없고, 인간과 인간 사이의 일정한 관계를 맺을 가능성이

없는 관계로, 우리는 모두 프롤레타리아가 된다. 다시 말해, 그리스도인이 특정 임무를 완수할 가능성은 없다.

32. 다른 방식들과 마찬가지로, 우리는 혁명의 필연성이 우리의 인격들에 선행한다는 점을 확인할 수 있다. 가톨릭 신자, 개신교 신자, 영적 차원의 힘을 믿는 무신론자인 우리들은 다른 것들을 정당화할 수 있을 유일한 수단인 혁명을 일선에 배치해야 한다. 이 혁명은 우리 지성의 창조가 아니라, 우리에게 강제 부과된 혹독한 선언이다. 우리는 본의 아니게 혁명가들이 된다.

33. **혁명**은 사람들에 맞서 일어나지 않고, 제도에 맞서 일어날 것이다. 은행을 지키는 경찰에게는 참 딱한 일이다.

혁명은 대기업 사장에 맞서 일어나지 않고, 대기업에 맞서 일어날 것이다.

혁명은 부르주아에 맞서 일어나지 않고, 대도시에 맞서 일어날 것이다.

혁명은 파시즘이나 공산주의에 맞서 일어나지 않고, 어떠한 형태든 전체주의 국가에 맞서 일어날 것이다.

혁명은 기미에[80]에 맞서 일어나지 않고, 통신소 아바스에 맞서 일어날 것이다.

혁명은 '200 가문'[81]들에 맞서 일어나지 않고, 이윤에 맞서 일어날 것이다.

혁명은 대포 장사꾼에 맞서 일어나지 않고, 군비에 맞서 일어날 것이다.

혁명은 외국인에 맞서 일어나지 않고, 민족에 맞서 일어날 것이다.

혁명은 계급투쟁이 아니다.

혁명은 인간의 자유를 위한 투쟁이다.

우리가 첫 번째 항계급투쟁을 배격하지 않는다면, 위선이라는 위선을 모조리 허용하는 결과에 이를 고 말 것이고, 파시즘 혁명과 공산주의 혁명에 들어맞을 것이다. 그러나 두 번째 항, 즉 인간의 자유를 위한 투쟁은 타협을 허락하지 않는다.

인격주의 사회 구성을 위한 방향

어떻게 행동해야 하는가?

34. 우리가 싸워야 할 세력들은 각 사건에서 개혁의 단초를 제공하지도 않았고, 지적 영향력을 발휘하지도 않았다. 이 세력들은 이러한 행동 수단들 외부에 있다. 우리는 다음과 같이 말한다. 개혁자들로서 세계에서 수행하는 모든 것이 이 권력에 봉사하며, 권력의 이익파시즘에 이익이 되는 사민주의, 노동자가 아닌 사업주에게 유리한 기계 완성주의으로 전환되었다. 우리는 정치 혁명도, 도덕 혁명도 일으킬 필요가 없다.

35. 우리는 이 세력들 자체를 통해 세력들에 맞서 싸울 수도 없다. 세력으로 세력에 대항하는 방식은 언제나 정당의 전술이었다. 힘에는 힘으로, 돈에는 돈으로, 대중에는 대중으로 맞서 싸웠다. 따라서 모든 정당이 돈과 대중 여론을 활용하는 데 이르렀다. 그러나 돈과 여론이라는 이 수단들이 정당을 소유했고, 정당들은 하나같이 돈과 여론의 노예가 되었다. 이 수단들이 이미 전 사회를 예속시켰으므

로, 당연한 귀결이었다. 특정 정당이 이 수단들을 필연적인 수단으로 수용이 수단들과 싸우기 위한 유일한 것으로 수용한다면, 이 수단들의 존재 권리를 인정할 것이며, 거기에 시민권을 부여하고, 더 이상 파괴되지 않도록 보호할 것이다. 그러나 돈에 맞서지 않는 모든 것은 사실상 돈을 위한 것이다. 우리는 외부에서 한 사회에 맞서 싸울 수 있을 뿐이다.

36. 인격주의 혁명은 문화 혁명이다. 이 혁명은 단순히 이념을 따라 싸우는 혁명이 아니다. 인격주의 혁명의 교리인 “혁명 자체에 대한 비난 없이, 권력 사용은 없다”가 규탄하는 권력들의 대항 세력을 따라 투쟁하는 혁명도 아니다. 따라서 인격주의 혁명은 기존 혁명과 다른 방식으로 나타나야 할 것이다.

37. 인격주의 혁명의 실천은 현실 사회 내부에서 완성될 사회의 방식으로 이뤄질 것이다. 현실 사회는 세계의 틀 밖에서 자기 자리를 확보한다. 현실 사회는 인격주의 사회가 되어야 한다. 무엇보다 그것은 서로가 모순과 투쟁의 관계에 있는 현실 사회의 여러 요소들이 사라지기 전에 이뤄져야 할 일이다. 우리는 이 요소들에 직접 맞설 수 없기에, 인격주의 사회로 우선 이행하고, 그 사회를 통해 현실과

투쟁하고, 갈등 요소들의 붕괴를 기대해야 한다. 인격주의는 미래 사회의 틀을 준비하는 혁명 사회이다.

38. 인격주의 사회와 현실 사회의 공통점은 거의 없을 수밖에 없다. 인격주의 사회는 사회 구성원들의 행보에 의존하고, 사회를 구성하는 제도들의 완성도에 의존한다. 이 사회는 구성원들이 필요로 하는 자리들과 사회에 필요한 제도들을 큰 틀에서 보도록 한다.

인격주의 사회의 구성원들

39. 인격주의 사회 구성원들의 역할은 이중적이다. 첫째, 현실 사회와 마주한다. 이것은 부정적인 역할이다. 둘째, 인격주의 사회와 마주한다. 이것은 긍정적인 역할이다. 교조의 공식화와 행동이 긍정적인 역할을 분석한다. 이러한 나열은 시간상의 연속성이 아닌 다양한 입장들이 동시에 존재하는 방식을 따른다. 즉, 우리는 구축하면서 동시에 파괴한다.

40. 현실 사회와 마주한 우리의 입장은 '행동'보다는 오히려 '거부'이다. 우리가 오로지 할 수 있는 것은 현실에서 벌어지는 사건들에 대

한 이해이다. 다시 말해, 행동과 행동, 언어와 언어, 교리와 교리, 정당과 정당 사이에 혼란을 일으키며, 현대 세계를 밝히 드러내는 사회 통념들을 탐구하고, 이 모든 요소들에 대한 비판적 판단을 내리는 것이다. 더욱이 우리는 몸소 배워 익히는 세계에 대한 참여를 거부해야 한다. 다시 말해, 관심사와 접촉하고, 그것의 법적 규칙들을 누리고, 보험을 들고, 노동 경쟁력을 끄집어내면서, 제한된 그 세계에 참여하는 형태의 삶을 거부해야 한다. 인격주의 사회를 구현하는 기준에는 위와 같은 요소들이 존재한다.

41. 우리는 현실 사회에서 살도록 강요받는다. 또한 이 사회에 무상으로 봉사할 것도 강요받는다. 이러한 것들이 존재하는 이상, 우리에게 강제로 부과되는 것은 바로 '타협'이다. 그러나 타협은 현실 사회와 우리를 결부시키는 최종 연결 고리가 되어야 한다. 인격주의 사회가 건설됨에 따라, 모든 관계들의 단절이 일어나야 한다. 그 반대급부로, 인격주의 사회의 건설은 우리의 신뢰를 유지하면서, 동시에 현실 사회와의 온갖 관계를 우리 자신에게서 끊는 희생을 통해 가능할 것이다. 그러나 우리 각자의 물적 생활이 현실 사회에 의존하는 만큼, 그 사회의 건설은 취약해질 것이다. 최종 목표는 각자가 살아갈 수 있을 '닫힌'[82] 인격주의 사회이다.

42. 긍정적인 관점에서, 무엇보다 우리는 학설의 강력한 공식화를 일궈야 한다. 모든 구성원에게 가장 중요한 부분은 학설 구축보다 새로운 사고방식의 창조이다. 거기에 우리가 명심해야 할 두 가지 특징이 있다. 바로 '실용주의'와 '사고방식'이다.

43. 우리의 학설은 실용을 토대로 삼아야 하며, 학설 자체도 실용적이어야 한다. 달리 말해, 학설은 물질 차원에서 발생하는 여러 사건과 그 사건들에 대한 관찰을 토대로 구성되어야 한다. 여러 의미를 섭렵하면서 결정을 내릴 수 있는 방향으로 우리를 견인하는 이유를 이러한 사건들 속에서 발견해야 한다. 우리는 이론상의 이유들 때문에 집중화 현상에 대한 찬반을 결정하지 않는다. 오히려 집중화 현상의 결과들에 대한 관찰을 통해 찬반을 결정할 것이다. 즉, 집중화라는 시대의 원칙을 거부하도록 하는 여러 원칙의 결과물 전체를 섭렵하고 관찰하겠다는 뜻이다. 학설과의 일치, 불일치 여부를 따지는 문제와 무관한 작업이다.

44. 그러나 덧붙여, 우리의 학설 자체는 단호해야 한다. 그 목적은 우리가 응당 활용해야 할 수단들에 영향을 받지 않기 위해서다. 또한 시의 적절한 몇 가지 이유들로 그 학설은 고정되고 영원히 지속되어

야 한다. 즉, 학설이 한 번 구축된 이상 그렇게 유지되어야 한다. 우리 각자는 이를 유지하는 데 책임을 느껴야 하며, 그 활동에 있어 학설 자체를 통해 판단 받는다는 생각을 유지해야 한다.

45. 인격주의 집단의 전 구성원은 학설의 정립에 맞춰, 그리고 학설에 따라 행동해야 한다. 행동이 무엇인지를 깨닫는 작업은 여전히 중요하다. 행동은 정당들의 이해타산에 맞춘 행동으로 변질될 수 없다. 다시 말해, 현실 세계의 유익을 위한 행동이어야 한다. 세계와 마주한 우리의 행동은 앞에서 이미 말했던 것처럼, 특정한 형태의 '반발'이다. 그러나 무엇보다 중요한 것은 우리의 행동이 특정한 생활양식이 되어야 한다는 점이다.[83]

46. 모든 노동은 새로운 사고구조에 흔적을 남겨야 한다. 이 사고구조의 본질적 특징은 반(反)자유주의다. 모든 형태특히 도덕적의 자유주의 관념론은 오류의 표현일 것이다. 심지어 파시즘도 자유주의 관념론에 영향을 받은 사조이다. 우리는 이러한 오류를 행동과 현실생활 전반에서 재발견한다. 자유주의는 특정 교리가 아니다. 자유주의는 생활양식, 사고의 습관 등을 의미한다. 우리의 행동은 다른 생활양식에 초점을 맞춰야 한다. 다른 생활양식에 대한 고찰 없이 기존의

삶을 유지할 때 나타날 수 있을 판단을 발판 삼아, 그리고 모든 시사 사건들과 대면하면서 발생하는 우리의 반발심을 통해, 우리는 다른 생활양식을 만들고 가꿔야 한다. 지성의 차원에서 전면 재검토하자는 말이 아니다. 우리가 운영해 나가야 할 방향성 자체를 기준 삼아 모든 것을 자연스럽게 재검토해야 한다. 이를 통해 우리는 그릇된 문제제기 방식을 탈피할 수 있다. 즉, 자연스럽고 본능적이어야 할 우리의 태도가 필요하며, 새로운 습관의 창조 작업이 필요하다. 가령, 곡물 경작을 연구할 때, 세계 차원의 곡물 정책 연구를 주요 초점으로 삼는 대신, 베아른Béarn과 같은 특정 지역의 곡물 경작을 초점으로 삼을 필요가 있다. 말하자면, 인격주의 곡물 경작 정책을 연구해야 한다.[84]

47. 우리의 행동은 우리 자신의 일상 표현이 되는 만큼 효율적인 행동이 될 것이다. 우리에게 이러저러한 배지나 감투는 필요 없다. 배지가 사회 참여의 표시라면, 우리는 다른 형태의 행동에 선뜻 나서지 못할 것이다. 우리 자신이 학설을 실현하고, 고양시키는 가치 자체가 되어야 한다.

제도들

정치 사회와 법 사회

48. 인간의 모든 연대는 '하나의 공동체 되기'로 유지되어야 한다. 즉, 인격체들을 하나로 엮는 집단으로 유지되어야 한다. 집단의 필요성과 존재 이유를 인정하는 사람들은 이를 인간의 물적, 정신적 필요 때문에 수용했다. 이것은 일종의 연합communion이었다. 또 집단은 모든 사람들이 서로를 볼 수 있는 곳이다. 인간 대 인간의 앎이 없다면, 공동체는 존재할 수 없을 것이다.

49. 집단의 지나친 확장은 공동체와 관련된 사안이 아니다. 사실, 집단은 물질적 연합의 유일무이한 측면을 점한다. 대도시는 거주민들의 정신적 토대를 형성할 수 없다. 거대한 주거 밀집 지구는 자발적인 인정과 수용 과정을 거친 필연성이 아닌, 어쩔 수 없이 감내해야 하는 필연성이 되었다. 말하자면, 거대 밀집 지구는 그저 존재하기 때문에 정당화될 뿐이다.[85]

50-1. 이러한 조건들에서, 인간은 근접 집단에서만 인간다움을 충분

히 느낄 수 있다. 인간은 근접 집단에서 인격체들과 접촉하고, 인간 고유의 특징들을 갖춘 대상들과 만난다. 거대 도시 집중 현상은 곳곳에서 인간의 뿌리를 자르고 박탈한다. 인간은 특정 순간, 특정 국가, 자기 집에 있어야 한다. 인간은 결코 세계 시민citoyen du monde이 아니다. 인간이 세계 시민이라는 말은 거짓말이다.

50-2. 따라서 인간에 대한 행동은 이중적이어야 한다. 그 행동은 인간 제작의 의지, 인간을 인간 자신과 결합하려는 의지, 인간을 현실에 뿌리 내리려는 의지가 되어야 한다. 그러할 때, 비록 귀티가 흐르고 번지르르한 자유는 아닐지언정, 인간은 현실성과 생동감이 넘치는 자유에 도달 수 있을 것이다.

51. 인간의 뿌리 내림에 대한 의지는 결코 인간 축소의 의지가 아니다. 오히려 그 반대로, 자기 뿌리를 갖고 존재하려는 인간 의지의 반영이다. 우리는 특정인일 때만 인간과 인간의 심오한 차이를 자각할 수 있다. 한편으로, 그것은 거대한 관계, 언어 등에 존재하는 차이에 대한 자각이다. 또 다른 한편으로, 그것은 소소하고 세밀한 차이의상, 예의범절, 양식 등에 대한 자각이다.

52. 따라서 우리는 투쟁해야 할 두 가지의 영향력과 대면한다. 첫째는 '거대 도시'la gigantisme de la cité 이고, 둘째는 '보편성'l'universalisme이다. 앞에서 이미 다뤘던 거대 도시의 문제와 관련해, 무엇보다 연구해야 할 부분은 인간의 눈높이에 맞는 도시, 다시 말해 인간에게 봉사하는 도시이면서 인간을 압제하지 않는 도시, 모두의 발언권이 살아있는 도시이 도시는 인간의 도시이므로이다. 도시는 인간의 영향력 아래에서 발전하고, 인간의 결과물이 되어야 할 것이다. 그러한 도시에서만 진정한 정책 구현이 가능할 것이다. 즉, 시민들이 익히 알고 체감하는 구체적인 요구들에 부응하는 진정한 정책이 실현될 것이다. 협동조합의 관심사에 따른 투표, 그에 관심을 가진 이들의 시선에 직접 포착될 수 있는 정책, 추상성을 탈피한 정책, 실제적이고 가능성 있는 이유들로 납세자들을 만족케 하거나 이따금 불만도 낳을 수 있는 '실질적인' 정책들이 가능할 것이다.

53. 또 다른 대적은 보편성이다. 우리는 기존 문명의 보편화를 꾀하는 경향에 맞선다. 문명은 확장될수록, 추상과 비생산에 도달한다. 이러한 문명은 갖은 옻칠로 인종과 토양의 특수성을 질식시킨다. 이러한 문명은 똑같은 틀 속에서 다른 사람들을 제조하는 문명이다. 이러한 추상 문명 속에서 거주하는 인간이 맞이하게 될 결말은 '파멸'

이다. 추상 속에 살면서 땅에 산다고 믿는다. 따라서 인간은 자기 조국, 직업, 인간다움 자체와 결합하는 방법을 상실했다.

54. 이러한 두 가지 경향에 맞서 싸울 수 있는 수단은 지역 분권제의 창출이다. 다시 말해, 거대 국가들을 지리와 경제문화의 특수성에 맞는 지역 자치 권역들로 분리해야 한다.

55. 분권 집단들의 행정부, 금융 기관, 군대에 완전한 자치권을 부여해야 한다. 중앙 국가의 목적은 새로운 이념들을 촉진하는 역할에 국한될 것이다. 실행의 필요를 느낀다면, 국가와 연계된 제반 정보들을 중앙 정부에 취합하는 역할, 통계 업무, 법률 자문, 경제 복구 업무 정도를 담당할 수 있을 것이다. 덧붙여, 중앙 국가는 지역과 지역 사이에서 벌어지는 갈등에 대한 효과적인 중재자 역할을 맡을 수 있다. 진정성을 갖춘 질서가 이러한 연방 권력을 실행에 옮길 것이다.

56. 연방제Fédéralisme가 인간으로 진정한 역할을 하게 만드는 유일한 정치 기구임을 증명해야 할 필요를 넘어, 우리는 연방제의 정치적 이점들을 다음과 같이 제시한다. 소국보다 대국에서 정치적 난관들이 더 크다. 영토 확장에 대한 정당화도 소국에서는 큰 설득력을 갖

지 못한다. 바꿔 말해, 한 국가의 국경이 널리 확장되면서, 국경 확장을 더하고픈 욕망을 결코 피하기 어렵다. 그러나 자기 시야에 국경선이 들어온다면, 사람들은 현실을 직시하고, 이를 바꾸는 것을 주저하게 될 것이다. 이는 결국 전쟁의 위험을 줄인다. 상상 차원의 영웅주의와 현실 차원의 영웅주의 간의 차이를 만드는 일과 같은 맥락의 이야기이다

57. 연방제의 정치적 이점은 또 있다. 바로, 국가 권력의 최소화이다. 각 국가는 이웃의 작은 국가들, 자신과 유사한 덩치의 국가들 간의 세력 균형을 통해 유지되어야 한다. 전쟁의 중요성도 감소한다. 생활 안정은 표면 권력의 성장이나 제거, 초대형 국가의 창출에서 도래하지 않는다. 생활 안녕安寧은 국가 권력의 현저한 감소에서 온다.

경제 사회

58. 연방주의 원리도 경제 사회의 견인차이다. 경제 위기의 중요성을 경감시키고, 기술의 효율성을 주도하며, 자금을 통제할 수 있는 유일한 수단이 바로 연방주의이기 때문이다. 기술의 효율성 주도와 자금 통제의 목적은 새로운 사회를 위해 추구해야 할 사실상의 핵심 목적과 다름없다.

59. 우리가 제한적, 관습적 의미에서 기술을 검토한다면, 기술의 방향성이 근본 문제로 부각할 것이다. 다시 말해, 생산 발전, 초과 생산, 다양한 생산물 간의 불균형을 일으키는 실제 원인이 '기술'이라고 볼 경우, 이러한 문제가 불거질 것이다. 오늘날 경제 문제는 다른 문제들을 모조리 옭아 맬 정도로 광범위한 문제가 되었다. 경제 이론들과 다른 모든 체계들의 정립을 가능케 하는 전제는 다음과 같다. '신기술은 이론의 토대를 모조리 전복하되, 기계를 변형하지는 말아야 한다.'

60. 그러나 현재까지 국가 주도의 계획 경제가 문제였지만, 사람들은 경제의 조건 자체인 기술을 관리하는 데 별 관심을 기울이지 않았다. 이에 우리는 다음과 같이 주장한다. 기술 통제와 방향 설정이 가장 먼저 해결되지 않는 한, 계획 경제는 불가능하다. 또 기술에 대한 통제와 방향 설정이 이뤄진다면, 국가 주도 계획 경제의 실행은 무용지물이 될 공산이 크다.

61-1. 기술의 방향을 설정함으로써, 기술 통제는 경제 생산의 각 분야에서 균형자 역할을 맡게 될 것이다. 다른 생산을 파괴하는 방식이든지, 아니면 인간적인 시각에서 이러한 성장의 무용론을 주장하든

지, 여하튼 기술의 방향 설정은 과도한 생산 성장을 유발하는 일련의 발전을 저지하는 역할을 맡을 것이다. 기술은 그 자체로 목적이 아니다. 기술은 인간에게 유용하다는 점에서만 관심 대상이 될 뿐이다. 또한 어떠한 과잉생산도 인간에게 유용하지 않다.

61-2. 기술은 양적 과잉생산을 가능케 할 것이다. 그러나 우리는 이러한 과잉생산의 발전이 아닌, 일반적인 질적 생산으로의 이행을 위해 과잉 생산을 제한하는 데 집중해야 한다.

62. 이러한 방향 설정은 중노동이든, 미분화된 노동이든, 특정 분야의 기술 발전으로 이어질 수도 있다. 그러나 기술이 해당 분야에 큰 "수익"을 가져오지 못할 경우, 기술 설비는 최소화될 것이다.

63. 따라서 생산과 노동시간 감소의 문제는 생산에 대한 기술의 통제를 통해 자연스럽게 해결된다. 이 통제는 경제의 일반 동향과 표면화된 수요통제, 설문조사의 관찰을 통해 이뤄진다.

64. 이러한 수단을 통해, 민간 경제 영역과 공공 집단 영역의 구별이 효과적으로 전개될 것이다.

65. 개인의 주도권이 자유롭게 작동하는 민간 경제 분야는 최저생계비에 해당하지 않는 물품을 위한 양질의 노동에 시간을 할애할 수 있을 것이다. 일종의 가내수공업이 이 영역의 주요 생산양식이 될 것이다. 필요 자본의 중요도가 그리 크지 않은 덕에, 이러한 생산양식은 프롤레타리아 노동을 막을 수 있는 특수 수단이 된다.

66. 공공 분야는 최저생계비에 필요한 물품들을 위한 거대 규모의 생산 공장을 포함할 수 있을 것이다. 극히 적은 수에 한해 이 생산품들의 집단 생산이 가능해야 할 것이며, 그 목적은 자국의 모든 개인들에게 무상 최저생계비 보장에 맞춰져야 한다. 미분화된 노동은 공공 분야의 일부가 될 수 있을 것이다. 뿐만 아니라, 민간 용역이 이 노동을 실행할 수 있을 것이다.

67. 민간 차원에서 생산한 재화의 경우, 분배는 자유 보장 체제를 통해 이뤄져야 한다. 다만 조건이 있다면, 화폐 개혁을 통해 나타나는 차이들을 보존해야 한다. 중앙 정부의 통제를 받는 연방 정부들은 최저생계 수단들의 분배를 보장해야 한다.

68. 현실 세계에서 돈에 맞서는 투쟁은 다음 세 가지의 주요 요소를 포

함해야 한다. 첫째, 돈에서 비롯되는 이자 수익과 싸워야 한다. 둘째, 금융 개혁을 단행해야 한다. 셋째, 이윤을 없애야 한다.

69. 돈은 이자를 만들 수 없다. 아리스토텔레스, 토마스 아퀴나스를 재생, 반복할 필요도 없다. 경제 수익을 입증하기 위해 필요했던 것은 지성의 기발함뵘바베르크 86이었다. 더욱이 소비된 돈에 대한 이자를 설명할 필요조차 없는 기발함이 요구되었다. 덧붙여, 부당하고 비인간적으로 세계를 전복하는 사건의 원인들 중 하나가 바로 이자이론상라는 사실은 별로 중요치 않다. 이자 자체를 비난할 이유는 없다. 도리어 이자의 결과물환전 차익, 증권거래, 주식로 인해 발생하는 수익을 비난해야 한다. 그 격차가 커짐에 따라, 우리는 이자를 비난한다. 결과적으로 우리가 해야 할 행동은 증권거래소 제거, 어음할인 은행, 융자은행, 익명에 기대어 활동하는 금융 등의 제거다.

70. 이윤 제거는 핵심 중의 핵심 요소이다. 어떠한 방법으로 확보했든지, 이윤은 노동자의 잉여 노동의 산물이다. 이러한 잉여 노동의 산물이 국가나 기업주에게 돌아가는 것은 부당하다. 잉여를 통한 이윤은 노동의 실행 이후에만 알 수 있기 때문에, 이미 부여된 분배 기준을 바탕으로, 공급된 노동에 비례해 분배되어야 한다. 그것은 협동

생산 조직에서만 가능하다. 종종 회자되는 이 조직은 민간 영역에 접목될 것이다. 그 외의 다른 영역은 집단화될 것이다.

71. 신용 금고 개혁을 단행해야 한다. 오늘날 신용 금고는 사회 관계망 수단, 투쟁 수단, 중앙집권화 수단이 되었다. 중대 과실이다. 신용을 위한 신용 축적은 반드시 사라져야 한다. 다른 영역들보다 대기업과 거대 상권에 대출을 우대하는 관행도 없애야 한다. 신용 금고를 유지할 필요는 있다. 그러나 국가, 지역, 각 직업군 대표자들의 정치 통제를 받아야 한다. 신용 대출 때문에 사라진 농촌 인구의 재정착을 이루고, 생산 집중화 현상을 탈피하며, 민간 분야의 재정 형평에 도달해야 한다. 우리는 신용에서 지방 분권을 이룰 수 있는 수단을 만들어 내야 한다.

72. 우리는 경제에서 이뤄지는 제반 노력을 다음과 같이 요약한다. 첫째, 경제를 단순화해야 한다. 둘째, 경제를 인간의 눈높이로 재조정해야 한다. 셋째, 경제에서 사라진 '인간 우선성'을 회복해야 한다. 추상 경제는 막강한 힘으로 인간의 얼굴을 지웠다. 그러나 사람이라면 누구나 그 힘을 통제, 지도할 수 있는 주체가 되어야 한다.

73. 마지막으로, 상호 결합된 세 가지 질문에 관해 다뤄보자. 이 질문은 익히 알려진 것이다. 바로 가족, 소유, 유산이다. 가족과 관련해, 우리는 집단을 이야기할 수 있고, 예술을 이야기할 수 있다. 즉, 가족은 진정한 공동체가 되어야 한다. 가족이 진정한 공동체가 아닌 경우, 보호 받아야 할 가치를 상실한다. 현 시대의 가족은 이기주의, 가족 구성원만 누리는 안락함, 부르주아적 편견, 세대 갈등의 폭발로 점철되었다. 이러한 가족 형태는 반박 대상이 될 수밖에 없다. 덧붙여, 가족 혁신의 출발점을 외부에서 찾아서는 안 된다. 가족에게 법률은 무력하다. 진정성과 완성도라는 의미를 갖춘 가족은 인격주의 사회에 필요하겠지만, 현 사회의 구성 요소는 아닐 것이다.

74. "사람들은 자신이 소유하는 것만 갖는다." 바로 이 공식에서 우리는 소유의 해법을 찾을 수 있다. 즉, 소유는 실제로 사용 가능한 것과 실질적으로 향유하는 것에 대한 기호로 존재한다. 따라서 무수한 영지와 가옥, 국채와 같은 대규모 영역에 대한 소유는 불가능하다. 이러한 소유 불가능성은 소작료와 건물 임대 차익을 없앤다. 임금의 최고치와 최저치 사이의 한계선, 즉 양자의 간극을 더욱 좁힐

필요가 있다. 여하튼 핵심은 인간이 만물의 척도로서 활동하도록 그 역할을 회복하는 것이다. 그것은 '인간의 재산' propriété de l'homme을 '인간에 의한 소유' possession par l'homme로 되돌리는 작업이다.

75. 우리는 옛 질문들에서 상속의 해결책을 발견한다. 우리는 상속을 가족의 대를 잇는 표시로 인정한다. 더 강하게 말해, 상속권 인정은 가족의 대를 잇는다는 표시에서만 가능하다. 가족 소유의 동산과 분할 불가능한 토지 소유, 최댓값 초과가 불가능한 물건들의 상속 역시 그 범주 내에 있다. 그러나 돈, 신분, 특권의 상속은 이러한 상속과 전혀 다른 차원이다.

76-1. 게다가, 위의 세 가지 질문들은 매우 일반적인 법 문제에 의존한다. 법의 두 가지 기본 요소인 '정의의 의미'와 '삶의 현실성'을 포기한 기술자들의 발명품이기도 한 근대법은 기술 규칙들의 단순 집합체이다. 하지만 정의로운 삶이 결합된 규칙들은 자동으로 정의로운 해결책을 제시할 줄 알아야 한다.

76-2. 생동生動하는 법은 이러한 틀의 내용물이 될 수 없다. 법은 국가의 연방 조직에 달렸다. 내용물 없는 빈 봉투가 되지 않으려면, 사회

국가l'état social[87]가 직접 입법에 나서야 하기 때문이다. 따라서 우리는 풍습의 전적 우위권을 그대로 남겨 놓을 것이며, 판사의 통제 하에 법을 제정법 제정 담당은 판사의 몫이다할 것이다. 각 고장의 법률 자문위원은 풍습의 고착화 현상 없이 새 풍습이 이뤄지는 현상을 목도하게 될 것이다.

77. 문명의 특수한 영향력은 감시와 통제라는 예속 상태에 둬야 한다. 달리 말해, 무분별한 광고에 대한 제재가 필요하다. 도덕정신의 관점에서, 우리는 해로운 광고가 미치는 영향력, 경제 지출을 불구 상태로 만드는 해악, 사람들에게 생명에 대한 그릇된 이상을 주입하는 문제, 그리고 이 모든 것을 뒷받침하는 경제력 등을 주시하면서 광고와 싸워야 한다. 일단 광고 회사들, 그 다음으로 언론의 완전한 예속을 일으킨 신문의 지면 광고, 그 다음으로 과장된 방식으로 작동하는 각종 광고들과 싸워야 한다. 우리가 '정상'이라 부를 수 있을 광고의 유일한 형태는 논평과 보도 없는 게시문 형식이며, 반드시 정부의 손을 거쳐야 한다.[88]

78. 언론 관련 질문은 문화 관련 질문과 직결된다. 달리 말해, 사회면 기사처럼 "인간의 이해관계"를 다루는 언론의 폐지, 자유로우나 국

가에 예속된 조직을 통한 언론 및 정보 통제, 무수한 지역 신문 창간, 민중을 위한 학설을 주장하는 언론의 창간, 대자보 창간 등에 관한 질문과 직결된다.

79. 현실의 도덕적 타락을 유도하는 힘이 있다. 바로 '보험'이다. 보험은 모든 형태의 위험을 피하고, 철벽 보호막을 설치하려는 시도이다. 그것은 당사자뿐 아니라 후손들에게도 해당한다. 다른 쪽에서 보면, 보험 계열사들은 '재난 초래'라는 경제의 역할을 맡은 재정 능력의 대표자들이다. 최소한 몇 가지의 특수한 양식은 보존하더라도, 이 위험하기 짝이 없는 보험들의 제거를 검토해야 한다.

80-1. 예술과 문화는 특정 기획의 대상이 될 수 없다. 예술은 보존되지 않는다. 박물관에는 예술이 없다. 예술은 전통 규칙에 복종하지 않는다. 예술은 과거의 걸작에 대한 감탄이 아니다. 예술과 문화는 그 때 그 때 만들어진다. 각각의 문명은 그에 맞는 예술과 문화를 갖기 마련이다. 이론 없는 새로운 예술, 이론에서 탈피한 예술의 도래를 목도할 때, 우리는 혁명 발발의 표식, 진정한 혁명의 표식을 얻게 될 것이다.

80-2. 그러나 어찌되었든, 예술을 불필요한 것으로 간주할 이유는 없다. 해당 용어의 현실적 의미를 반영해 다시 진술한다면, 예술은 일종의 사치이다. 즉, 삶에서 누리는 기쁨과 쾌락이다. 그러나 우리가 예술을 불필요한 것으로 간주한다면, 문명의 죽음을 논할 수 있을 것이다. 왜냐하면, 문명은 예술과 같은 자연적 산물을 생산할 수 없기 때문이다. 예술은 인간이 나타낼 수 있는 최고 수준의 표현이다. 그러나 오늘날 예술은 형식과 무관하게 귀걸이, 코걸이 같은 장식품과 같은 모양새로 등장한다.

인간다운 삶을 위해 필요한 형태의 도시: 절제된 도시

81. 지금까지 우리가 이야기했던 모든 것은 혁명의 문제가 단지 정치나 경제 지평에서만 제기되지 않고, 문명의 지평 자체에서도 제기된다는 사실을 보여준다. 다시 말해, 윤리와 관습, 사고방식, 각자의 일상생활, 신문과 식사에서도 혁명의 문제가 제기된다. 혁명은 인간에 의해 일어나야 하며, 인간을 위해 일어나야 한다. 그리고 인간 각자가 속에 간직한 것, 바로 그 위대한 것을 위해 일어나야 한다.

82. 혁명은 만인이 자발적으로 도시 내에서 생필품을 구할 수 있도록,

빈곤과 부에 맞서 일어나야 한다. 만인의 생존에 필요한 최소한의 물품을 위한 혁명이 필요하다. 그러나 삶의 최소한의 것도 물질적으로나 정신적으로 균등해야 한다. 인간은 물질의 향유로 인해 한껏 고양된 '욕망'이라는 풍선을 터트린다. 그리고 어떤 사람들은 이러한 향유를 누리지 않으려는 욕망을 품고 키운다.

83. 우리의 죽음으로만 호흡을 유지하는 문명에 반하는 도래하는 혁명에서 특정한 역할을 맡는다고 믿는 사람들이 우리에게 왔다. 그리고 그들이 우리를 돕는다. 이들은 하나같이 각자 알아서 혁명을 준비해 왔던 자들이다.

인간에 반대하는 진보[89]

베르나르 샤르보노

아마도 제목 자체가 매우 선동적으로 보일지 모른다. 또 정치인 욕하듯이 단순히 진보에 대한 격한 비난을 퍼붓는 행동처럼 보일 수도 있다. 그러나 우리의 반란은 궁지에 몰렸고, 우리는 본의 아니게 더욱 인간다운 길을 위한 새로운 노선 개척이라는 과제를 짊어지게 되었다. 하여, 우리는 현실 세계가 선이든 악이든 익명의 힘에 지배를 받는 세계에 불과하다는 사실을 신속하게 깨달아야 했다. 그러나 정치인들은 이 점을 고찰하지 않았다. 죽음의 참호에 갇혀 폭격을 당한 군인군인이라고 죽음을 바라겠는가, 먼지 수북한 종이에 뚫린 구멍, 그리고 그 안에 요일에 맞춰 이용되는 관료들, 이것을 정치인들은 다음과 같이 말할 것이다. "라발에게 잘못이 있는 것 아닌가?" 아니다. 나는 그렇게 생각하지 않는다. 이 문장 자체를 의심하고, 의심해야만 한다. 왜냐하면 이 문장은 정치 자체에 대한 비난이 아닌 문명에 대한 비난이고, "플랑댕을

죽여라"가 아닌 "우리는 플랑댕이 두렵지 않다"에 해당하기 때문이다.[90]

다양한 노선 정당들에 공통으로 작용하는 철학 이데올로기

나는 이 자리에서 대형 사건들에 대한 비판을 단행하지 않을 생각이다. 오히려 우리의 일상사에서 시시각각 변하는 문제, 우리 중 거의 대다수가 무의식적으로 가진 이데올로기의 문제를 비판하려 한다. 특히 사람들은 시대를 막론하고 자기 확신의 밑바탕에 이데올로기의 문제를 뒀다. 나는 기술의 변화와 그것의 자연스러운 결과물인 '진보 신화'에 대해 이야기하려 한다.

따라서 쟁점은 한 인간이나 일개 정당에 대한 비판이 아니다. 모두에 대한 비판이 되어야 한다. 자의든 타의든, 그리고 수용 여부와 무관하게, 우리 모두는 이 세계아무리 부정하고 거부해도에 관여하기 때문이다. 진보에 대한 반대 표명은 일반상식에 대한 선동과 같다. 실제로, 모든 혁명은 선동적이다. 진보 신화에 대한 비판자들Celles [91]은 궁궐의 대리석 기둥 밑에서 하인들 수발이나 받으며 지내는 늙은이를 따르지 않는다. 신화 비판자들은 모두의 삶을 바꾸려 한다. 따라서 혁명의 첫 번째 과업은 벌레 먹어 쓰러지기 일보 직전인 몇몇 상부구조들에 대한 공격이 아니라, 구조물을 좌우할 수 있는 토대에 대한 굴착이 되어야 한다.

즉, 고공비행이 아니라 저공비행을 해야 한다. 따라서 진보 신화 반대론자들은 사회에 필요한 최소 응집력을 부여한다고 인정받은 이념들을 폭넓게 탐구한다. 왜냐하면 최소한의 공통 이념이 없다면, 정당과 정당 간의 사생결단 밖에 남지 않을 것이기 때문이다. 또한 공통 이념 없는 개혁은 불가능할 것이며, 혁명가들도 의회에 의원들을 보내지 않을 것이기 때문이다. 본 강연의 연사로 선 나는 바로 이 '공통 이데올로기'를 탐구하려 한다. 그러나 이데올로기에 대한 찬양도 아니고, 거국일치 내각의 가능성에 대한 검토도 아니다. 기회주의 성향의 일부 언론들이 관심을 갖고 앵무새처럼 되풀이하는 말, 마치 상식인양 떠드는 말이 있다. "왜 프랑스인들끼리 싸우는가? 왜 프랑스인들의 사고 기저에는 동일 관념이 없는가?" 언론의 사태 파악 능력이 참 가관이다. 왜냐하면 여러 정치 기획과 전쟁터에 관한 고백의 배후에는 공통의 이상향이 존재하지 않고, 유사한 신화와 판화가 다양하게 섞여 있기 때문이다. 우리가 확인하게 될 이 유사한 신화와 판화는 논증들의 유사성을 보인다. 그리고 더 큰 틀에서 보면, 우리는 그것을 진보 신화mythe du Progrès라는 이름으로 묶을 수 있다.

좌·우파 모두의 감상주의 내부에 잠재의식처럼 똬리를 튼 이 실재진보 신화에 대해 정의 내릴 수 있는 최적의 가능성은 존재하는가? 만일 있다면, 두메르그[92]를 중심으로 결집하자는 식의 진부한 선언은 분명 아닐 것이다. 진보 신화에 대한 정의는 프랑수아 드 라 로크 연대장[93]에서 마르셀 카셍[94]까지 확장된 인민전선[95]의 결성에도 필요하지 않다. 오히려 이들의 공통된 오류를 비난하기 위해 필요하다. 그러한 오류와 관련해, 오늘날 불의 십자단[96]과 공산주의자는 동일한 것을 생각한다. 거기에 악이 서려 있다.

유효한 혁명은 인간의 생활방식을 바꾸는 혁명뿐이다.

따라서 나는 여러분 주위에서, 그리고 여러분의 삶의 자리에서 발생하는 사건들, 명확한 현실이지만 우리가 곱씹지 않고 넘어가는 것들을 이야기하려 한다.

사람들은 중요한 사건들을 통상적인 것으로 받아들인다.
진정성 있는 비판은 이 부분을 고려해야 한다.

우리는 가장 큰 변화를 회피한다. 우리는 종종 그 변화의 폭을 알지 못한다. 뿐만 아니라 그 형식과 방향도 알지 못한다. 어떤 날에는 15센트 주간지로 나타나지만, 또 다른 날에는 원거리도 전력으로 질주하면서 편하게 갈 수 있는 교통수단으로 나타나며, 이러한 수단을 가능케 하는 기술의 두드러진 변화로 나타나기도 한다. 비록 이혼이라는 방식이었지만, 우리는 연예인 '루아 그린베르'가 우리의 손에서 삶을 해방시키는 법을 제시했다는 것을 안다. 우리는 일반성이 아닌 예외성을 유일한 해법으로 여기며, 이를 제대로 익혔다. 따라서 여론이 마피아 들먹이며 위기를 운운할 때, 우리는 깜짝 놀랄 것이다! 언론은 우리에게 구경꾼의 사고방식을 제시한다.[97] 사건은 극적이라는 면에서 중요하다. 유명 가수인 샤를 뒤푸티에가 두 달 안에 암살된다고 가정해 보라.[98] 심지어 여러분이 이 암살 사건과 관련이 없음에도, 언론은 관심을 유도한다. 더 심하게 말해, 쟁점은 더 이상 사건이 아니다. 단지 대중 선동을 위해 인쇄 글자를 두껍게, 두드러지게 하는 것이 중요할 뿐이다. 전 장관 '달리미에'는 스타비스키 사건을 "1면, 네 줄, 소요"라는 말로 갈무리했다.[99] 전 위원장 프랑수아-마르살[100]은 한 줄로 교정하라는 지침을 내렸다. 여러분은 전차에서 이 사건에 대해 이야기하는 것을 거의 들어보지 못했을 것이다.

그러나 중요한 가치를 지닌 사건들, 인간의 삶을 바꿨던 학설들은 신문에서 떠들던 것이 아니다. 세계는 굉음을 내며 바뀌지 않는다. 비밀 법정[101]은 마피아 이상으로 그것을 웅변했다. 로마 제국이 집권했을 때, 제국의 무력으로 이룬 평화가 지배권을 행사했을 때, 제국의 사무 기관들이 이차 보호령을 발동해 신변잡기 기사들로 현행 주요 사건들을 덮으며 그 사건들을 신속하게 마무리했던 때를 떠올려 보라.[102] 추락을 이끌었던 원인들의 정체를 알고 싶다면, 위대한 황제의 생애,

정복 사업, 비극적 죽음에 대한 취향 여부를 해설의 길잡이로 삼을 수 없다. 추락 원인들의 정체를 파악하는 작업은 로마의 쇠락과 연계된 것처럼 보일 수 있을 현 정부와 고위직 인사들 주변에 몰려든 수천 명의 심각한 부패를 바탕으로 판단할 수 없다. 오히려 한 지역의 삶, 예컨대 카르타고나 라오디케이아에 사는 누군가의 삶을 택해서 생각해야 한다. 중요하게 취급을 받지 않았던 이 사람의 삶에서 우리는 로마를 쇠락의 구렁텅이로 내밀었던 '숙명성'[103]의 결과들을 목도할 수 있을 것이다. 이유 없이 너무 많은 명령이 있었고, 혹독한 빈곤이 뒤따랐으며, 그 체계를 빠져 나올 기회가 없었다. 왜냐하면 대기업들과 마찬가지로 대제국들에서도 모든 것은 단 하나의 조건에서 진행되기 때문이다. 이해할 필요도 없다. 모든 사람은 생애 마지막 순간까지 한 자리에 머물러야 한다. 모든 것은 각자의 자리에 있어야 한다. 사무실 벽마다 부착된 '좌우명' 아니던가!

로마의 붕괴 원인은 황제들의 사악한 폭정 때문도 아니고, 고위 공직자들의 집단 부패 때문도 아니다. 하물며, 고대 문명의 명운을 좌우했던 전리품 획득을 노린 야만 부족들의 침입도 제국의 붕괴 원인은 아니다. 로마인 각자의 삶이 피폐해졌기 때문에 무너졌을 뿐이다. 제국의 수장들은 정치극만 보고, 믿었을 뿐이다. 그들은 겉으로 포장된 평화, 화려한 의식들, 예술품 포화상태의 박물관 뒤 안에서 서서히 쇠락의 길을 걷는 로마를 보려하지도, 믿으려하지도 않았다. 제국의 붕괴는 바로 그 때문이다.

진보 이데올로기, 상식의 토대

따라서 나는 이 글에서 위기가 있기 때문이라고 말하고 싶지 않다.

도리어, 번영의 시대에 보르도에서 취직해 살아가는 소시민 한 사람과 그의 강박과 생각들에 대해 이야기하고 싶다. 당시 그는 혁명에 깊게 빠지지 않았다. 갱목들을 매매하며, 비교적 윤택한 생활을 누렸기 때문이다. 날씨 화창한 일요일에 벌어진 신나는 행사들 외에 다른 일들을 이야기해야 한다면, 나는 공산주의자들이나 불의 십자단을 거창하게 이야기하지 않고 일상에 보조를 맞춰 평범하게 살아가는 마을 주민의 이야기를 하고 싶다. 여기에 모인 여러분도 잘 알겠지만, 모두가 목소리 높여 찬양하는 진보 이데올로기를 주장하는 사람들은 정치적 인간Homo politicus이 아닌, 평범한 인간Homo vulgaris이다. 즉, 우리가 지하철에서 만나는 사람이나 가족 식사 자리에 모인 아이들에게 장광설을 늘어놓는 사람들이 '진보'를 이야기한다.

그것은 『악시옹 프랑세즈』나 『뤼마니테』가 아니라, 회사 게시판이나 뉴스에 가장 선명한 모습으로 나타난다.

진보 신화의 여러 측면

진보 이데올로기는 다음 내용을 확실하게 인정한다. 첫째, 진보 이데올로기는 다양한 책을 필요로 하지 않는다. 둘째, 승리의 결정타를 날릴 수 있는 기습조도 필요하지 않다. 여러분은 사상들이 혼합된 상태에서 진보 이데올로기의 존재와 결과들을 간파하려 하는가? 책을 덮고, 지금 여러분이 앉아 있는 이 방의 창을 열고, 단순하게 질문을 던져 보라. 거리의 소음, 형형색색의 벽보, 여러분의 손에 들린 신문, 대답은 바로 여기에 있을 것이다. 현 세계가 묵시적 종말apocalypse을 맞이한 세계라면, 보행자 도로나 셋방의 종말을 뜻하지 않을 것이다. 또 이러한 종말이 우리 주위를 감쌌기 때문에 그 의미가 우리의 범위를 벗어난 비극이라고 속단하기도 어려울 것이다. 좀바르트[104]와 마르크스의 저작들로는 히틀러, 스탈린, 무솔리니를 설명하지 못한다. 히틀러, 스탈린, 무솔리니는 좀바르트나 마르크스를 읽지 않았을 것이다. 이는 수백만에 달하는 유권자들에게 별 문제가 아닐 것이다. 마르크스가 사마라 지역의 농민들에게 중요한가? 소렐[105]이 토리노의 피고용 노동자들에게 중요한가? 그것은 위 농민들과 노동자들을 벗어난 특수 경험도 아니고, 오늘날 대중들의 행동을 촉구하는 비밀스러운 경험도 아니다. 오늘날 현실을 의식하는 유일한 집단, 비참함을 혹독하게 체험한 유일한 집단이 있다. 바로 프롤레타리아다. 그러나 프롤레타리아의 현실 의식은 경찰의 구속력에 저항할 수 없었으며, 영화와 잡지로 고무된 비현실적 신비에도 저항할 수 없었다. 순수 마르크스주의 학설을 위해 진보 신화를 제거했다는 점에서, 공산주의는 실패했다고 말할 수 있다. 마찬가지로, 프랑스에서 악시옹 프랑세즈프랑스의 행동 운동[106]이 더딘 성장세로 비난 받는 이유는 에두아르 에리오[107]와 콜로넬의 사회정치 통념들대성공을 거둔의 토대인 진보 신화를 충실하게 수용하지 않았기 때문이다.

우리의 잠재의식 속에 내재된 진보 신화에 대한 탐구를 시작해 보자. 두 사람이 하나의 벽에 나란히 벽보를 붙인다. 한 명은 불의 십자단 소속 단원이고, 다른 한 명은 공산주의자이다. 벽보가 제거되기 전까지, 둘은 동일한 작업에 대한 연대 의식을 고취하는 중이라고 가정해 보겠다. 우파의 벽보에서 무엇을 볼 수 있는가? 금발 머리와 근육질의 탄탄한 몸, 단호한 눈빛과 전면을 향한 턱을 가진 젊은 남성을 본다. 그리고 이 남성 뒤에는 공장 굴뚝과 가스탱크가 있을 법하다. 이상향은 무엇인가? 스포츠와 노동이다. 나는 공산주의자의 벽보를 별도로 묘사하지 않을 것이다. 우파의 벽보와 똑같기 때문이다. 유일한 차이점이라면, 제작자의 출신 표시이다. 우파가 프랑스 국기인 삼색기를 사용했다면, 공산주의자는 낫과 망치를 사용했다.

혹자는 "이 벽보들은 별로 중요치 않다."라고 반응할 것이다. 그러나 이 벽보들은 지지자 최대 확보라는 목표를 명확하게 설명그림보다 명확한 것이 있는가?할 수 있는 최고의 수단이다. 이 벽보들은 그림이라는 구체적인 방식으로, 다른 이상은 없으며, 오로지 경쟁자와의 투쟁만 있을 뿐이라는 생각을 증명하는 중이다. 이 벽보들은 공장과 스포츠라는 두 수단을 우리가 추구해야 할 목표로 찬양하기 바쁘다. 따라서 대중적 효과를 바라는 선전의 전도사는 자신의 선전 광고에 갇히는 수감자 신세가 된다. 오딘 신화로의 회귀를 기획한 후, 괴벨스는 자유주의의 오래된 신화를 찬양했다. 바로 18세기 철학자들이 외친 "건강한 신체에 건강한 정신"mens sana in corpore sano이다.

정적에게 기만당했다고 확신한 정치인이 있다고 하자. 만일 그가 정적의 머리를 담글 수 있는 수영장을 가졌다면, 당장 실행에 옮기지 않겠는가? 그렇게 하지 않을 정치인이 있겠는가? 수영장은 최고의 논쟁거리이다. 불투명한 정의를 명분 삼아 감히 누가 수영장—불순분자 세척에 필수인—을 모독할 수 있겠는가? 구체적으로 말해, 수영장은 불의 십자단 현수막에 적힌 이들의 꿈을 의미한다. 금발의 젊은이들로 가득한 백인들의 세상, 씻지도 않는 불결한 공산주의자들 없이 규칙대로 돌아가는 사회 말이다. [러시아 영화를 본 사람들은] 알겠지만, 지주들과 볼셰비키주의자들은 갈색 피부와 헝클어진 머리칼의 소유자들이고, 땅에 종이가 나뒹굴어도 치울 생각을 하지 않는다.[108]

공산주의자와 파시스트 주장의 유사성: 동일한 진보 이데올로기에 대한 규탄

무솔리니의 친구들이 사용한 결정적인 주장들 중 하나를 이야기해 보겠다. 민주 정부 시절에 이탈리아 기차들의 지연 출발은 다반사였다. 더욱이 열차들은 더럽고 불량했다. 그러나 무솔리니가 등장한 이후 열차들이 제 시간에, 정상 출발하기 시작했다. 환상적인 여정, 여행객의 민감한 엉덩이를 편안케 하는 운행이 이뤄졌다. 이러한 주장에 맞서, 민주주의자들은 상기된 얼굴로 전쟁 이전에 배가된 파산 지수 통계를 제출하며 당차게 응수했다. 토론이 일었고, 사람들은 결국 수력발전 산업에서 얻은 결과들에 반대했다. '드니프로페트로우스크'는 분명 '티르소'보다 우세하다.[109] 이처럼, 이것이나 저것이나 의심할 여지없이 자기가 옹호하는 체제의 불합리를 보였다. 이탈리아의 독창성 구현에 혈안이 된 진정한 파시스트들에게 열차 지연 따위가 중요하겠는가? 광부들이 자유민의 존엄성 실현에 필요한 권리를 획득하는 데 집중하는 진정한 민주주의자들에게 광산의 파업 증가와 생산 감소 문제가 눈에 밟히겠는가?

생산 증가: 진보 맹신자들의 최종 목표

감옥과 학살이라는 차이에도 불구하고, 공산주의, 자유주의, 파시즘의 뿌리는 동일하다. 풀어 말하자면, 세 사조는 궁극의 주장을 공유한다. 프랑, 톤, 헥토리터로 측정 가능한 것, 바로 '생산'이다.[110]

그러나 이러한 이데올로기는 자신들이 그토록 대체하려했던 부르주아 자유주의 이데올로기를 벗어나지 못한다.

이러한 조건들에서는 어떠한 변화도 일어나지 않는다. 생산은 철칙鐵則이기 때문이다. 따라서 생산량을 측정하는 금본위제는 공산주의, 파시즘, 자유주의가 짊어지려 했던 이 세계의 원칙이자 죽음이다. 그것은 산업 자유주의와 세 사조들의 정상 귀결일 뿐이다. 자유가 생산에 불리하다는 사실이 입증되었다면, 생산 진보의 지속이라는 목표에 맞게 개인이 감당해야 할 훈련이 있어야 할 것이다. 그러나 개인에게 필요한 훈련을 강행하지 않고, 이러한 훈련에 개인을 예속시키지 않는 이유는 무엇인가? 그렇다면, 개인은 산업을 휘젓는 폭군에 예속되는가? 깃털을 휘날리며 늠름하게 백마에 오른 이 독재자 뒤로 공장의 연기, 대형 사무실, 불빛이 꺼지지 않는 광산의 밤, 진보 법칙 등이 등장한다. 이 폭군, 독재자, 바로 '돈'이다.

따라서 파시즘, 스탈린주의는 우리의 일상생활을 바꾸지 못한다.

학설들 기저에 존재하는 진보 신화아마도 학설이라고 말하는 것도 과장일 수 있을 것이다. 왜냐하면 히틀러나 무솔리니의 실용주의는 포드의 실용주의와 동떨어져 있지 않기 때문이다는 다음 내용을 설명한다. 이 학설들은 자연스럽게 이탈리아인, 독일인, 러시아인에게 전달된다. 동일한 감성으로 전달되지는 않더라도, 최소한 동일한 생활에 전달되었다. 여러분 스스로 생각해 보라. 콜로넬이나 카셍이 집권한다고 여러분이 걷는 거리가 바뀌고, 하던 일이 바뀌는가? 현재 공무원이나 미래 공무원, 현재 노동자나 미래 노동자의 삶이 바뀌는가? 여러분은 현 세계의 실재實在가 정치적 비례대표제[111]나 의회제라고 생각하는가? 혹은 대도시, 공격용 민병대의 멋진 제복을 넣은 전투 배낭, 개수대와 가스버너를 설비한 건물 등으로 현 세계의 실재에 대해 이러쿵저러쿵 이야기할 수 있는가? 여러분은 이러한 요소들이 언젠가 철저한 파괴로 이어질지 모르는 전쟁과 비극적 죽음을 줄일 수 있다고 믿는가?

러시아와 이탈리아의 상황을 간단히 살펴보자. 두 나라의 상황에서 우리는 무엇을 볼 수 있는가? 양국 모두 청년들의 육체노동을 찬양한다. 평소 이러한 노동의 근처에도 가보지 않은 위대하신 자유주의 철학자 나리들께서 노동의 신비를 떠든다. 노동의 가치를 신비 차원으로 고양하고, 그 가치를 추구하자는 주장이 연상될 정도의 신비화 작업이 추진된다. 더 빠른 속도로 검토해 보자. 이는 맹목적인 작업이었다. 파시스트 세계나 공산주의 세계의 영웅은 토르소 조각상처럼 상의를 벗고 흙으로 되돌아가는 청년이다. 교각 부설 작업은 기술자의 몫이다. 가속도가 붙고, 그에 따라 노동자들이 공장에 쌓인다. 생산은 국가의 유일한 목표가 되고, 국가는 자기 손으로 기업들을 통제하거나 집중시킨다. 국가는 매 번 통계자료와 통제 용역을 확대한다. 결국 국가는 새로운 공무원들을 채용해야 하며, 사람들은 자본의 흐름을 따른다. 이 얼마나 중요한 담화인가! 동일한 믿음, 즉, 정치, 경제, 인구통계학의 중앙집권화가 파리, 로마, 모스크바에서도 통했다. 제대로 된 생산을 위해, 국가는 모든 것을 단일한 영역에 흡수해야 한다. 국가의 재출발이 필요하다. 그리고 각 사람의 업무가 법칙에 따라 고정될 때 제대로 된 생산이 가능하다는 논리에 따라, 규칙들을 촘촘하게 엮고, 노동자들을 이 규칙들에 옭아매야 한다. 경찰력은 점점 강력해질 것이며, 암세포처럼 퍼져 도로, 기차역 주변을 포함해, 수송선과 화물로 붐비는 대도시 자체를 감시할 것이다. 모두가 "생산만 증가할 수 있다면, 정의 la justice 따위가 중요하겠는가!"라는 선언을 앞세울 것이다. 이러한 정치 체제들은 사람들에게 동일한 종류의 삶을 허락할 뿐, 새로운 장래를 전하지 않는다. 로마나 모스크바가 우리에게 예비한 것을 알았더라면세속 자본주의 기업들처럼 위기가 이 체제들을 제거하지 않는다면, 우리는 이들을 주목할 것이 아니라 바다 건너 아메리카 대륙의 번영1927에 주목해야 했을 것이다.[112]

공산주의, 파시즘, 복합적인 당파 분류가 현 세계 모든 국가들의 공통된 현실을 은폐한다. 특정한 "주의"isme가 우리 문명을 지정하지 않는다. 문명은 분류될 수 없고, 기술 변화의 시대를 거치면서 탄생한다. 한 경제학자가 위기의 심층 원인들을 이렇다 저렇다 규정하기 어렵다. 인간에게 불합리와 부조리를 조장하는 세상, 자신을 이해하지 못하도록 훼방하는 세상 자체가 위기이다. 서로 소리치며 의견을 보태고, 때로 안정감을 회복하기도 하는 회의장에서 방금 나왔다고 하자. 만일 그 때 여러분이 바깥세상의 무게감을 느꼈다면, 여러분을 지배하는 것에 대한 무게감도 막연하게나마 느낄 수 있을 것이다. 절벽으로 치닫는 막다른 길 같고 모두 삼켜 버릴 것 같은 광고판의 현란한 불빛에 휩싸이는 느낌, 파도가 일렁이는 바다에 부딪히는 것 같은 느낌말이다.

**무엇보다 혁명은 진보 이데올로기라는 사실로부터
현실을 직시하는 작업이다.**

자유주의, 파시즘, 공산주의는 진보에 맞서지 않는다. 바로 이 태도가 정부 변혁은 차지하고, 최소한 인간들의 삶을 변혁하는 데 무능한 원인이 된다. 또한 이러한 태도는 공산주의보다 비논리적이지만 결국 공산주의와 같은 부조리한 모순에 빠지는 '파시즘'을 부른다. 총통[113]은 마이크 앞에서 "삶은 영웅적이어야 한다. 우리나라는 위기를 거치며 살아날 것이다!"라고 외친다. 그러나 총통은 자신이 사는 곳과 시대를 망각하는 우를 범했다. 오늘날 사람들은 더 이상 드잡이하며 싸우지 않고, 파괴 목적으로 제작된 정밀하고 강력한 도구들로 싸운다. 총통은 전쟁의 미덕을 찬양하며 전쟁 준비에 박차를 가한다. 기술자들은 작업에 몰두하고, 거대한 산업이 더 강력한 국가를 일구기 위해 힘을 얻는다. 사람들은 대규모 공장을 짓고, 선전부 소속 사람들은 중화기 대포들의 주조 과정에 대한 영상 촬영을 지시한다. 사람들은 젊은 독일의 영혼과도 같은 흰 시멘트로 댐을 만들어 강을 막는다. "오딘 신의 친우회" 소속 회원들은 4MKW에서 5.7MKW로 전력 생산을 증가시킨 총통을 찬양하는 운동에 투표할 것이다. 그러나 놀이 규칙은 엄격하다. 공장에는 노동자들이 필요하며, 광물 수송을 위해 새로운 철로가 필요하다. 또한 통계청에 새 직원들이 필요하다. 독일 땅에서 근절된 새로운 프롤레타리아 대중들은 시멘트 블록으로 대강 대강 만들어진 후미진 변두리에 거주할 것이다. 독일의 젊은이들에게 모험가와 같은 삶을 이식하기 위해, 사람들은 새로운 공무원들을 뽑을 것이다. 마지막으로, 정부, 무선 송신라디오, 영화, 정기 간행물을 구하기 위해, 같은 유형의 대중 선전을 강행할 것이다. 사람들은 추상적인 국가를 강화하며 독일의 일부를 이루는 토지와 사람들의 독자성을 제거할 것이다. 사람을 죽여라! 승부를 끝내라!

마르크스주의와 파시즘처럼 근원적 혁명 감성을 가진 사조들은 진보를 인정하지 않음으로 인해 자신들의 혁명 목표들을 기만했다.

애당초 사회주의와 히틀러주의는 산업 자유주의에 맞선 인간들의 폭력적 항거였을 뿐이라는 사실이 중요하다. 전자는 대형 공장이 짓밟았던 노동자들의 반란, 후자는 목적 없는 삶으로 추락한 독일의 젊은 부르주아들의 반란이다. 사회주의의 반란에는 나름의 진정성이 있었다. 그러나 일탈의 편차는 계속 벌어졌고, 오늘날 일탈은 완성 단계에 이르렀다. 마르크스가 처음으로 기만을 선포했던 자유 민주주의자들의 높은 성벽인 '프롤레타리아'가 그 일탈의 완성이다.

자기 사명의 의의를 상실한 이 자유 민주주의자들은 집권 시에만 반짝 채용을 감행하거나 성역화 된 통계 수치를 발판으로 잠깐 헌신적인 모습을 보인다. 본문의 논의 초점은 경제 개발 5개년 계획과 같은 정부 주도 기획의 성공으로 부유해진 사회주의 체제가 아니다! 정신의 가치들을 옹호하는 우파의 최종 논쟁 주제는 무엇인가? 좌파가 악마주의라는 증거 색출이다. 왜냐하면 좌파가 자신들의 집권을 위협할 때, 금리 하락이 발생하기 때문이다. 프랑스의 금리는 4%이다. 조국, 종교, 가족의 신탁을 받은 증권거래소는 갖은 위협에 노출된 정신 가치들이 벌이는 결사 항전의 장소이다 ! 좌익 기관지 『뢰브르』*L'Œuvre*114가 성토하는 것은 무엇인가? 2월 6일 사태를 악으로 규정한 최종 근거는 무엇인가? 아마도 사회적 소요와 폭동으로 인해 '호텔 사업'에 피해가 갔기 때문에, 당일 소요를 악으로 규정했을 것이다. 기관지의 이러한 시각은 사회에 통용되는 유일한 합법이 경찰의 명령과 질서뿐이라는 점을 유념하지 않은 것처럼 보인다.[115]

진보 신화는 합리주의 유물론을 전제한다.

몇 가지 모습들을 혹독한 시선으로 분석했다. 이제 파시즘, 자유주의, 공산주의의 힘을 무차별적 힘으로 만드는 역사 내적 신비의 정체를 규정해 보도록 하자. 오늘날 이미지와 사회 통념들의 이질적인 축적의 본질이 무엇인지를 규정하는 것이 우리에게는 더 쉬운 작업일지 모른다. 나는 이러한 신비가 다양한 얼굴을 한 자유주의 대기업의 신비라고 이야기한다. 포드는 이러한 신화의 이론화를 추진했고, 향후 부분적으로 수정했다. 포드의 이론은 신화의 의식화를 추진할 수 있는 힘이 없었기 때문이다.

무엇보다, 이러한 신비는 사람들의 삶의 이유인 정신적 진리들을 수단으로 삼는 사람들에게는 결코 신비스럽지 않다는 점에 주목해야 한다. 대중 신비의 역사는 사회학자의 수술용 칼과 실험을 제거함으로써 사람의 사람됨을 중단시켜 버린 자들의 역사이다. 이는 강력한 힘의 의의와 생생한 정신의 무게감을 잃어버린 자들의 역사이기도 하다.

그러나 이 유물론 철학은 관념론 이데올로기 뒤에 숨는다.

사실, 특정 유물론으로 이러한 정신적 가치들의 의미 상실을 표현할 수 없다. 진보주의 산업가들인 현실 대중들은 유물론자들이 아니다. 오히려 이들은 자신들의 이상을 높인다. 다시 말해, 완벽한 국가, 완벽한 우두머리, 선출된 프롤레타리아를 원한다. 그러나 이러한 정신적 상을 이루려면, 행동을 지시하는 힘들이 아닌 주술적 공식들을 새길 수 있는 판이 매 순간 필요하다. 이상향을 그리는 한 신사에 관한 이야기를 상식이라고 하자. 넓게 보면, 이 신사가 순수 상태에 있기를 거부한다는 뜻이며, 지저분한 일들을 피하지 않는다는 뜻이기도 하다. 그러나 때로 그것은 이 신사가 떠벌리는 말을 좋아하지 않는다는 뜻이기도 하다. '진정한 내면의 삶은 무관심한 행동이 있을 수 있다는 말을 믿지 않는 삶이다.' 그러나 상식은 이러한 표현을 무시한다. '지상의 탁월한 존재이자 만물의 척도인 정신이 돈과 동일한 자격과 정밀성을 갖출 것이다.' 단순하기 이를 데 없는 이러한 가치들에서 우리의 합리적 추론이 부서진다.

오직 관념론만이 유물론의 승리를 허락한다.

단호한 정신은 불투명하게만 보이던 세계를 재정복하려 들 것이다. 그것의 필연 지표가 바로 '정신 가치들'이다. 왜냐하면 오늘날 우리는 이상적인 것의 의미를 상실하지는 않았지만, 오히려 민첩성과 지구력의 의의를 잃었기 때문이다. 민첩성과 지구력이야말로 '진정한 의식'을 뜻한다. 그러나 현재 우리는 이것들을 결정론에 팔아 넘겼다. 여러분이 이탈리아와 에티오피아의 갈등[116]을 명확히 짚으려면, 친히 그 상황에 들어가야 하고, 아비니시아 고원에 관한 라마르의 책들을 공부해야 한다.[117] 어둠 속에서도 안정감을 찾을 수 있는 최고의 도구는 횃불과 나침반이다.

오늘날 작동하는 이상주의의 여러 측면

형이상학적 순수성에 대해 유사 경쟁 관계에 돌입한 부르주아 이상주의는 정신과 현실을 분리한다. 대기업 총수인 아자르라가리그또한 나는 그의 직원인 펠리시앙 라콤도 추가한다가 영성을 만끽하기 위해 일요일에 교회에 가면, 오전 예배를 마치고 오후 시간에는 모임에 참여하고, 때로 차도 마시면서 형이상적이고 영적인 논의들에 귀 기울일 것이다. 그러나 주중에 그는 다시 지상으로 내려와 자기 업무를 본다. 그는 "진지하게 이야기합시다."라고 말한다. 그 때, 그는 새 생명으로 거듭난다. 우리 사회로 시선을 돌려보자. 우리는 영적인 국가에 산다. 이 국가는 원칙과 원리의 판단을 회피하는 영역들의 집합체이다. 오랜 기간에 걸쳐, 자유주의자들은 의식과 전혀 무관한 영역이 존재했다고 믿었다.

바로 '경제'다. 추상적 요청postulat을 따르는 평가가 하나 있다. 바로, '시장 법칙의 자유로운 활동은 각자의 완성된 삶에 도달해야 했다.' 그것은 물질 관점나는 여러분에게 부르주아는 이상적이라는 점을 거듭 환기시킨다에서 완벽한 삶일 뿐만 아니라, 정신/도덕의 관점에서도 완벽한 삶이다. 수요와 공급 법칙은 어느 곳에서도 불경한 손으로 건드릴 수 없는 성인들 중의 성인이다. 선출된 사업가에서 정치인에 이르기까지, 신성불가침의 경제에서 신성불가침 정부에 이르기까지, 경제 사업과 정치 사건에 필요한 질서의 조건에는 외길만 있을 뿐이다. 즉, 이쪽에서 저쪽으로 건너갈 수 있는 길은 외길 밖에 없으며, 신속하게 건너야 할 길이다. 특히 이 신성불가침 정부가 생산과 동일시되는 경우에 그렇다. 정보 매체 용어의 사용을 위해, 유토피아주의자들과 정치인들은 불명료한 원리들을 내세워 노동을 속박할 것인가? 자신의 확신에 기초해 물적 결과물을 검토하는 유물론자들이라면, 정부는 이들에게 어느 정도 실천의 자유를 허용할 것이다. 여기서 나는 급진 성향의 장관이 아닌, 개혁교회에게 보내는 총회장 서신에서 "모든 사람은 자기 구원을 이루는 데 자유롭다. 구원을 원한다면 말이다. 다만…"이라고 외치는 괴링에게 이야기하고 싶다. 만일 여러분이 "그가 공중 보건을 공격한다면, 고구마 생산을 방해한다면…" 등의 가정을 추가하면, M. 루스탕[118]의 담론을 파악할 수 있을 것이다. 만일 여러분이 "그가 인종의 순수성을 오염시킨다면"이라는 가정을 덧붙이면, 괴링 사상의 끝단 지점도 확인할 수 있을 것이다. 두 가지 모두, 정신영과 타자의 영역을 확보한다.

'부르주아 이상주의'에서 '히틀러 이상주의'로의 이행은 끝났다. 이것은 역사 전문가 M. 호블래처Hawblacher를 향해 "파시스트 독재는 투명한 용어들로 산업 문명에 필요한 규율을 설명할 뿐이다."[119]라고 말해야 했던 부분이다. 따라서 원칙들에 대한 판단은 제거되었다. 오로지 물질 권력만이 고려 대상이자 확고부동한 힘이다. 물질 권력은 측정 가능한 힘이다. 왜냐하면 자유정신은 합리적이고, 겉보기와 달리 그 정신을 상속한 자들의 정신이기 때문이다. 클레망 보델이 만족스러운 표정으로 말했던 것처럼, 유토피아와 마주한 자유정신은 각종 숫자들을 들먹이면서 설명 가능한 가치들을 언급한다. 그렇기 때문에 물질 권력은 측정 가능한 힘이다. 나는 클레망 보델이 파시스트 체제를 경멸하리라 생각하지 않는다.[120] 물질적 증거를 담은 이 권력은 프랑스 정치인들과 타국 정치인들을 압박한다. 정치인들은 압박을 견디지 못하고 청년들을 전선에 배치한다. 정신의 승리를 거두는 청년보다 몇 년 후에야 자기표현이 가능한 청년을 중시하기 때문이다.[121] 첫 장에 수록될 사진의 주인공으로 적합한 자, 튼튼한 치아와 강인한 근육의 소유자, 즉 전쟁 수행을 훌륭하게 완수할 수 있는 도구의 공급처가 필요하다. 바로 '청년' 말이다. 누군가 여러분에게 아첨을 할 때, 그 사람은 여러분을 정치에 유용한 가축으로 볼 뿐이다. 청년은 이러한 가축의 대표로 뽑혔다. 이런 식이면, 청년은 미래에도 여전히 가축의 대표로 뽑힐 것이다. 청년은 미래의 유력 인사이며, 미래의 노인이다. 그러나 우리가 확인한 분명한 사실은 이 최후 증인들도 중량감과 돈으로 자기표출을 한다는 점이다. 이 끔찍한 신비를 감히 누구도 들출 생각을 하지 않는다. 왜냐하면, 이러한 신비는 정부 비난이 아닌 문명 자체에 대한 비난으로 이어질 것이 자명하기 때문이다. 전사자 기념비 합각에 자유·평등·형제애·독일·각성과 같은 유려한 용어들을 새겨 넣는 대신, "소갈비를 제일 좋아했던 [홍길동 여기 잠들다]"와 같은 글자를 새겨 넣어야 할지도 모른다는 말이다.

반동 정신을 낳는 진보 신화

이러한 사고 구조에 물든 파시스트 혁명이나 공산주의 혁명은 아무것도 바꾸지 못한다. 학설, 통치 행정부, 일요일 의식 등에 관한 설명을 멈추면, 사람들은 사회 구조에 주목할 것이다. 히틀러는 독일에서 지역 사회의 힘자유주의 성향의 부르주아들에 따르면, 국가 확장은 비대한 권력을 낳는다을 없앤 장본인이다. 히틀러는 혁명을 일으키지 않았다. 오히려 사람들을 영토의 중앙집권화에 빠뜨렸다. 민족주의는 현실 세계의 획일화 법칙la loi d'uniformisation에 결코 맞서지 않고, 오히려 그 법칙의 완성을 준비한다. 사익에 준해 구현될 보편 제국이나 국제 제국을 꿈꾸지 않을 독재자가 있겠는가? 진정한 혁명 교리라면, 다음 사실을 반드시 의식해야 할 것이다. 거대 언론, 대기업, 인간 제조 기술, 대도시와 같은 요소들이 폴봉쿠르[122]보다 우리 생활을 더 윤택하게 만든다. 현대 학설들은 이러한 요소들을 진지하게 고려하지 않았다. 우리가 과거의 사건들, 이념들, 법칙들을 지속하려는 운동을 통틀어 '반동'이라 부를 수 있다면, 파시즘과 스탈린주의는 명백한 '반동'일 것이다.

심각한 혼란을 전제하는 진보 이데올로기

그러나 이러한 운동들의 공통 자금은 진보주의 이데올로기다. 우리는 이를 가짜 이데올로기라고 격하게 비난한다. 진보 신화들의 공통 오류는 다음과 같다. 진보 신화를 숭상하는 태도에는 정도 차이만 있을 뿐, 명확히 드러나는 믿음이 있다. 바로 '숙명론'에 대한 믿음이다. 이 숙명론은 물질의 진보와 일치한다. 즉, 물질적 이익과 인간의 정신적 이익을 동시 수반하는 생산 수단들의 발전에 부응한다. 사람들은 이러한 발전을 숙명론으로 여긴다. 우리는 이 숙명론 앞에서 아무것도 할 수 없다. 사람들은 이러한 수동성을 정당화하기 위해 숙명론을 외쳤다. 그리고 수동성과 숙명론을 이탈해야 할 책임을 짊어지려 하지 않았다. 그러나 진정성을 갖춘 혁명들은 하나같이 저항 불가능해 보이는 결정론에 반기를 들었다. 불가능한 것의 핵심부를 타격해야 한다. 즉, 모든 문명이 소유한 곳, 성역으로 선포한 곳을 공격해야 한다. 오늘날 진보의 결과물에 대한 검토를 거부하는 모든 학설은 마피아 신화에 취한 상태에서 본 문제를 이차 주제로 선언하거나우파 이데올로기, 아니면 이를 신성시한다좌파 이상론. 모두 반혁명적contre-révolutionnaire이다.

오늘날 대두된 유일한 문제가 있다. 바로, 이익 추구에 혈안이 된 문명이 퍼트린 기계들이 인간의 목적에 따라 사용되는 문제이다.

경제 숙명론에 기초해 자유주의 이상론의 전통을 지속하는 우파는 맹목적으로, 그리고 현대 세계에 대한 지식을 결여한 상태로, 이 문제 제기를 거부한다. 우파는 점심시간마다 왁자지껄한 파리 라탱 지구의 카페테라스에 앉은 학생이다. "맞다. 프랑스는 항상 프랑스일 것이다."라고 읊조린다. 맞는 이야기이다. 그러나 석기 시대에는 이토록 확실하게 짓밟고 파괴하지는 않았을 것이다. 반대로, 좌파는 현실 세계의 화려한 광경과 마주해 흥분을 감추지 못한다. 좌파에게는 적어도 사람 냄새가 난다. 이들이 사람다움, 인간성 등을 찬양한다면, 경제 법칙들의 지배를 받는 현실 세계에 대한 인식은 생생하게 살아 있다고 말할 수 있을 것이다. 그러나 좌파는 익명의 신들의 뜻에 따라서 경제 법칙 자체가 인간 해방을 위해 복무한다고 생각한다. 기계화는 멈추지 않고 완성을 향해 내달린다. 나는 '기계화'라는 용어를 매우 광범위한 의미로 사용한다. 기계 반응으로 인간의 행동을 대체하려는 자동화 방식, 가령 언론, 돈, 국가 등도 기계화에 포함된다. 기계화는 인간 창조력의 증언이기도 하다. 중장비 대포를 생각해 보자. 인간 정신의 탁월한 걸작 아닌가! 이 얼마나 기발한 작품인가! 그러나 이러한 창조성이 있다고 하여, 기계의 파괴력을 생각하지 말아야 하는가? 따라서 한 가지 선택지가 부과된다. 아마도 독자들도 '기술 발명은 자기에게 낯설고, 때로 자기 구속도 할 수 있을 정신적 목표들을 겨냥한다'는 말을 수용할 것이다.

우파의 사고방식을 비판하겠다는 말이 아니다. 내가 말하려는 부분은 다음과 같다. 지난 150년 동안 세계가 겪은 기술의 변화를 따라 '지금, 여기에서' 혁명의 문제를 제기하자는 말을 부정한다면, 결국 시선을 자기에게만 맞추겠다는 '맹목성'이 입증될 뿐이다. 이러한 맹목적인 태도와의 대화는 불가능하다.

우리 문명과 과거 문명들 사이에는 심연이 있다. 마치 과거 이집트 시대가 우리 시대보다 18세기 프랑스에 더 가까운 것과 같다. 그러나 인간이 만든 이 변화는 과연 바랐던 결과였을까? 우리가 유일하게 제기해 볼 문제다. 왜냐하면, 무작위 행동이 자동으로 행복의 결과를 낳으리라는 주장의 근거를 알 수 없기 때문이다. 사람들은 본인들이 원하는 문명을 만들 뿐이다. 그러나 이 문명은 만들어진 문명이 아닌, 이윤 경쟁으로 확장된 문명일 뿐이다.

거대 산업과 대도시의 출현, 언론, 국가주의의 진보, 간략히 말해 우리 삶을 구성하는 모든 것인 '기계화'의 발전에 대한 논의는 자본주의 발전과 긴밀하게 연결된다.[123] 두 말 할 나위 없이 자명한 일이다. 점점 가속도가 붙는 기술 진보의 원천은 '이윤 강박증'이다. 진보 신화의 확산은 부르주아 자본가들의 사고방식의 확산과 직결되기 때문이다. 현재 우리 문명은 텅 빈 세포를 여기저기 흩어 뿌린 문명이다. 이 문명의 가장 두드러진 모양새는 아크로폴리스 언덕의 고대 도시국가와 순환 고리처럼 터무니없이 포개진 외곽지대를 수반한 우리 마을의 대조이다. 현 문명은 역사의 우발적 산물이다. 그러나 잡초 무성한 황무지이다. 다른 난폭한 힘이 그랬듯이, 현 문명도 형식상 그럴 뿐, 인간에 반대하는 문명이 아니다.

진보의 치명적인 결과: 비인간화

결과들을 빠른 속도로 훑어보자. 우선, 여러분 중에 우파에 속한 사람들에게 이야기하겠다. 감정에 따른 선택이 아님을 밝혀둔다. 왜냐하면 우파는 자기 삶에 필요한 가치들을 우파 성낭을 통해 보존해야 한다고 생각하기 때문이다. 우파는 인간이 유약하다고 생각하고, 토지, 생활 공동체, 자체 강화책에 유리한 문화를 바라기 때문에 '조국'을 신뢰한다. 과연 여러분은 오늘날 오펠Opel 공장의 생산 공정에 투입된 노동자들과 르노Renault 공장의 노동자들의 차이가 프랑스의 노동자와 부르주아 간의 차이보다 더 크다는 말을 믿을 수 있겠는가? 여러분은 "조국"이라는 표현이 지속적인 실업의 위협에 노출되어 노동 시장을 전전하는 이들에게도 유의미하리라 생각하는가? "프랑스 문화"라는 말이 프랑스에 미국식 잡지를 도입한 「파리수아」*ParisSoir*124의 독자에게 무엇을 의미하리라 보는가? 무장 압제에 저항하지 않아도 살 만한 가치를 가진 나라인 프랑스가 위에서 다룬 영향력들에 점점 위협을 받는 중이라는 생각이 들지 않는가? 히틀러는 프랑스 땅을 점령할 것이다. 그리고 뉴스 통신사Havas는 그 영혼을 바꿀 것이다. 여러분은 추상적인 국경선을 보호하겠지만, 여러분 배후에 있는 모든 프랑스인들의 사생활은 타락할 것이다. 국가 위신을 모욕한 내 언사가 우파를 화나게 하겠지만, 우파는 결국 금전 소득에 따라 정해진 생활을 영위할 뿐이다. [일]자리가 없다면, 여러분은 실업자이다. 그러나 여러분이 학생이라면, 나는 여러분의 부모 세대가 가르쳤던 법칙, 즉 "직업을 먼저 구하면 나머지는 다 할 수 있을 거야"를 모두가 알고 있으리라 생각한다. 그리고 여러분이 구직에 성공했을 때, 자기만족과 무기력한 염려가 동시에 엄습한 가운데, 스스로를 미국의 『배빗』이라 부를 수 있을지 모른다.[125] 여러분의 애국심이 과장되었음에도 불구하고 말이다. 프랑스에서 가장 폭력적인 민족주의가 지배하는 곳은 파리 중심부의 '라탱 지구'이다. 가장 프랑스답지 않은 곳이다. 반면, 공산주의에 투표한 곳은 코레즈[126] 지방의 농민들이다.

이제 좌파 지지자들에게 이야기하도록 하자. 좌파는 개인의 자유와 사회 정의를 옹호한다. 여러분 중에 좌파 지지자가 있다면, 산업 진보의 자동 발전이 지배권 견인으로 이어지리라 생각하는가? 만일 그렇다면, 여러분은 왜 자유주의자들에게 맞서는가? 진보가 낳은 최초의 결과물에 압제 당한 사람들의 항거가 바로 사회주의였다. 비참한 삶에 빠진 대중들과 광산에서 뼈 빠지게 일하는 광부들은 승전가를 부르는 산업 사회에게 생존에 필요한 석탄을 모조리 빼앗겼다. 변두리 노동자들을 쥐어짰던 경작지마다 휘황찬란한 사치품들로 치장된 구역을 만든다. 프롤레타리아들은 감히 접할 수도 없는 물건들이다. 그리고 이 구역을 지키려 값비싼 용병을 고용해 철권을 구축한다. 바로 이것이 진보의 민낯이다. 진실 해방에 나서야 할 신문과 잡지는 사람들의 구원을 가능케 할 유일한 기회마저 잠식해 버릴 것이다. 즉, 사람들의 계급의식마저 교살할 것이다. 신문과 잡지는 애잔하고 초라하기 짝이 없는 '소小부르주아' 정신을 제조할 것이나.

향후, 민중 반란은 부패 회사들을 척결하려 들 것이다. 이 회사들은 경찰 조서들과 이동식 탱크들을 처리하는 소수의 기술자들에게 비용을 지불해야만 생존할 수 있을 것이다. 나는 기술이 아니고서는 살상 불가능한 숫자인 1,100만의 사망자 문제는 아예 꺼내지도 않았다. 전쟁은 중장비 산업의 승리이다. 여러분은 승리의 혁명을 기대하는 마음으로 전쟁을 보겠지만, 사실 전쟁은 사람을 완전히 파괴한다. 전쟁은 사람들을 이용하고, 그 결과 전장에서 귀향한 사람들은 생존과 다른 길을 생각해야 할 정도로 처참한 후유증을 앓는다. 나는 법적 인간이라는 속 빈 강정을 창조하기 위해 자유민을 점점 옭아매는 법학의 진보 문제는 언급조차 하지 않았다.

어떤 의미에서 진보를 오늘날 무질서의 원인이라 말할 수 있는가?

오늘날 모든 혼란의 심층적, 항구적 원인은 기술 진보에 대한 수동적 수용이다. 몇 마디를 보태 그 무게를 달아 보자. 나는 오늘날 무질서의 원인을 '기계화'로 이야기하지 않았다. 기계는 선도 아니고 악도 아니다. 기계는 물건이며, 계산도구, 종이 위의 조직, 목재나 철로 만든 기구이다. 기계화를 비난하거나 열광하는 사람들은 정치 참여자들의 오류와 동일한 오류를 범한다.

이들은 기계를 신이나 악신惡神으로 만든다. 기계화는 인간이 부여하는 목표들에 의존한다. 인간은 장치, 규칙, 국가와 결합한 기계가 그것을 극복하는 현실에 사용되는 수단일 뿐 목적은 아니라는 점을 확실히 알아야 한다. 목적은 인간의 인간다운 삶이다. 이에 관해, 기계화를 맹목적으로 수용하는 사람들은 반대 입장에 선 사람들에게 중요한 시사점을 제시한다. 도구들은 스스로 작동할 수 없다. 도구를 사용하는 인간의 건강하고 활기찬 손으로 조작해야 한다. 기계사용의 이유는 분명하다. 기계사용을 논하는 자는 그 사용 목적을 명확히 의식한 자이다. 도구로써의 기계는 대포나 쟁기에 필요한 부품들을 제조할 수 있다. 이러한 내 진단에 덧붙여, 일각에서는 진정한 유토피아주의자란 "나는 기계를 통해 무엇을 만들 것인가?"라고 묻지 않는 사람이라고 이야기할 것이다. 우리가 조작하는 장치들을 믿음의 대상으로 삼지 말아야 한다. 기계도, 국가도 신격화하지 말아야 한다.

정의의 지배로 나아가는 데 있어 유일한 위험 요소는 다음과 같다. 첫째, 정의의 지배는 역설이라는 생각이다. 둘째, 자유는 불합리한 광기라는 생각이다. 셋째, 인간을 이방인 취급하는 시각이다. 즉, 자신이 조작하는 대상들의 활동을 뛰어 넘기 위해 매 순간마다 세상에 맞서고, 게으름에 맞서 싸울 때만 비로소 인간다운 삶이 가능하다는 낯선 생각이다.

지금까지 꾸준하게 목소리를 낸 사람들은 소수였다. 그러나 고립된 탓에 호소력도 없었고, 효력도 발휘하지 못했다. 사람들이 맹목적 진보의 위협을 체감하지 못했기 때문이다. 이제야 진보가 사회 전 분야에 위협이 된다는 사실을 깨닫는 중이다. 가속도가 붙은 현실 문명의 변화는 수많은 문제를 제기했다. 그리고 이 문제들은 내일의 문제를 해결할 수 있는 차원의 문제들이 아니다. 오히려 우파와 좌파가 제기하는 모든 질문에 선행하는 문제들이라고 말해야 한다. '대도시' 문제를 최우선 문제로 다룰 때라야 우리는 조국의 유의미함을 확보할 수 있다. '거대 언론'의 문제를 제1선에 두지 않는다면, 민주 자유를 위한 투쟁의 의미는 무엇인가? 나는 우파와 좌파 모두에게 말한다. 왜냐하면, 진보가 우리 삶의 여러 측면이나 정당들의 위협이 되어서가 아니라, 모든 인간에게 위협이 되기 때문이다. 아마도 사람들은 "현실 세계에서 당신 생각이 중요하다고 한들, 특정한 행동으로 이어지지는 않을 것이다."라고 말할지 모른다. 내가 볼 때, 비극은 마피아 범죄가 아니다. 익명의 겁쟁이만 득실대는 사회로 내몰리는 것이야말로 견딜 수 없는 비극이다. 과연 어떤 악마가 언론과 광고의 내적 압제를 창조할 수 있었단 말인가? 돈의 교묘한 폭정을 누가 책임져야 하는가? 우리 중의 '누군가'가 아니다. 우리 '모두'가 책임자다. 사회적 죄le péché social라는 구조 속에서 이뤄지는 우리의 소소한 악덕들과 미덕들이 문제의 핵심이다.[127] 우리 손으로 쥐락펴락하기를 두려워하는 이 문명이라는 책상 위에 용감하게 집단 사표를 던질 수 있느냐가 관건이다. 격앙된 우리의 꿈, 우두머리의 육적 욕망, 우리의 자장을 벗어난 정당과 계파의 욕망이 쟁점이다. 우리가 투쟁을 위해 취한 것들은 우리를 충동질하는 추상적 힘들의 성급한 경주에 불과하다.

인격주의 운동과 이 운동의 관심사

진보 이데올로기가 우리를 죽인다. 진보 이데올로기로 점철된 문명을 감당하기 위해, 혁명은 진보 이데올로기에 맞서 일어날 것이다. 여러분은 이 대목에서 내가 인격주의 운동을 거론하리라 예상할 것이다. 현 시대에 혁명의 맹아를 싹틔울 수 있는 유일한 길은 인격주의 운동이다. 왜냐하면 이 운동만이 '인격' la personne 이라는 현실, 반드시 사수해야 할 현실을 지닌 유일한 운동이기 때문이다. 또 인격주의 운동은 현실 세계의 다양한 측면에 대해 실제적인 비판을 시도하는 유일한 운동이다. 우리는 우파도, 좌파도 이야기하지 않는다. 심지어 두 사조의 문제를 깊이 생각하지도 않을 것이다. 우파에도, 좌파에도 서지 않을 것이기 때문이다. 우리는 특정 의회에 자리 잡을 생각이 없다. 우리는 다른 곳에 서 있다. 단도직입적으로 말해, 우리는 정적을 생각하지 않는다. 오히려 일상의 출근길, 주변에서 딸랑거리는 동전, 친구들, 자식들을 생각한다. 우리 대다수는 정치에 무관심하다. 우두머리의 부패 때문이 아니다. 정당 활동이 망상 수준이기 때문이다. 우리의 삶이란 결국 도시에서의 삶과 동의어다. 전문화를 요구하는 노동, 엄격한 행동을 요구하는 돈 맛을 본 삶이란 뜻이다. 아마도 우리는 탁월한 솜씨를 자랑하는 송어 낚시꾼이나 미디Midi 지방 영사관에서 근무하는 전문 인력을 배출할 수 있을 것이다. 그러나 정부 관리들은 강가에서조차 우리에게 미끼 사용법에 대해 이러쿵저러쿵 충고를 늘어놓는다.[128] 우리는 스스로 살아가는 존재가 아니라 체험된 존재이다. 흥미로운 철학의 주제들, 종교적 확신과 대립하는 주제들은 순전히 형식에 머무는 토론일 뿐이다. 왜냐하면, 우리 중 누구도 자기만의 종교를 갖고 살 수 없었기 때문이다.[129] 전장으로 향하는 병사는 기차 안에서—서서 가든 앉아서 가든— 차창 밖의 공연 한 편을 관람한다. 거기서 그가 할 수 있는 것이라곤 아무것도 없다. 차창 밖 사람들은 투쟁가들의 멋진 합창, 비장미 넘치는 처형 장면을 담은 희곡을 상연한다. 또 단일 제복, 계급장, 훈장과 같은 장식들을 준다. 그러나 바뀌는 것은 아무것도 없다. 바뀌지 않는다면, 이 병사는 장례식 대상자로 돌아올 것이다. 징집되고, 전장에서 전사한 병사 그 이상도 이하도 아니란 말이다. 그것은 정원 도시의 운명을 이해하지 못한 채 맞이한 종말이나 아득한 전쟁의 은밀한 지점을 파악하지 못한 종말과 같다. 불합리였다. 그리고 자기 세계 및 외부 세계와 대면한 우리의 태도는 아이러니였다. 혐오와 증오로 가득한 현실에서, 허물어지기 일보직전의 성벽과 같았다.

인격주의 학설

그러나 우리 안에는 생존 욕망이 있었다. 누군가의 압박에 굴하는 삶이나 어느 정도의 먹을 것과 거처를 필요로 하는 삶이 아닌, 자기 원칙을 따르는 삶, 자기 사상에 따라 행동을 측정하고 실행에 옮기는 삶, 인격을 가진 한 인간으로 사는 삶, 살과 정신을 가진 삶을 갈망했다. 우리는 반란의 길에 들어섰다. 이 반란은 폭력을 수반한 극단적 반란이 아니다. 오히려 갖가지 다양한 수단과 방법을 강구하는 반란이다. '검약하는 반란'이라고 부를 수 있을까? 우리는 오래토록 악의 씨앗을 규명하기 위해 현실 문명을 관찰했고, 우리의 배후에서 타협을 위해 열어 놓았던 문들을 모두 닫았다. 우리 가운데 일부는 국가와 총체적 산업에 반대하는 정치경제 연방주의가 건설되는 날을 살게 되리라는 것을 분명히 알았다. 아쉽게도, 나는 이러한 기술적 구별의 세부 내용을 다룰 시간이 없다. 나는 여러분에게 간단히 로베르 아롱이 작성한 두 권의 책을 추천한다. 하나는 『필연 혁명』[130]이며, 다른 하나는 『자유의 독재』[131]이다. 무니에의 책[132]과 드 루즈몽의 책 『인격의 정치』[133] 역시 읽을 만한 책이다.

우리는 어떤 이유로 언론과 광고가 이러한 영향력을 행사하려 하는

지를 규명하려 했다. 또한 우리는 기계화의 발전이 어느 지점에서 자본주의에 연결되는지를 설명했다. 우리는 철학이나 경제 이론들에 대한 연구보다 우리의 경험을 통해 연구의 방향을 설정했다. 집단의 작업으로 탄생한 인격주의 학설은 이미 이러한 주제들에 관해 이야기했다. 인격주의의 기본 원리는 인간 인격의 우선성primat de la personne humaine이다. 다양한 산업이나 국가의 기계화는 인격에 관련해서만 존재할 수 있다. 이 원칙을 바탕으로 우리는 조국, 가족을 이상향으로 간주하지 않고, 인격 개발에 필요한 공동체로 여긴다. 이 경우 분명하게 드러나는 점은 다음과 같다. 가령, 조국은 그 자체로 정의되어야 한다. 우리는 조국에게 이상향에 대한 목표를 품으라고 요구하지 않는다. 오히려 각자의 자연스러운 조건이 될 것을 요구한다. 다시 말해, 조국은 '민족국가'nation가 아닌 '지역과 고장으로 이뤄진 나라'pays이다. 우리를 비극의 숙명에 빠뜨릴 수 있는 중앙집권화와 마주한 우리는 민족국가와 대도시에 반대하며, 농촌 문명, 땅과 땅이 만나는 현실 문명의 필요를 주장한다. 프롤레타리아에게 부과된 비인간적 노동에 맞서, 우리는 산업을 인간적 목표들에 반드시 예속시켜야 한다. 다시 말해, 숙련된 노동과 미분화된 노동을 엄격하게 구별해야 한다. 출구는 바로 '시민봉사'le service civil이다. 이것은 프롤레타리아의 조건을 금지할 것이고, 타 영역들에서 노동자들이 자기 작업 활동을 전개하는 데 유용

할 것이다.[134]

우리는 지금 이 호소의 중요성을 안다. 결코 희망이 없는 사람들의 호소 말이다. 그것은 절망한 계급에 속한 사람들의 한없는 울부짖음이다. 로마 노예들의 울부짖음, 초기 제조업 시대 프롤레타리아들의 울부짖음이다. 오늘날 부패는 속도를 완만하게 조절하지만, 우리의 사생활에서 접할 수 있는 행동과 몸짓까지 위협하는 단계에 이르렀다. 우리는 가장 '순진한 타락자'들을 안다. 수많은 노동자들은 비참한 상태에 헐떡이면서도, 혁명을 잃어버린 부르주아의 안락한 궁전에 들어가는 것 정도로 여긴다. 나는 여러분에게 "우리는 이보다 더 순진하다. 더 풍요롭다."라고 말하지 않을 것이다. 우리는 이유들을 잘 안다. 우리는 예절 법도, 분명하고도 우려스러운 경찰력, 금화 보유, 확고한 살상 무기 등을 담아 이 세상을 머리에 얹고 사는 최초의 사람들이 아니다. 이러한 무게감에 짓눌려 절규하는 최초의 사람들도 아니다. 이전 시대에도 우리와 동일한 수많은 사람들이 있었다. 그들은 사람이었지 정치꾼이 아니었다. 그들은 정치 이론가, 시인, 권력의 추적자, 감시 대상인 대중 선동가였다. 루이-오귀스트 블랑키, 미하일 바쿠닌, 에드가 포, 레옹 블루아[135], 샤를 페기가 바로 그들이다. 물론 우리도 여기에 포함된다. 우리도 이들처럼 초기 그리스도인들의 울부짖음, 외곽 노동자들의 한없는 울부짖음을 낳는 임박한 죽음을 느끼기 때문이다. "새로운 세계가 태어나야 한다." 새로운 세계는 인간이 자유와 정의라는 영원한 원칙들로 살 수 있는 세계이다.

우리는 선택받은 세대다. 왜냐하면, 영원토록 장래만 보고 살 세대가 아니기 때문이다. 다시 말해, 기술들이 규정하는 인격이나 익명의 사회들에 의존하지 않을 세대이기 때문이다. 우리에게 기회는 많다. 인격주의 혁명의 태생지는 열광주의가 아니다. 오히려 의심에 의심을 거듭하는 명석함이다. 삶은 예외이다. 죽음은 규칙이다. 진정한 속임수는 자극과 선동을 일삼는 사람들이 아닌, 쉽게 혁명을 포기하는 사람들이다. 현 세계에 존재하는 모든 호흡, 정맥에 흐르는 피가 투쟁을 부른다.

성공이 중요하다. 그러나 그것은 하나의 길에 불과하다. 운명이 용솟음친다. 그러므로 우리는 살아야 한다! 가능성 있는 혁명들은 없다. 유일한 혁명, 꼭 필요한 혁명 하나가 존재할 뿐이다.[136]

자연 감성, 혁명적 힘[137]

베르나르 샤르보노

자연 감성? 혁명적 힘? 과연 우리는 이 비현실적인 주제를 다뤄야 할 상황에 있다고 말할 수 있는가? 혁명적 힘이라고 했는가? 자연 감성에서 그 힘이 나오는가? 아닐 것이다. 독자들도 잘 알겠지만, 진짜 혁명은 소인배 '시아프'[138]나 고약한 인물의 전형인 '블랑'에 대한 증오심에서 나오기 마련이다. 그에 반해, 자연 감성은 문학 정서다. 즉, 진갈색 머리칼을 날리며 호숫가에서 사념에 젖은 한 남자, 조각배도 못타고 낚시도 못하는 호수 등과 같은 문학적 표현이 진하게 배어 있는 감성이다.

현대 문명은 자연과 문학을 뒤섞었고, 우리의 정서도 뒤집어 놓았다. 자연 감성은 교양인들의 독백이 아니다. 덧붙여, 이 감성에 대한 미적 표현도 미숙한 단계, 걸음마 수준에 머문다. 시詩에 어떤 힘이 담겨 있듯이, 자연 감성 역시 범상치 않은 힘이다. 다시 혁명의 원전 이야기로 돌아오자. 만일 우리의 추진 의지가 확고하다면, 공손한 태도나 현실주의로 덧칠한 장관과 각료의 추락을 볼 수 있을 것이다. 우리는 저명인사에 대한 증오심을 표출하고, 탁월한 이론가의 폭넓은 작품을 참고한다. 혁명의 원천에서 이러한 "구체적인" 사실들을 발견하는 것은 분명 손쉬운 작업이다. 그러나 증오심은 신경질 부리기에 불과하다. 증오는 대중의 동요를 부추길지는 몰라도, 혁명을 배양할 수는 없다. 우리는 '반란'에 대한 앎에 초점을 맞춘다. 다시 말해, 방대한 분량의 집필 동기가 된 반란에 대한 앎, 독자들을 휘감은 열광에 관한 앎, 독서를 통한 각인이 없이도 시대에 대한 분노와 절규를 폭발적으로 드러낸 이들의 열정에 대한 앎의 문제에 주목하려 한다. 혁명 정신의 원천을 파악하려 할 경우, 우리는 그 원천에서 폭력적이고 강고한 어떤 것이 분출되고 있음을 확인할 수 있을 것이다. 그리고 현존하는 형태든, 은폐된 형태든, 우리는 혁명 정신의 원천에서 '자연 감성'을 발견한다.

정부의 조직이 제대로 갖춰졌다면, 그에 비례해 경찰청장들은 '청년들'을 공허하고 무의미한 노선에 경도된 유일 집단으로 간주하고, 이를 무시하려 들 것이다. 즉, 이들은 청년들을 공산당 상원의원보다 더 악랄한 정신의 소유자로 간주할 것이다. "청년들은 매우 관대하다. 순진하고, 아직 그 사상이 여물지 않아 불분명하고, 정치의 '정' 자도 모른다."[139] 그러나 악랄한 정신은 그 정신의 요구 사항들을 의식하는 순간에 끝장난다. 이는 불변의 진리이다. 정부는 정의감, 공동체의 비참함에 대한 감성에 사로잡혀 소요를 일으킨 사람들을 무시하기 바쁘다. 또 정부는 자연에 대한 진정한 사랑도 무시한다. 이유가 무엇인가? 촘촘하게 엮인 정치의 구조를 난폭하게 부수는 운동이 세련된 문명들에게 대든다면, 그 운동의 근본적인 힘에는 '자연 감성'이 있다는 사실을 이미 알기 때문이다.[140]

자연에 대한 진정한 감성

자연 감성은 인격 감성이다. 따라서 각 사람의 특수 감성이며, 모두의 공통 감성이다. 우리는 이 감성에 대해 서술하려 한다. 그 전에, 깊게 뿌리박힌 몇 가지 사회 통념들을 제거해야 한다. 이미 확인한 것처럼, "자연 감성"은 문학 정서와 관련 깊다. 이에 관해 혹자는 소르본대학교의 학위논문 주제인 『부알로 사상에서의 자연 감성』*Le sentiment de la nature chez Boileau*을 참조할 수도 있을 것이다. 왜 아니겠는가? 그렇다면, 자연 감성은 자동차로 경치 좋고, 물 좋은 곳이나 찾아다니는 관광객들에게 가장 강력한 영향력을 발휘하는 것인가? 제목의 무미건조함일랑 잠시 제쳐두고, 개별 경험을 바탕으로 생각을 이어보자.

도심의 한 사무실로 가보자. 사무실에는 한 직원이 몇 시간 동안 열심히 일하는 중이다. 그는 서류 정리와 관련 업무 문서 작성에 여념이 없다. 그리고 움직이는 시계추를 바라보며 반사적으로 퇴근 시간을 기다린다. 그러다가 갑자기 맘속에 열정이 솟구친다. 직원은 펜 놀음을 멈추고 일정한 속도로 흐르는 실개천이 있는 숲 속의 자그마한 물 먹이 터로 추억 여행을 떠난다. 그는 5월의 어느 날을 상상한다. 이미 사무실 자리는 공석이나 마찬가지이다. '지금, 그리고 여기'에 살아서 숨쉬는 한 인간, 집무실이나 자택에 있는 한 인간이 자연을 가까이에서 체험할 순간을 그린다. 이 사람은 '자연 감성'이라는 명칭을 향유할 자격을 얻었다. 자연 감성은 오후 3시 사무실에서 근무하고, 새벽 4시 산속 물 먹이 터에 있는 이 사람에게만 존재한다. 밤새 술 담배에 절어 곯아 떨어졌다가 소화나 시킬 요량으로 대충 훑고 지나가는 여행객에게 자연 감성이 있을 리 만무하다. 피요르드fjord의 풍경도 대형 여객선 전망대에서 수박 겉핥기로 본 주제에 마치 하늘의 복이라도 받은 양 감탄사를 연발하는 이 여행객에게 자연 감성은 존재하지 않는다. 자연 감성은 자기 삶에서 또 다른 삶을 구상하는 사람에게서 태어난다. 이것은 부차적인 욕구가 아니다. 왜냐하면 세련되고 전문적인 문장으로 그 필요성을 서술할 수 없기 때문이고, 그 필요성에 대해 말할 수 있는 것은 아마도 "이 젊은이가 신선한 공기를 원하고 태양이 풍성하게 대

지를 비추도록 창을 활짝 열었다." 정도에 불과하기 때문이다.[141]

이 감성의 힘과 그것의 보편성은 우리 시대의 가장 낯선 사건들 중 하나이다. 자연 감성은 홀로 고산을 오르는 산악인을 자극했다. 또한 '청소년 운동'Jugendbewegung [142]에 가담한 사람들 및 개인과 집단 모두에게 그것은 사활이 걸린 필연성이다. 아마도 사람들은 서적이나 공연처럼 화려한 장식을 단 분야에는 참여하고 싶어도, 며칠 동안 산과 들판을 거닐어야 하는 운동에는 참여하고 싶지 않을 것이다. 무의식적으로 행동하는 사람들이나 위선자들은 직업 활동이나 정치 활동을 삶의 중심에 두려 한다. 이는 위원회 소속 여성들, 헌신적인 젊은 여성들, 능동 투쟁가들의 생기 없는 패거리이다.

여전히 순진하게 삶을 갈망하는 사람들, 이익 사회라는 괴물의 위장 속에서 자라지 않은 사람들이 있다. 이들에게 노동의 종말을 고대하는 일 이외에 더 이상의 해법은 없다. 몇 달 만이라도 속도를 확 줄여서 살아보라. 성인들에게 "휴가"는 매우 중요한 용어이다. 또 기숙학교 학생들에게도 "휴가"는 성인들에 못지않게 중요한 용어이다. "휴가"는 딱 그 정도에 국한된 용어이다. 철학적 위선으로 꽉 찬 막을 걷어내고 솔직히 물어보자. 수많은 젊은이들에게, 산과 바다를 향한 여행만이 살아있다고 느낄 수 있는 유일한 순간인가? 장관들은 우리에게 여가 활동을 장려하지만, 헛발질이며, 장난질이다. 우리의 풍자 대상이어야 할 이 사회가 인위적으로 부과한 노동의 연장이다. 과연 여가 활동은 부차적인 것인가? 여가 활동이야말로 우리가 아무런 의도 없이 자유롭게 활동할 수 있는 유일한 순간이다. 셔츠 단추 풀고, 낱말 맞추기 놀이에 몰입하며, 배고픔과 갈증을 해결할 수 있는 기쁨의 순간이다.

여가 활동에 소요되는 비용 문제와 별개로, 좀 더 거칠게 문제를 이야기해 보자. 독자들의 대입 시험, 학사, 10시간 사무실 노동, 산에서 보내는 하루를 인생에서 없앨 수 있는가?

따라서 "감성"이라는 말은 허약하다. 그러나 우리는 "자연"이라는 말에서도 동일한 부분을 이야기할 수 있다. 왜냐하면 핵심은 대문자 N으로 표기하는 대자연Nature이 아니기 때문이다. 대자연은 존경을 받는다. 또 많은 선생들이 대자연에 구애의 몸짓을 보낸다. 그러나 사실 "대자연"은 존재하지 않는다. 우리는 농부들이 대를 이어 목자들에게 곡물을 공급했던 산길을 따라 랑드 지방[143]과 피레네 지방을 둘러보았다. "대자연"은 우리에게 냉혹하다. 그러나 우리는 황량한 땅에 시원하게 뻗은 거대한 삼림, 곶, 귀뚜라미 노래가 들리는 여름 밤하늘의 별빛, 그와 조화를 이루며 번쩍이는 깜부기불을 안다. 독자들은 자줏빛 결정체가 투명하게 빛나는 자갈들을 바위에 던져 깨뜨려 본 적이 있는가? 그렇다면, 독자들은 자연 감성을 아는 사람일 것이다.

자연 감성, 삶을 바꾸려는 욕망

현 시대의 젊은이들에게 자연 감성은 더 이상 화려한 공연이나 전경에 대한 공허한 정서가 아니다. 자연 감성은 우리의 생존 욕망에서 비롯된 갈증이며, 우리가 영위하는 일상생활의 비극이 담긴 적대감이다. 또 이 감성이 무의식에 남아 있다면, 그 이유는 우리 자신의 심층에 여전히 자연을 향한 감성이 존재하기 때문일 것이다. 그러나 지금은 이러한 갈등이 자연 감성에 대한 의식을 설명하도록 알력을 행사하는 폭력적인 상황이다. 우리는 이 문제를 인격주의 혁명으로 끌어와야 한다고 생각한다. 인격주의 혁명에 그 해답이 있기 때문이다.

어떤 사람들에게는 산이 유일한 구원이 되기도 한다. 낯설지 않은 일일 것이다. 가방을 메고 협곡에 들어설 때만 정상인이 되는 사람도 있다. 이 역시 낯설지 않다. 그러나 직업, 가족, 조국을 벗어나야만 살아있다고 느낄 수 있는 이유는 무엇인가? 자기 자신에게 되돌아오지 않고, 자꾸 도피하기 때문이다. 과거에 산은 피지배자들의 도피처였다. 그러나 오늘날에 산은 도시의 잔혹한 일상에 빠져 허우적대며 살다가 비로소 평화로움을 재발견하는 이들의 안식처가 되었다. 우리는 우리 자신에게서 도피한다. 그러나 우리의 자아가 사회적 자아일 뿐이듯이, 우리는 우리 문명에서도 도피한다.

이를 이해하려면, 평원을 뒤덮은 거대한 석회암 절벽 하나를 동반해 보면 될 것이다. 이 산은 우리에게 영감을 선사한다. 그러나 산 아래 절벽이 펼쳐진 끝단에서 새처럼 날아보라고 충고하지는 않을 것이다.[144] 산 절벽 끝자락에 앉은 우리는 산 아래에 있을 때 느꼈던 막강한 힘과 마을 구석구석을 파고든 거대한 힘으로 우리를 지배했던 '문명 세계'의 외부에 있다고 생각할 것이다.[145] 현기증을 느끼고 싶다면, 평원을 비추는 불빛 가운데 하나, 계량기 돌아가는 동안 빛을 내는 조명 가운데 하나를 생각해 보라. 그 장면과 맞물려 한 사람을 상상해 보자. 그는 무선 전송 장치TSF 앞에 있고, 곁의 철 막대에는 청구서가 걸려 있다. 이 사람은 선거인 명부, 병력 차출 명부에 등록된 사람이다. 그는 달아날 수 없다. 만일 징집을 거부하고 산으로 도망치다가 떨어져 우연찮게 나무에 대롱대롱 걸려 있다면, 징집에 필요한 수속을 밟은 경찰은 머지않아 이 사람을 찾아낼 것이다.

깊은 잠에 빠져 악몽을 꾼다고 가정해 보자. 피하고 싶지만 그럴수록 점점 가까워지는 무서운 발자국 소리가 들린다. 더 이상 악몽을 느끼고 싶지 않을 것이다. 마찬가지로, 절벽을 벗어나고픈 욕구, 숲의 가장 음침한 곳에 틀어박히고픈 욕구를 느끼지 않으려면 어떻게 해야 하는가?

숲 언저리에서 우리를 혼란에 빠뜨린 이 정서에 대한 설명이 두렵지 않다면, 우리는 그 정서의 원천에 혁명 상황이 있다는 사실을 알게 될 것이다. 우리에게 닥친 불행도 향유할 수 있고, 소용돌이치며 나뒹구는 나뭇잎들을 바라볼 수 있으며, 거품을 내며 강을 거스르는 송어들을 보면서 충격 아닌 충격을 받을 수 있다면, 한 마디로 자연 만물과 접촉한다는 느낌과 감성이 충만하다면, 고독한 보행자 한 사람의 명상은 세상을 바꾸려 무기를 든 결연한 의지를 더욱 강화하는 힘으로 작용할 것이다. 자연을 사랑하는 혁명 전통은 이러한 정점에서 완성될 것이며, 사라진 협곡의 입구에서 문명의 수원지를 되찾으리라는 희망과 더불어 비겁한 도피 행각도 사람들의 뇌리에서 청산할 수 있을 것이다.

자연 감성을 이용하려는 여행객, 교육자, 정치인에게서 이 감성을 뿌리째 뽑아내는 일은 우리 몫이다. 이 감성의 고유 목적을 건드리지 않고 그대로 놔두는 일도 우리 몫이다. 왜냐하면 우리는 새 삶을 찾으려 산에 오를 수 있고, 완전한 틀을 갖춘 현실 사회의 무질서경제, 법, 정치에 반항하며 매일 산에서 살아갈 수 있기 때문이다.

자연 감성에 관한 간략한 역사

우리가 충분히 느낄 수 있듯이, 현실 상황과 자연에 대한 현실 감성의 형식들 사이에는 가부간 밀접한 연관성이 있다. 이 관계에 이르는 최고의 방법은 다음과 같다. 첫째, 자연 감성이 과거 어떤 척도에서 변형되었는지를 이해한다. 둘째, 이 감성의 현실적, 인격적 혹은 사회적 출현을 전반적으로 규정한다.

우리는 '모랄리스트들'les moralistes 146의 시각에 반대하지 않는다. 모랄리스트들은 인격 감성이 감성 자체와 항상 동일하다는 점을 강조한다. 다시 말해, 절대성 차원의 감성Sentiment을 수반한 자연 감성을 강조한다. 우리는 '인간은 언제나 인간일 것'이라 확신하는 이들의 범주를 잘 안다. 이 감성은 매우 심오한 차원의 인격 감성이다. 또한 자연 감성의 강도와 표현들이 같은 나라, 같은 시대의 사람들에 서린 공통 특징을 나타낸다면, 그 강도와 표현들이 시대 바깥에 있기 때문은 아닐 것이다. 그러한 의미에서, 고대 그리스나 다른 곳에서 자연 감성을 이야기하는 것은 타당하다. 이 감성에 대한 연구가 우리의 관심사가 될 수 있다면, 자연 감성이 자기 시대를 설명하고 오늘날 전대미문의 힘이 된다는 생각 때문일 것이며, 이 감성이 과거에 없던 사건의 상태를 설명하기 때문일 것이다. 오늘날 자연 감성에 대한 연구는 산업 문명과 더불어 그것의 탄생을 확인하는 작업이다. 산업 문명에 격노하고, 이 문명의 역사를 약술하는 작업은 산업 문명의 진보가 어느 지점에서 우리의 본질적 욕구와 갈등 관계를 맺는지를 탐구하는 작업이기도 하다. 따라서 그것은 우리의 일상을 가볍게 스치고 지나가는 데 불과한 정치의 상부구조 갈등과 인격주의 혁명의 심오한 요소들에 대한 구별 작업임과 동시에 이 요소들의 정체를 구체화하는 작업이다. 자연 감성을 표면, 의식으로 견인하고, 그에 대한 욕망들을 요구하면서, 우리는 혁명적 제도들의 윤곽을 그릴 것이다. 마지막으로, 정치나 교육 분야의 목표에 이 감성이 어떻게 활용되는지를 연구하면서, 우리는 혁명에 사용할 목적으로 자연 감성을 다루는 자들에게서 이 감성을 뿌리째 뽑아낼 것이다. 즉, 자연 감성을 혁명의 목표 달성을 위한 수단 정도로 취급하는 자들에게서 이 감성 자체를 적출해 버릴 것이다.

고대와 중세의 자연 감성

오랜 기간 동안 사회는 홍수, 전염병, 호랑이와 같은 악귀들의 눈이 번뜩이던 무형의 암흑 속에서 그 빛을 잃었다. 도구들 자체가 뼈대나 가지였기에 자연 감성을 중시할 여력 자체가 없었다. 숲은 점차 사라졌다. 개간지의 넓은 지평을 따라 검푸른 선을 이루지도 못한다. 경작지가 끝없이 확장되었다. 더 이상 숲이 들을 에두르지 않는다. 거꾸로 들이 숲을 에워싼다. 해마다 녹지는 줄었다. 결국 철조망을 쳐 마지막 남은 숲을 지키고, 국가 공무원이 "원시림—접촉 시 벌금형"이라는 푯말까지 세우는 날이 오고야 말았다. 자연 감성의 변형은 문학 작품이 아니라, 이러한 역사를 바탕으로 이뤄졌다.

인간이 수렵 생활을 멈추고 도시에 정착했을 때, 그리고 도시에서 매매 활동을 하고 자문화의 보고寶庫들을 착착 쌓아올렸을 때, 사람들은 황금기의 장엄한 발엽發葉과 만발滿發을 아쉬워했다. 왜냐하면 문가에 앉아 천국을 꿈꾼 시전 상인들은 결코 도시ville를 생각하지 않고, 거리의 왁자지껄한 소음과 인근 광장의 왕실 경호대의 발자국 소리를 듣지 않아도 무방할 아름다운 고장pays을 생각했기 때문이다.

그리스인들은 도시민이었지만, 여전히 바다 사람, 농촌 사람이었다. 비록 아리스토파네스가 그리스 사람들의 실상을 노래한 시인이었지만, 그의 사상에서 자연 감성을 찾아 논하기란 매우 어렵다. 이 감성을 거론하기 위해 굳이 시인까지 들먹일 필요는 없다. 오히려 코파이스 호수[147]의 뱀장어, 올리브 찌꺼기, 꿀, 나뭇단을 이야기하는 정도면 충분할 것이다. 이곳에서의 삶이란 거의 자연의 삶에 가까웠다. 굳이 "자연 감성"을 화두로 삼을 이유가 없었을 것이다.

보다 정확히 말하면, 자연 감성은 로마 사회에서 출현했다. 다시 말해, 로마 세계가 아닌 로마 "사회"에서 출현했다. 사실, 로마 사회에서 삶의 종류는 계급에 따라 매우 다양했고, 소수의 계급만이 기술이 마련해 준 안락한 생활을 누릴 수 있었다. "야만"이라는 단어는 귀부인들을 덜덜 떨게 만든 단어였지만, 로마의 평화가 영원토록 제 조건과 밀착되리라 확신했던 수백만의 남성들에게는 별 의미 없는 단어였다. 서민 계급은 자연에 대한 향수를 큰 화젯거리로 여기지 않았다. 숲에 터전을 일궜던 게르만 부족들과 로마의 타락상을 대조한 타키투스가 염두에 뒀던 것은 귀족제였다.

로마의 탁월한 행정력은 고도 발전을 이룬 사회에서 누릴 수 있는 안정감을 충분하게 제공했다. 현대 사회에서도 접할 수 있는 것과 비슷한 것을 로마 사회 내부에 건축하는 것이 그 목적이었다. 관광은 안토니우스 황제 치세기에 출현했고, 하드리아누스 황제 치세기에 정착되었다. 이미 그것은 도시민들에게 꽤 탄탄한 표본으로 자리매김했다. 하드리아누스 황제는 제국을 두루 여행한 이후, 티부르에 있는 황제 정원에 자신이 방문했던 천혜의 지역들과 유물들을 축소, 재현하려 했다.

정원의 한 쪽에는 대형 피라미드가 있었다. 그 위에는 인공 바위가 있었고, 금붕어로 꽉 찬 연못과 폭포도 있었다. 기술 발전이 제국의 정치 발전과 꼭 맞물려 돌아간 것은 아니었기에 황제의 이러한 행동은 독자적 사건 정도에 불과했다. 그러나 기독교는 과도하게 제련된 문명에 대항했던 세력이었다. 키케로의 독자들이 복음서와 성서의 몇몇 구절에 대해 보인 인상을 생각해 보라. 복음서와 성서는 도시민이 아닌 농민의 책이었다. 독자들은 예수의 들꽃 비유를 떠올려 보라.

고대 문명에 반대한 그리스도인들은 야만인들의 자연 동맹 세력이었다.

제국은 사라졌고, 관청 부서들의 토대는 무너졌으며, 가시나무와 엉겅퀴가 그곳을 뒤덮었다. 선량한 황제들과 세심한 공무원들은 악명높은 폐가의 유령들이 되었다. 숲은 밀려났고, 늑대들이 다시 마을을 위협했다.

중세 시대는 황금기에 대한 향수보다 로마가 강제 부과했던 질서에 대한 향수가 더 강했다. 문명의 재건을 위해 투쟁하는 농노들, 수도사들, 기사들, 도시민들은 다른 곳에 정신 팔려 있었다. 그리고 교황을 필두로 한 기독교 왕국의 실현이 거의 가시화 되었을 무렵, 그 누구도 농촌이나 포도원을 영화롭게 할 생각을 하지 않았다. 기껏해야 대성당 기둥을 타고 오르는 포도나무 가지 정도에 머물렀을 뿐, 날것 그 자체의 자연에 대한 사유는 없었다.

근대 시기 자연 감성의 탄생: 18세기와 낭만주의

근대 사회는 국가의 틀 내부에서 도시화되기 시작했다. 그러나 복음 전파에 염증을 느낀 수도사들이나 기사들은 무기들을 창고에 넣고, 사교계를 들락거렸다. 목양 대상들을 향한 진정한 열정은 사라졌음에도, 사목 활동에 대한 꿈은 사라지지 않았다. 기성 사회에 부과된 삶과 다른 삶에 대한 요구를 통해 설명되었던 자연 감성을 발견하려면, 우리는 18세기의 도래를 기다려야 한다. 최초의 인물은 장 자크 루소Jean Jacques Rousseau였다. 그는 철학적으로 이 문제를 제기했다. 그것은 100년 뒤 산업 혁명이 실존적으로 제기했던 문제와 같다.

루소의 반응을 제대로 이해하려면, 그가 살았던 환경을 생각해야 한다. 그는 상대적으로 유명인이었고, 세련되고 발전된 사교계와 빈번하게 접촉했지만 때때로 빈곤하게 살았다. 1750년 『학문예술론』*Discours sur les sciences et les arts*을 출판한 루소는 지식인들이 자주 범하는 시각의 오류를 똑같이 범했다. 그는 당대 사회에서 교양을 갖춘 사회만을 염두에 뒀다. 루소의 이 책은 수 세기 동안 바뀌지 않고 꾸준히 이어진 프랑스의 수백만 농민들이 아닌 고작 수천 명의 파리 사람들을 이야기한다. 루소의 담론은 세련되게 다듬어진 사회들이라면 하나같이 겪는 원시적인 것으로의 회귀에 대한 답변이다.

몇 가지 측면에서 보면, 볼테르식의 회의주의에 대한 반감의 표현이었던 '감성의 부활'은 히틀러주의와 닮은 구석이 있다. 볼테르가 보수 부르주아였다면, 혁명의 대문호인 루소는 볼테르의 합리주의에 대한 반동일 것이다. 루소는 문화를 공격했고, "어두운 힘들"을 휘감은 사슬을 풀어 헤쳤다. 왜냐하면 혁명은 하나같이 자신이 반대하는 사회가 일궈던 일련의 진보에 대한 반동과 부정이기 때문이다. 이성을 좌파에, 자연을 우파에 배치하는 것 역시 부정확한 방식이다. 혁명에서 "자연의 어두운 힘들"이 이성의 논리를 해방시키기 때문이다. 우리는 이미 루소가 철학적으로 그 문제를 제기했다고 말했다. 실제로 루소는 자기 논리에 맞춰 **문명**la Civilisation과 자연을 완벽한 대립 항으로 엮었다. 논리상 루소의 주제는 정확하다. 인간이 문명화된다는 면에서, 인간은 인위적 존재가 된다. 따라서 루소는 자연인l'homme naturel이라는 이름으로 문명을 파괴하는 좋은 패를 쥔 셈이다. 루소의 적들은 거의 같은 지점에서 그를 공격했다. 이들은 대문자로 표기된 문명과 폭력적이고 적대적인 자연을 대립시켰고, 문명을 결여한 인간은 사냥감 짐승에 불과하다고 반박했다. 두 가지의 논리 추론은 상호 충돌하지만, 사실 양쪽 모두의 오류는 단일하다. 그것은 동일한 철학적 토양에서 문제 제기하면서 발생할 수 있는 오류다. 문제 제기의 대상은 루소도 아니고, 루소의 적도 아니다. 그 대상은 바로 '역사'다. 둘의 추론은 각기 타당했다. 지나친 문명화 추구는 인간을 사라지게 할 것이고, 문명 없는 인간은 자연 상태의 짐승이 되거나 사회라는 거대 기계의 톱니바퀴로 전락할 것이다. 이러한 사실에 대한 파악이야말로 문명과 자연을 대립시키는 사회에 제기할 수 있는 유일한 질문이며, 제시할 수 있는 유일한 해법이다. 1750년 당시에 루소는 귀족제를 옹호했기에 옳았고, 농민들을 옹호했기에 틀렸다. 자연적 삶의 필요성을 주장한 루소는 고등한 사회를 지향한 볼테르의 회의주의와 대립하며 1789년 혁명에 반드시 필요했던 원초적 힘들을 해방시켰다.

1789년 신화이성진보와 낭만주의과거에 대한 감성의 대립 항 조성은 비교적 쉬운 작업이다. 인간의 본성을 선으로 파악한 신비주의 관점에는 두 개의 얼굴이 있다. 첫째, 문명은 부패했고 야생은 선하다는 신화를 무제한 진보 신화와 대립시킨다. 둘째, 당시 일부 혁명가들은 금욕禁慾 도시를 열렬히 옹호했다.

18세기 잉글랜드에서는 경제 급성장과 더불어 현대 세계에서 볼 수 있는 몇몇 장면이 이미 등장했다. 동시에, 자연 감성도 매우 강력한 조류로 등장했다. 분명, 이것은 우연이 아니었다. 당초 잉글랜드는 극도로 부유한 사회에서 벌어지는 악행들을 감상주의적으로 규탄하는 데 그치는 시류를 벗어날 수 있었다. 이러한 정신 상태는 특정 정파에서나 볼 수 있는 모습이 아니었다. 데포D. Defoe는 자유민주파인 휘그당 소속이었고, 스위프트Swift는 왕당파인 토리당 소속이었나. 그러니 잉글랜드에서 벌어진 독한 현상들에 관해, 둘은 같은 처방전을 내 놓았다. 바로 '자연으로의 복귀'이다. 더 이상 위대한 전쟁도, 위대한 사업도 없다. 오직 로빈슨 크루소만이 주의 은총에 힘입어 섬에서 불을 지피고, 집을 지으며, 산에 은신한다. 우리는 이것이 인간과 어울리기 싫어하는 비관론이라는 데 이견을 달지 않는다. 왜냐하면, 고독한 인간만이 이웃을 발견한 로빈슨의 기쁨을 체험할 수 있기 때문이다. 용감한 금요일 말이다.[148] 스위프트는 데포보다 한 걸음 더 멀리 간다. 스위프트는 문명의 맛을 본 이후로, 사람에 대한 오해에 빠진다. 그는 릴리푸트Lilliput의 정치인들의 불결한 조합을 사람이 아닌 말이 지배하는 휴이넘Houynhnmns 섬의 고요함과 대조한다. 두 저작이 여전히 우리에게 감동을 준다면, 이유는 저작의 예술성 때문이 아닌, 우리를 일깨운 감성들 때문일 것이다.

데포와 스위프트의 글은 전능한 사회, 즉 자기 성공을 확신하는 사회와 대결한다. 다시 말해, 완전하고 확고한 의식을 가짐으로 종교마저 그리워하지 않는 전능한 사회에 대항한다. 현 사회의 문명, 화물 창고, 공장, 은행, 상업 특권층이 성장을 멈추지 않으므로, 우리도 스위프트의 이 반항심을 충분히 체감할 수 있을 것이다. 우리는 1년에 한 번 로빈슨처럼 무인도로 도피할 수 있어야 한다. 두 저자는 우리를 향해 다음과 같이 말한다. '문명이 인간을 만들지 않는다. 결국 인간이 문명을 만든다. 문명의 무게가 가중될 때, 인간은 허약해지며 사회 결정론의 먹잇감이 된다.' 사회 결정론은 인간과 문명을 무력하게 만드는 반면, 인간은 자연에 맞선 고대의 투쟁을 오늘날에도 지속하게 함으로써 생존을 구가할 수 있기 때문이다.

자연 감성은 낭만주의와 더불어 문학계에 요란한 출입문을 마련했다. 사람들은 우리에게 자연 감성과 낭만주의를 혼합하는 법을 가르쳤다. 그러나 자연에 대한 낭만주의 감성의 허약함은 이 문학의 특징에서 비롯되었다. 로빈슨은 과도한 노동의 마지막 날에 휴식을 취한 창조주의 작업을 극찬한다. 르네[149]는 마차에서 잠시 내려 호숫가 앞에서 명상에 잠기다 귀가한다. 그러나 이러한 낭만주의 사조에서 자연 감성에 서린 여러 측면들은 매우 중요하다. 낭만주의의 영웅들은 사슬 풀린 광폭한 힘들이 펼치는 전경, 번개, 바람, 고산, 사막에서 감동을 얻기 위해 더 이상 루소의 온화한 시골 마을을 추구하지 않는다. 낭만주의는 인간과 대상 사이의 유연한 충돌을 추구하지만, 그것은 억제할 수 없는 소용돌이일 뿐이다. 이제 눈사태가 인간을 위협하고 뒤흔들 것이다. 즉, 감성에서 비롯된 자연에 대한 사랑은 비극으로 바뀐다.

현대 문학에 나타난 자연 감성소로, 키플링, 로렌스, 지오노, 라뮈즈

낭만주의에서 자연 감성의 시시함은 단지 경치나 보면서 느끼는 징서 관련 문제에 국한되었을 뿐이다. 이 감성에 전제된 자연과 마주할 때 생겨나는 "시상詩想"은 인간 정서의 활용이었다. 비니Vigny는 이 가짜 감성의 남용 문제에 용감하게 덤볐다. 그는 과감하게 '인간과 무관한 자연'을 선언한다. 그러나 자연과 인간 사이의 대립에 대한 비니의 이러한 선언은 인간과 자연의 접촉에서 얻을 수 있는 풍성한 결과물이 바로 둘의 대립에서 탄생한다는 점을 깨닫지 못했다. 왜냐하면 자연의 냉혹한 원천만이 인간으로 하여금 인간적인, 너무도 인간적인 문명에 대한 도피를 허용하기 때문이다. 차후 자연 감성이란 이 문명과 멱살 잡고 싸우고픈 욕구일 것이다. 산꼭대기는 더 이상 인간과 자연의 내밀한 관계맺음의 토대가 될 수 없을 것이다. 인간은 산을 관통하고, 극적인 행동에 따라 자연에 대한 자신의 애정을 설명한다. 그러나 문명인에게 필요한 것은 문명에 적대적인 고장, 인간에 대항할 못된 의도로 꽉 찬 고장이다. 진흙색의 독침, 사하라 어느 곳의 공터, 구릿빛 전사들의 주 활동 무대인 모로코의 산맥 등은 작렬하는 태양이나 제어 불가능한 모래 바람의 고장 아프리카의 혹독함만큼이나 비인간적이다.

오늘날 자연 감성은 이러한 형태로 우리의 일상사에 등장하며, 문학 전통에 영감을 주기도 한다. 자연 감성은 특히 앵글로색슨 문학에 영감을 주었다. 자연 감성 자체가 앵글로색슨 문학에서 자가 발전에 가장 유리한 조건들을 발견했기 때문이다. 다른 유럽 국가들에서 혁명 요구는 특정한 정당들 내에서 이뤄졌다. 혁명은 사회가 아닌 통치 정부에 맞서 일어났다. 그러나 영국과 미국에서 혁명 감성은 대중들 사이에 존재하지 않았다. 나아가 이 감성은 일부 사상가들이 품었던 강경 폭력을 덧입기도 했다. 영국과 미국의 혁명 감성은 정부가 아닌 사회에 맞서 궐기한다. 따라서 앵글로색슨계 비순응주의 문학 비평가들은 혁명의 행동과 연루된 문제에 예속되지 않아야 한다는 주장을 폈다. 이들은 혁명의 수원지를 이미 손에 쥐고 있었던 반항아들이었다. 이처럼 비순응주의를 표방한 대문호들은 종종 반란자들로, 때로는 위대한 시인들로 활동했다. 그 가운데 우리는 중요한 인물들을 언급하려 한다. 미국인인 헨리 데이비드 소로, 휘트먼, 그리고 이들 이후의 J. 런던이 중요 인물들이다. 이들은 '만들어진 미국'에 맞서 '스스로 만들어가는 미국'을 고양하려 한다. 다시 말해, 행정가들과 청교도 목사들, 철도와 도덕 협약의 고밀도 조직망으로 구성된 미국에 맞서 개척자들의 미국을 드높였다. 오늘날 대중들은 국립공원에서 야영과 송어 낚시로 자연 생활의 향수를 잔잔히 달래려 한다. 그 반면, 지식인들은 자발적으로 북부 지역의 인적 드문 곳이나 생명력으로 불타는 멕시코로 눈을 돌린다. 이 작가들이 자국自國을 언급한다면, 그것은 자국의 악랄함에 담긴 저질성을 비판하기 위함일 뿐이다.

영국의 위대한 순응주의자 키플링Kipling만이 자연의 작가이다. 그가 『정글북』과 다리 건설자들 사이에서 자연을 고양시킨 것은 결코 우연이 아니다. 『정글북』의 주인공 모글리는 기술자가 아니다. 아이들이 수없이 거니는 숲에 사는 단독單獨자, 자유인이다. 그에게 교훈을 전달해 준 주역은 옥스퍼드의 교수들이 아닌, 구렁이 카아kaa의 휘파람소리이다. 인간 사회에 근접한 모글리가 발견한 것은 결국 사악함이다. 인간은 비싼 금속으로 제조된 안쿠스Ankus150를 들고 서로를 죽인다. 코끼리들은 죄를 없애기 위해 마을로 모여야 했다. 키플링은 제국을 한껏 높여 찬가를 부를 수 있었다. 그러나 자기 지위를 포기하고 명상과 성찰을 위해 히말라야 산맥으로 들어간 이 고위 공무원의 눈으로 제국의 무게를 어떻게 달 수 있단 말인가? 다리 건축자들은 투명한 동체 시력과 활동력의 소유자이며, 야만스러운 국회의원들보다 확실히 우위를 점한 젊은이들이다. 그러나 깊은 사고의 무게감을 통해 절벽 붕괴를 벗어난 산골 마을 은둔자와 마주해, 이들은 과연 무엇인가?

영국 국기에 대한 경례는 투마이Toomai가 정글의 밤에서 보았던 곡예단 행사와 같다.

D. H. 로렌스의 사상을 키플링의 사상과 근접시키는 작업은 다소 이상해 보일 수 있다. 사람들은 통상 두 저자를 영국 사상의 양극단에 배치한다. 키플링 사상은 차분하고, 로렌스 사상은 폭력과 격동이 넘

친다. 그러나 양자를 설명할 수 있는 동일한 이념이 있다. 키플링은 투박하고 거친 삶을 나무라고, 로렌스는 자연의 삶을 나무란다. 지적 합리주의자는 이 둘을 '파시스트'라는 딱지를 붙여 따로 분류할 수 있을 것이다.

로렌스의 열정적 영웅들과 키플링의 가시덤불 속의 거친 삶 사이에는 어느 정도의 친밀성이 있다. 거대담론에 반대하고 수장의 손에 담긴 보고서들의 결말에 후회하는 키플링은 인간 대 인간의 관계들을 대체하는 방식에 대든다. 또 이 영웅들은 본능적으로 폭력, 원시인들의 사악함, 위선의 맛, 문명인들의 거악을 동정한다. 왜냐하면 당시는 인간의 미덕 이상으로 사회 질서 유지가 필요했기 때문이다. 직접 행동이 불가능한 세계에 맞서, 그리고 나약해질 대로 나약해진 사회 풍습들에 맞서, 두 작가는 삶의 욕망을 열렬히 변호한다.

D. H. 로렌스의 저작은 위선에 맞선 투쟁, 위선과 동일시된 문명에 맞선 투쟁으로 요약 가능하다. 아마도 그는 당대 고립된 작가였을 것이다. 그러나 그는 영국의 비순응주의 전통과 밀착된 인물이다. 즉, 위선에서 소소하고 이차적인 결여가 아닌 전형적인 죄의 모습을 보려 한 기독교 전통에 가까운 인물이다. 정신주의자, 경찰, 정부는 간통, 도둑질, 범죄들을 공격한다. 이러한 악덕들은 기성 질서에 위험하기 때문이다. 오히려 이 악덕들은 위선을 바탕으로 식탐과 같은 소소한 결함

들을 만들 것이다. 이들이 악덕들을 공격하는 또 다른 이유는 다음과 같다. 한 사회가 완성되었을 때, 사악한 입을 벌어 위선이 사회 곳곳을 편력한다고 떠벌리지 못하도록 하기 위함이다. 영국에서 그랬듯, 이상주의와 자유주의가 위선과 동의어가 되는 경우에도 마찬가지이다.

반대로 혁명가들은 사회의 사악한 이성을 무너뜨리기 위해 항상 위선을 공격해야 한다. 자기 사상 및 질병으로 고립된 로렌스는 무수한 적과 마주했다. 그는 상실이 무엇인지를 이미 아는 사람의 폭력성을 동반해 위선을 공격한다. 로렌스의 도발적 행동은 영국 부르주아의 위선적인 이상주의를 전복할 수 있었다. 만일 우리가 예의, 손등 입맞춤, 자수 식탁보, 설탕 집게에 맞서는 계급을 형성해야 했다는 사실을 망각한다면, 로렌스의 이론은 불합리해 보일 것이다. 또한 로렌스는 순수 상태에 대한 자발성, 성행위를 설명하는 데 매우 파격적인 모습을 보인다.

『채털리 부인의 연인』은 지적 폭탄이다. 그것의 존재 이유는 가히 폭발적이다. 이 소설을 로렌스가 살았던 시공간 외부에 둘 수 없다. 아마도 이 책은 비정상일 것이다. 균형감을 잃은 세상에서 건강한 사람은 비정상인이 되기 때문이다. 사상의 독창성은 덜하지만, 로렌스의 사상이 표출된 글인 『날개 돋친 뱀』을 생각해 보자. 이 글은 두 멕시코 사람의 이야기를 담았다. 두 사람은 유럽에서 온 인위적 문화를 파괴하며 자국에 맞서 반란을 일으킨다. 또한 자기 인종과 태양의 숨은 힘들과 끝없이 교감하려 한다. 인간을 실제적인 것에서 분리시킨 문명을 제거해야 한다. 또한 인간의 한계를 발견하는 진리들의 유희를 누려야 한다. 바로 성관계와 죽음이다. 기술의 성공과 문화의 걸작으로 우리를 현혹시킴으로써, 그리고 끝없이 사회 조직을 세련되게 가다듬으면서, 서구 문명은 우리 삶의 비극을 지우려 한다. 서구 문명은 우리의 갈등을 금하려 한다. 다른 한 편, 서구 문명의 명성은 다음 두 가지 기본 진실에 부합하지 않는다. 즉, 인간은 짝짓기를 통해 번식재생산하고, 얼마 지나지 않아 [아이를 보며] 손뼉을 친다. 부르주아는 더 이상 태어나지 않는다. 더 이상 아이도 낳지 못한다. 그리고 더 이상 죽지도 않는다. 바로 이것 때문에 부르주아는 더더욱 자기 확신에 빠진다. 질서에 환장한 자들과 진보 예찬론자들의 뒤통수를 후려갈길 수 있을 인류의 신들 케찰코아틀[151]과 우이칠로포치틀리,[152] 즉 성관계와 죽음을 다시 선포해야 한다.

로렌스의 자연은 비옥하고 잔인한 열대 우림이다. 그는 자신이 태어난 고장의 공장 매연에 대한 기억을 속에 간직한 질병으로 절망한다. 농민 출신 작가인 라뮈즈와 지오노는 위협을 느낀다. 그러나 이들은 아직 삶에 대한 기쁨을 잃지 않았다. 보Vaud와 프로방스Provence는 아직 랭커셔Lancashire가 아니었다.

프랑스 문학은 장기간 살롱 문학에 머물렀다. 아마도 그 기원이 파리였기 때문일 것이다. 이 문학은 인간과 사회 밖에 몰랐다. 프랑스 문학에서 자연은 조연에 불과했다. 자연은 내연 관계의 배경, 장식, 나폴리 항구에 뜬 청명한 달, 부부가 알몸 싸움하기 바쁜 소파에 불쑥 솟은 화분의 종려나무 등과 같다. 낯선 자연에 대한 예찬은 프랑스 문학의 자극제가 되지 못했다. 작가들은 예민한 심리학자들이지만, 외부 세계에 대해 꽉 막힌 자들이다. 외부 세계가 정치라는 형태로 나타났다면, 아마도 풍경은 투쟁 배경 밖에 되지 않을 것이다. 사람들은 "영감어린 언덕들"과 "프랑스의 고통을 완화시키는 낮은 언덕들"의 남용을 알았다.

1918년 이후에야 매우 다른 정신에서 영감을 얻은 문학 작품들이 탄생했다. 작가들은 프랑스어권의 특정 지방 출신이었다라뮈즈는 보, 지오노는 프로방스 출신이다. 우리 시대의 다른 위대한 작가들 대다수가 보이는 성향과 달리, 이 작가들에게는 몇 가지 고유한 특성이 보인다. 왜냐하면 이들의 저작은 매우 낯설고, 현실적이기 때문이다. 지오노와 라뮈즈의 불안과 염려에는 파리 작가들의 의식보다 더 심오한 혁명적 의의가 서려 있다. 루이스와 이렌[153]은 비행기로 여행하고, 칵테일을 마시고, 골프도 즐길 수 있다. 이들은 자기 시대 밖 사람들이다. 그러나 시대의 도래를 보기 위해 충분히 자기 시대에서 멀어진 지오노와 라뮈즈의 영웅들은 아니다.

라뮈즈 역시 초기 인물이다. 그는 자연이 주는 "낯선" 감정의 지배를 받았다. 시간, 대상, 장소에 대한 감성 말이다. 땅은 보물 꾸러미다. 석영 자갈, 빛이 화살처럼 통과하는 얼음 덩어리, 수정처럼 맑은 밤하늘과 총총한 별빛, 그 아래 푸른 풀밭, 복슬복슬한 털을 가진 동물들, 갖은 형태의 씨앗들, 술잔에 담긴 금빛 포도주, 작은 병 속의 우유, 마치 그림을 그린 것 같은 사암 등을 떠올려 보라. 갖가지 표시와 기호를 관찰할 수 있는 힘을 지닌 인간, 숨은 보석들을 볼 줄 아는 인간, 사물의 지속성과 마주하는 인간, 이러한 인간은 더 이상 소유된 인간이 아니며, 소유하는 인간이다. 그러한 인간의 전형은 바로 농부이다.

라뮈즈의 자연 감성 개념은 결국 인간과 사회의 개념화 작업에 이른다. 문화, 가족, 토지 직접 소유에 근간한 소규모 지역 사회가 중요하다. 그러나 다른 농민들처럼, 라뮈즈 역시 혁명적 사명의 의의를 빠뜨린다. 농촌 지역의 보호 문제와 관련해, 그는 자기기만에 빠진다. 사라진 원인을 옹호하려 들기 때문이다. 라뮈즈는 "우파의 편에 선 자연"la nature à droite을 말한다. 그러나 자연은 더 이상 우파, 좌파의 것이 아니다. 자연은 존재한다. 그 이상도 이하도 아니다. 자연에 대한 일련의 개념화 작업이 몇 가지 정치 개념과 맞물릴 뿐이다. 존재하지도 않는 우파의 이상론을 고려하기보다 자연에 대한 옹호와 부소의 사상을 우파로 상정하는 편이 더 타당하지 않겠는가? 여러 나라에서 우파 정신의 토대를 형성한 샤를 모라Charles Maurrais의 합리주의보다 농민 정신을 더 건조하고 황량한 학설이라고 말할 수 없다.

라뮈즈가 제대로 본 부분은 다음과 같다. 현실 문명이 자가 발전을 지속하는 한, 농촌 사회는 죽음을 면할 수 없다. 그는 이 문제를 도시와 농촌의 고전적인 대립 관계를 넘어서는 문제로 보았다. 또한 도시들이 성장을 멈출 수 있고, 농민들도 기계, 문화적 합리화, 무선 전신, 신문을 통해 자기 논밭을 떠나지 않고도 도시민이 될 수 있다고 생각했다. 그러나 이러한 움직임의 중심부는 우리의 등골을 오싹하게 한다. 혁명적 상황의 심연을 확인했다는 생각에, 혁명적 상황과 마주해 그는 뒷걸음치고 투쟁을 거부한다.

지오노는 좌파 성향의 작가이지만, 라뮈즈와 동일 선상에 있다. 그러나 우리는 지오노의 사상에서 라뮈즈와 동일한 형태의 금욕주의를 발견하지 못한다. 반란 정신은 발도파 산골 주민지오노의 사상보다 시골 농부라뮈즈의 사상에서 더 활활 타오른다. 특히 이 농부는 경험을 통해 다음과 같은 사실을 알았다. '현 사회는 사람들이 자기 마을에 묻혀 조용히 사는 꼴을 보지 못한다.' 전쟁이 일어났다. 그리고 라뮈즈는 대지의 지평을 위협하는 한 무리와 같은 자본주의의 이익에서 태어난 문명의 결과들을 깨닫지 못했다. 1차 대전이 발발한 1914년에라야 그는 그 결과들을 똑똑히 보았다. 현실 문명의 물질적 측면들은 다음과 같다. 대도시, 파괴 전쟁이 지오노를 강타했다. 그의 평화주의는 좌파 진영과 손을 잡았다. 그러나 좌파가 전쟁에서 이윤의 음모陰謀가 낳은 결과물을 보았던 반면, 지오노는 일보 전진하여 문명 자체를 문제 삼았다. 즉, 부 자체를 견원犬猿시하는 일이 중요하다. 분명 지오노는 좌파 진영 내부에 어깃장을 놓았지만, 현실 세계의 숙명론은 지체하지 않고 혁명가들을 주전론主戰論으로 내몰았다. 당시 지오노는 새로운 혁명 개념을 변호했던 독립 연구자가 되었다. 지오노는 집필에 만족하지 않았고, 자기 사상을 극단까지 밀고 나가기를 두려워하지 않았다. 또한 최근 마노스크Manosque 지방 공동체에서 직접 실험으로 얻은 경험의 가치는 그의 자연 감성의 깊이를 직접 활용한 결과라 하겠다.

평범한 자연 감성: 항해, 비행, 사하라 사막의 장교, 타잔에 대한 신화들

그러나 대중 문학, 연극, 영화에 점진적으로 확산되기 이전의 자연 감성은 예외적인 특수 감성이 아니었다. 이를 입증할 수 있는 것은 다음과 같다. 당시 자연 감성은 비현실적 이념이 아닌, 동시대 모든 사람들의 공통 사상이었다. 작가들은 명확한 시선으로 이를 설명했다. 문학 비평은 이 감성을 제대로 드러냈고, 사회 통념들에 대한 주석은 우리에게 이 감성이 선호한 대중 신화들의 정체를 보였다.

우선 "섬들"로의 도피를 이야기해보자. 19세기 말부터 수많은 작가들이나 예술가들이 유럽을 떠났다. 단순히 여름 여행을 위해서가 아니라 영원히 유럽을 떠난 것이다. 랭보는 에티오피아 아비시니아로 떠났고, 고갱은 타히티에 정착했다. 프랑스, 영국, 미국의 수많은 작가들과 예술가들이 그 뒤를 잇지 않았는가? 이러한 출발의 본질적 이유는 이국정서의 맛 때문이 아니다. 왜냐하면 이들은 자신에게 불합리한 사회의 조건들을 영영 탈피할 목적으로 떠났기 때문이다. 이들은 반항하는 대신 섬들로 떠났다. 현실의 어떤 혁명 정당도 이들에게 유토피아를 그려주지 못했다. 근대의 모든 혁명들은 인격체에게 가하는 사회국가와 동일시된의 압제로 표출되었기 때문이다. 기본적으로 이들은 옛 개척자들과 같은 이유로 도피한다. 이들에게 태생지에서의 삶은 더 이상 가능하지 않기 때문이다. 또한 더 많은 부를 축적하는 것이 행복이 아니라, 자연의 힘과 더 가까이 접촉하며 사는 삶이 행복이라는 시각으로 살지 못할 것이라는 절망 때문이다. 과거에 선원들은 행운의 섬들을 향해 노를 저었다. 일하지 않고도 풍성한 소출을 얻을 수 있는 곳, 정부와 신 앞에서 맹약하지 않아도 자기 소유가 되는 여자들을 얻을 수 있는 곳을 향한 항해였다. 그러나 오늘날 이들은 돈 냄새 찌든 경제활동의 중심지를 벗어나 작렬하는 태양 아래에서 단잠을 청할 수 있는

곳, 가령 라파Rapa나 모레아Moorea와 같은 곳으로 간다.[154]

사람들은 같은 꿈을 꿨다. 마르셀 파뇰Marcel Pagnol은 마르세유의 한 선술집에서 아들에게 현실감 있는 목소리로 "아! 술르방 섬îles Sous-le-vent이여!"라고 말했다. 1930년 경 태평양의 여러 섬에서 벌어졌던 음모와 술수를 다룬 미국의 영화들「모아나」, 「남해의 하얀 그림자」은 큰 성공을 거뒀다. 각 영화는 동일 주제를 반복했다. 삶의 의욕을 잃은 사람들이 자연에서 되찾은 행복, 인간의 고통과 피를 요구하는 잔인한 신들 없이 소수의 사람들이 모여 사는 사회가 그것이다. 거기에는 진보도, 국가도, 돈도, 도덕 정신도 없다. 나무에 열린 달콤한 과일을 얻으려면, 그냥 손만 뻗으면 된다. 각 사람은 자연스레 하루하루 때 묻지 않은 삶을 산다. 죄 따위는 없다. 그러나 이 섬들은 불안정한 도피처였다. 영화는 상인과 선교사의 도착으로 끝난다. 머지않아 이 낙원을 끝장 낼 자들이다.

관객들은 이러한 생활자신들은 지금 못하는을 여전히 이어가는 사람들을 예찬한다. 항해, 비행, 고산 등정에 나서는 사람들, 모로코 장교들이 바로 그들이다. 그러나 이 사람들 자체에 대한 예찬이 아닌, 단순한 신화로 채색된 이들의 이미지에 대한 예찬이다.

항해는 가장 오래된 신화이다. 항해사를 다룬 문학로티, 파레르이 프랑스 대중에게 이 신화를 알렸다. 19세기 말부터 이 계통의 문학이 발전했고, 그 발전은 대중들 사이에서 발전된 자연 감성의 형식들과 궤를 같이 한다. 예컨대 로티의 소설들처럼, 애당초 항해사는 부드러운 모습, 자발적 명상에 잠기는 형태로 나타났다. 그는 하루 종일 바다를 보며 산다. 그 후 콘라드를 비롯해 그를 모방했던 프랑스 작가들의 등장과 더불어, 항해사는 노동의 자리에 배치되었고, 대중들은 그를 찬양했다. 왜냐하면 그가 더 이상 자연의 연인이어서가 아니라, 성난 파도에 맞서 거칠고 혹독한 삶으로 돌진하는 사람으로 묘사되기 때문이다. 태양에 검게 그을린 피부에 파이프 담배를 입에 문 늙은 항해사는 답답한 곳에서 희멀건 낯빛으로 살아가는 사람들에게 활력이라는 가르침을, 술에 절어 사는 자들에게 순수하고 때 묻지 않은 맛을, 여성들에게는 부르주아 도덕의 위선들에 대항하라는 요구를 전달한다.

그러나 대중들은 이제 비행사를 찬양한다. 그는 지상의 낮고 천한 삶을 뛰어 넘어 살아가는 파르치팔[155]이다. 비행사는 대양보다 더 위험한 자연에 맞서 싸운다. 반면, 항해사는 점점 기계 정비사가 된다. 비행사는 추위, 안개, 산을 고려해야 하는 탐험가이다. 그는 모든 시간이 마치 낙원에 머무는 것 같은 별 총총한 하늘에서 온 피조물 중 하나로 보인다.

자연의 삶은 항해와 비행을 버리고, 산악인을 주조한다. 구릿빛 피부에 푸른 눈동자를 가진 젊은이, 식민지에서 근무하는 청년 장교의 모습이다. 식민지에서 근무하는 장교는 애국주의 성향의 영화와 소설에 단골 출연한다. 모든 민족주의에는 저마다 식민지 정복의 영웅이 있다. 사하라 지역의 프랑스군 장교, 사하라 이북의 영국인 등이 그 사례일 것이다. 무의미하게 프랑스냐 영국이냐 구별할 필요도 없다. 소설가 페레Peyr 가 프랑스 영화인들에게 메아리méhari[156]를 탄 병사들의 삶을 묘사한 『백색 전대』*L'Escadron blanc*의 시나리오를 소개했을 때, 프랑스 제작자들은 여성의 역할이 없다는 이유로 거절했다. 페레는 시나리오를 이탈리아 연출가인 아우구스토 제니나[157]에게 보여줬다. 제니나는 이를 수용했고, 이탈리아의 애국심 고취를 위해 필요한 것을 취한다. 즉, 메아리méhari를 탄 사하라의 프랑스 장교에서 메아리를 탄 리비아의 이탈리아 장교로 바꿨다.[158] 애국심에 도취된 프랑스 사람들은 이 모험에 대한 별다른 지식 없이, 그리고 처한 상황에 따라 프랑스나 이탈리아 식민지 영웅주의에 대한 인식 부재의 상태에서 환호성을 질렀다. 식민지 땅의 영웅은 어느 국가의 소속도 아니다. 같은 이유로 이탈리아나 프랑스의 도시민들에게 이 영웅을 찬양하도록 하기 때문이다. 이들은 파리, 런던, 밀라노의 어두침침한 방에 먼지만 켜켜이 쌓여가는 잿빛 레인코트를 입은 젊은이들이다. 이들 모두의 눈에 최고의 남자란 여자 없이 사막에서 살아가는 자이다. 본인들이 잘 모르는 공간, 침묵, 명상을 삶 전반에 담은 자이기 때문이다. 과거처럼 이들은 로마를 떠나 사막으로 들어간 금욕주의 고행자들을 예찬한다. 프랑스나 이탈리아는 하나의 구실일 뿐, 독일에서도 똑같은 일이 벌어졌다. 사하라혹은 리비아의 장교들은 군인이 아니라 성인聖人이다. 즉, 과거에 기둥 꼭대기에서 기본적 요소인 나무, 물도 없이 자연을 벗 삼아 살았던 시메온[159]과 같은 성인이다. 이들은 여성의 유혹에도 아랑곳하지 않는 청교도들과 같으며, 항상 옳은 길에 서서 고결함을 지키는 은자隱者가 되려는 사람들이다.

사막의 부름에 저항하지 않은 사람들도 있었다. 이들은 문명의 전초기지를 향해 떠났다. 그러나 반대파의 최후 보루가 축소되던 무렵, 이들은 도로망 구축을 보았다. 관광버스들은 고대 전사 부족의 전통 춤을 촬영하기 바쁜 관광객들을 몰고 다닌다. 문명의 전초기지로 떠났던 사람들은 이 모든 것이 재검토와 부각浮刻의 소산임을 확인한다. 혐오감에 사로잡힌 이들은 돈과 행정을 벗어나 자유와 불복종이 가능한 최후 공간으로 달아나는 것이야말로 승리의 보장이라는 점을 이해하지 못한 채, 자국의 소도시에서 경력을 마감할 것이다.

마지막으로, 계속 영화 이야기를 해보겠다. 바로 '타잔'이다. "우리가 살아가는 도시의 과잉 인구를 견딜 수 있도록"[160] 타잔이 왔다. 타잔이 출현했을 때, "서류 더미에 파묻힌 공무원은 마치 산들바람 흔들리는 숲 언저리에서 몰려오는 것 같은 파동으로 인해 큰 기쁨을 느꼈다.” 이처럼 태평양의 섬들로 떠날 수 없던 사람들은 “이국정서가 물신 풍기는 영화를 통해 정서적 휴식을 맛보려 했다.”

안전한 곳에 주차를 마친 미국 관객들은 화살로 비행기와 싸우는 타잔을 보며 희열을 느낀다. 과연 이 관객들은 갓 면도를 마친 말끔한 얼굴과 광택 나는 손톱을 다듬는 기업인들의 대자본과 전자 기계들로 인해 원시인들의 역사가 허물어지는 부조리한 상황을 제대로 직시하면서 영화를 관람하는가? 그런 현실을 아는지 모르는지, 여하튼 이들은 시원한 거실 안락의자에 앉아 자연으로 돌아간다.

자연 감성과 산업 문명

부르주아식 관광에서 자연주의로: 자연 감성에 대한 사회 선언

우리는 19세기 들어 자연 감성의 강도가 더욱 단단해졌고, 대중들에게까지 확대되었다고 말했다. 현실 문명의 형성에 기여한 여러 가지 힘들 가운데 하나가 된 자연 감성은 더 이상 문학 감성 차원에 머물지 않는다. 이에 우리는 '산업 혁명이 점한 광범위한 영역에 대한 대답은 저항 불가능한 욕구이며, 심오한 감성 변화만이 존재 이유가 될 수 있다'고 평한다. 왜냐하면 일상생활의 전복이 일어나는 상황이기 때문이다.

만일 우리가 19세기 중반까지 사회적 삶에서 자연 감성을 깊게 생각하지 않았다고 말할 수 있다면, 그 이유는 사람들에게 자연과 동떨어져 사는 경험이 전무全無하기 때문일 것이다. 이에 우리는 다음과 같이 말한다. 자연 감성은 한 나라, 한 계급이 산업 문명으로 인해 바뀐 삶을 목도했던 틀 내에서 전개되었다. 자연 감성은 강력한 힘을 발휘하며 부자 계급에게 나타났고, 영국, 미국, 독일, 프랑스처럼 기술 진보의 가시적 결과물이 대대적 발전을 이룬 국가들에서 나타났다. 이 국가들에서 "자연주의" 계급은 부르주아 계급과 동의어다. 그 후에 순차적으로 피고용 직원들과 노동자들이 자연주의를 표방했다. 부르주아 성향의 '여행자 클럽'Touring Club에 대한 대응으로 사회주의 성향의 '자연의 친구'Naturfreunde가 등장했다. 파리 사람은 지방 사람보다 훨씬 분명한 태도로 자연주의를 실험했다. 예컨대, 보르도는 '토요일 저녁 탈출'이라는 말을 파리보다 뒤늦게 익혔다. 다른 측면에서 보면, 자연 감성은 인격의 산물이 되기를 멈췄다. 많은 사람들이 바다와 농촌 지방으로 여행을 떠난다. 마지막으로, 자연 감성은 의식이 된다. "자연의 친구"amis de la nature는 사회 조직이 되었고, '자기 생활'이란 개념을 주장했다. 또한 이 조직은 사람들이 날마다 이끄는 삶에 "맞서는" 자연에서 더 이상 살 수 없음을 주장했다. 다시 말해, "청소년 운동"Jugendbewegung과 자연주의의 혁명 운동이 나타났다.

사회학자들의 관점

자연 감성은 일차적으로 부르주아 계급을 관통했다. 이 감성의 선언들을 한 마디로 요약할 수 있다. 바로 관광le tourisme이다. 관광은 규정définir 보다 묘사décrire가 더 쉬운 활동이다. 철학자가 아닌 사회학자에게 해야 할 말이다. 불행하게도, 관광은 이 학자들의 관심을 끌기에 너무 통속적이다. 덧붙여, 우리는 이들이 비아리츠Biarritz에 호화 별장을 가졌음을 유추해 본다. 또 필요조건들이 충족되었을 때, 백야를 보러 노르웨이에 갈 수 있는지도 추측해 본다. 이들은 옥스퍼드에서 연구 활동을 지속하면서 돌로미테[161] 지역을 거닐며 골프를 즐긴다. 학자들의 생활 조건에는 이러한 요소들이 있다. 이러한 생활 조건을 누리는 학자들은 골치 아픈 싸움과 난전에서 벗어나 마치 실험용 쥐 떼의 모습으로 돌아갈 것을 제안하고, 같은 조건을 누리는 동료들에 대한 연구를 중단한다. 왜냐하면 쥐 한 마리가 해당 종種 전체를 판단하는 것은 반과학적이기 때문이다.[162] 나는 더 이상 가난한 사람을 연구 사례로 채택하지 않았으면 좋겠다. 대신, 소르본대학교의 모 교수, 명예 훈장 치렁치렁 단 고위 장교를 연구 사례로 채택하기를 바란다. 더불어, 모든 연구자들이 사회학적 질문을 극단까지 밀고 나가기를 두려워하지 않기를 바란다. 관광 관련 연구에서 교수와 장교는 매우 훌륭한 실험용 쥐들이다. 암수 한 쌍을 예로 들면, 병리학적 상속권이 없는 수컷, 통상 번식력을 담당하는 암컷, 우리는 이 둘을 생식 활동의 두 단계로 설명한다. 이제 학문은 광고 회사들의 모순된 결과들만 조율하면 된다. 사회학 연구소의 관광버스는 매년 농촌으로 사회학자들을 태워 나른다. 동등한 일조량이라는 조건에서, 그 반응은 다른 주제들에 관한 것과 다르지 않을 것이다. 현상들을 결합해 지속성을 탐구하고, 하나의 계수를 통해 그 지속성을 설명할 수 있는 방식은 더 이상 학문에 존속하지 않는다. 왜냐하면 그러한 존속 불가가 오늘날 학문사회학의 본질이 되었기 때문이다. 관광객은 더 이상 인간적이지 않다.

관광의 형태들

관광은 독특한 감성의 산물이다. 다시 말해, 인격체 각자가 하나같이 사회적 존재로 바뀐 독특한 감성, 현실에 존재하는 “사회적인 것”과 마찬가지로 광고의 손아귀에 포섭된 감성의 산물이다. 광고는 우리에게 관광을 알린다. 광고의 설득력이 배가되는 분야가 바로 관광이다. 부르주아가 아무리 자연으로의 회귀를 꾀한다고 하더라도 여전히 인위적인 방식대로 살아야 할 자기 운명을 탈피하지 못하기 때문이다. 주가 조작으로 경쟁사를 짓밟는 사업가는 악마적 인간성 소유자다. 그런 자가 어린 아이들이나 입는 붉은 옷을 걸치고 새우를 잡는 모습은 상상조차 할 수 없는 일이다. 비인간적인 세계를 탐구하려면, 물적 조건들과 경제 이익물적 조건들의 다양한 측면들을 설명하는의 복합 관계를 정의하는 것으로 충분하다.

과거, 기근과 이주가 야만족의 집단 이주를 부추겼다. 오늘날, 광고 업체 아바스Havas는 스키 타러 산에 오르거나 해수욕 하러 바다로 떠나는 부르주아 대중들의 이동을 자극한다. 재정 이득을 볼 수 있는 절호의 기회이다. 호텔 조합이나 토지 분양 회사는 특성 시억에서 벌이들인 수익금을 차곡차곡 쌓는다. 교통망이 구축되고, 관광이 유행으로 자리 잡는다. 도로망을 두고 경쟁 업체가 옥신각신 다투고, 때로 제거하려 한다. 사람들은 떼 지어 다른 경로를 택하기도 한다.

우리는 몇 가지 사례를 추가할 수 있다. 오늘날 유행이 된 관광은 소규모 국가들에 더 유리하다. 경제 규모가 작은 국가들에서 관광은 기본 자원이 될 수 있다. 오스트리아, 포르투갈, 아일랜드는 거대 산업국보다 직간접으로 광고에 더 많은 비용을 지출한다. 따라서 이 국가들이 나아가야 할 방향에서, 관광은 주력 사업이 된다.

학문 정신에 기초한 인간 현상에 관한 탐구가 세간의 빈축을 산다면, 절망적인 일이 아닐 수 없다. 그럼에도, 여행자 클럽의 삽화가 들어간 유인물, 영화10년 전 인기였던 코르스 섬, 무엇보다 철도 회사들의 홍보물과 같은 구체적인 자료들을 쉽게 접할 수 있다는 말은 분명하다. 아마도 교육 기관이 현행 문화를 교과 과정에 추가하기로 결정한다면, 전문 서적들 뿐 아니라 페엘엠PLM, 163의 홍보물까지 해설 자료로 써야 할 것이다. 강단 철학을 위협하는 철학들이 길거리를 활보하기 때문이다.

'비 내리는 거리, 벽에 걸린 천을 살포시 걷는 직원, 소나무 한 그루가 외로이 선 설원에 모습을 드러낸 탈주자, 멈춘 기차, 눈 덮인 둑길에 놓인 가방과 스키 한 켤레, 차창에 비치는 계곡.' 이 전단지에 주석을

다는 작업은 광고의 위력을 의식하는 작업이며, 동시에 전단지의 이야기를 통해 자연 감성의 철학을 제작하는 작업이다.

그러나 이 모든 광고 벽보들은 여행의 특징인 '탈출'에 대해 강조한다. 보이스카우트 활동은 어린이, '청소년 운동'은 청소년에 속했다. 그처럼 관광은 부르주아 계급에 속한다. 일상을 탈피하려는 부르주아의 한심한 시도이다. 관광은 강력한 힘이 된다. 회사들을 소유하고, 관념적이면서 동시에 물질적인 자유주의 철학도 표방한다. 또한 자본력과 정책도 갖춘다. 관광은 스포츠 조직, 정치 조직처럼 구체적이며 대규모의 조직이다. 관광은 파시즘 이전의 사고방식을 형성하는 데 이바지했다. 나무들과 역사 유물들에 대한 존중을 통해, 과거에 대한 애정과 대지로의 회귀가 부분적으로 싹트기 시작했다. 관광을 생각하지 않고 현실 문명을 그리는 것은 심각한 오류다. 왜냐하면 수많은 나라에서 관광은 중공업 이상으로 중요한 역할을 하기 때문이다. 피레네 산맥의 목축업에는 50쪽을 할애하고, 이미 오래 전부터 주요 자원이었던 관광에는 1쪽을 할애하는 학계의 얼토당토않은 겸손을 보라! 이처럼 관광은 시답잖은 일일 뿐이다. 풀밭에서 도시락이나 먹고, 쓸데없이 자갈이나 모으고, 손수건에 얼음 조각 몇 개 담아오는 사람들이 무에 중요하겠는가?

그럼에도, 산업 발전보다 관광 발전이 사회 풍습을—민속 의식들과 담화 논조를 해설하는—을 전복한 나라들이 있다. 스페인 국경과 접한 바욘Bayonne 지역에 전개된 해안 지구는 바스크족의 가계, 옥수수 농사, 어업 문화를 따라 형성되지 않고, 전망 좋은 해안을 따라 형성되었다. 관광 전파의 사도들은 다름과 같이 말할 것이다. '사람들은 항상 여행을 하고 온천욕을 즐겼다.' 그러나 여행과 온천욕을 즐기는 사람들이 있다는 바로 그 점이 놀라울 따름이다.

소나기 내리는 강변을 걷고, 날씨 덥다고 겉옷을 벗어 제방에 올려놓고, 냉수에 몸 담그는 사람은 비아리츠 지방의 개발과 아무런 상관이 없다. 이제 중요한 것은 거대 조직과 수십억에 달하는 자본이다.

관광은 개인 현상이 아닌, 사회 현상이다. 그것은 특정한 방식, 무엇보다 '휴가'라는 방식으로 구성된 사회를 전제한다. 휴가는 상대적으로 최근의 일이다이 점에 대해, 내 생각도 동일하다. 그렇다면 휴가의 원조는 누구인가? ['로마의 휴일'을 떠올리는] 사람들은 아마도 카이사르의 생각이 휴가 개념에 가장 근접하다고 볼지 모르겠다. 그러나 사람들은 '휴가'라는 말이 로마인에게나 루이 14세 시대 사람에게나 같은 의미라는 사실을 잘 알지 못한다.

그러나 이들에게는 외교적 결합보다 휴가를 갖지 못하는 것이 더 중요한 문제였다. 휴일의 고정이 이뤄진 시기는 최근이다. 구체제l'Ancien Régime는 6월에서 9월까지 해안가로의 인구 대이동 현상에 대해 몰랐다. 빌라, 소풍, 항해 유람, 목욕 시간과 같은 말은 전혀 다른 의미를 지녔다.

덧붙여, 현 사회에는 휴가를 갈 수 없는 사람들도 있다. 이웃에게 "8~9월에 바닷가로 휴가 떠나요."라고 말하는 것이 하나의 사회적 기준이 되었다. 부르주아는 일요일에 교회 출석하듯, 휴가철이면 바닷가에 출석한다. 아마도 선남선녀들에게는 해수욕이나 테니스 경기가 미래의 짝을 무작위로 만날 수 있는 기회의 장이 될 것이다. 휴가철에 이뤄지는 가벼운 사랑은 무도회장과 동일한 사회적 기능을 수행한다. 부르주아 계급이 서열에 따라 세밀하게 나뉘는 것처럼, 해수욕장, 고급 휴양지, 스포츠 활동 가능한 휴양지, 변변한 시설물 없는 벽촌 등으로 등급이 나뉜다. 같은 휴양지에서 각각의 해변은 수준에 걸맞은 고객들을 수용하게 될 것이다. 예를 들어, 비아리츠의 포르비유Port Vieux 해변은 젊은이들의 해변이다. 우리 모두를 위한 큰 해변인 샹브르 다무르Chambre d'Amour는 사교계 전용 해변이 되었다.

겨울과 설원으로 시선을 돌려보자. 겨울과 설원도 사회 행동이 되었다. 오랜 기간 일부 고립된 지역에서나 타던 스키는 이제 고상한 운동이 되었다. 또한 철도와 숙박업소들의 대대적 홍보로 수많은 인파가 산 곳곳에 설치된 스키장을 찾는다. 이것은 불과 2~3년 안팎의 일이다. 나는 이 현상을 스키의 대중화라 말하지 않을 것이다. 외려 부르주아 계급이 누렸던 영예의 일부에 하위 계급에 속한 사람들이 접근하게 된 현상이라 생각한다. 상식적으로, 스키와 테니스를 즐기는 것 자체가 특정 사회에 속했다는 '사회적 지위의 표시'이고, 사회적 영예와 위신이라는 옷을 입은 이상 그것을 벗기는 쉽지 않은 일이기 때문이다. 관련된 증거는 다음과 같다. 숙련된 수준의 노동자들은 스키와 테니스를 심심풀이 오락으로 받아들이지 않는다. 오히려 이들은 본능적으로 이를 부르주아화이들이 늘 외치는 구호인 작업으로 여긴다. 반면, 피고용 직원들은 부르주아의 위신과 영예에 매우 민감하다. 이들은 부르주아 문화를 적극 수용한다. 오늘날 관광의 특징을 제대로 보여주는 형태는 바로 항해 유람이다. 1930년부터 항해용 선박이 비약적 발전을 이루면서, 선박 회사들의 광고와 선전도 눈에 띄게 늘었다주간지에 실린 기행문이나 소설, 기록 영화 등. 또한 그것은 탈출과 사교 생활과 같은 부르주아의 삶 개념에 완벽히 부응했다. '요트 클럽'에 가입한 부르주아는 하나같이 독신이었다. 부르주아는 자연과의 접촉을 언제나 미적 형식으로 이해한다. 오그라든 자기 감성에서 가슴 벅찬 감동을 자아낼 수 있는 놀라운 광경을 보려 한다. 이 시인들은 포플러 잎사귀에 대해 다섯 줄 이상 시를 쓰지 않으며, 10km 계곡을 오르는 데 4개월도 걸리지 않을 것이다. 이들의 감동을 자아내기 위해 필요한 것은 나이아가라 폭포나 가바르니 원곡le crique de Gavarni의 붕괴일 것이다. 우리의 새로운 르네notre nouveau René 는 “저길 봐, 우리가 기다렸던 뇌우야!”라고 외쳤다. 그는 손을 뻗어 보았다. 빗방울이 손에 부서진다. 그리고 이내 비옷을 입고 숙소로 되돌아간다.

관광: 자연 감성에 대한 부르주아식 일탈

항해 유람은 이들의 욕망에 완벽히 부응한다. 선택에 대한 걱정도 없다. 일정표도 몇 가지 기준에 따라 미리 나온다. 모로코 방문 = 종려나무, 짙푸른 하늘, 바이킹의 나라 노르웨이 = 새하얀 피요르드 해안, 잿빛 하늘, 이런 식으로 말이다. 부르주아는 소파 위에 편하게 누워 일몰에 취한다. 그리고 “아! 사람이라면 나폴리를 꼭 보고 죽어야해!”라고 말한다. 다른 한 편, 부르주아에게 항해 유람은 여행에 들어가는 노력을 상당히 절감해 준다. 항해 유람은 부르주아가 추구하는 안락한 분위기, 사교 활동, 피상적 연애 등을 모두 존중한다. 부르주아는 역사 유물에 감탄하고, 이국적 장식품을 구매하면서 여가를 즐길 수 있다. 즐거운 식사, 상석을 두고 벌어진 언쟁, 가벼운 연정, 이 모든 것이 그의 여가 시간을 채운다.

부르주아 계급에서 공히 회자되는 자연 감성은 이중 퇴행을 겪는다. 유물론 퇴행, 관념론 퇴행이다. 부르주아는 휴식과 아름다운 풍경 감상을 위해 자연으로 회귀한다. 그에게 자연이란 공장과 논밭이 치지한 대지에 있는 공동 정원이다. 여하튼, 그 시기는 일상생활과 전혀 무관하다. 다시 말해, 휴가철의 우정, 휴가에 대한 열망, 휴양지의 사랑, 두 달 동안 부르주아는 자신이 좋아하고 관심 있는 것을 맘껏 상상한다. 마르탱의 표현에 따르면, 9월 30일에 그는 "여행 가방을 잠그고 산더미처럼 쌓인 업무에 다시 파묻힌다."

이러한 인위성은 관광이 맹위를 떨치는 나라들에서 나타난다. 코트다르장Côte d'Argent의 호화 별장들은 랑도바스크 식으로 건축되었다. 과거에는 한 번도 이런 양식으로 지어진 적이 없지만, 지금은 랑도바스크의 특성을 모방해 분홍빛 판으로 뒤덮은 별장들이 즐비하다. 구름처럼 몰려든 피서객들이 옛 풍습들을 일원화함에 따라, 스위스 목동들이 훤히 보이는 고급 호텔, 티롤 지방의 소년 사냥꾼, 관광 사무소가 주최한 유명한 대중 축제처럼 피상적 소재의 악화만 부채질했다.

결국 관광은 개인의 삶과 그 배경을 분리한다. 우리는 다음과 같은 역설에 봉착한다. 풍습이 잘 보존된 나라들에서 전통 의상들이 사라진 반면, 국제 관광으로 융성한 국가들에서 이 의상들이 다시 출현한다.

또 다음과 같이 말할 수도 있다. '휴가 중인 부르주아들은 자기만의 삶을 영위할 때보다 더 절망적이다.' 진정한 혁명가의 눈에는 현실 문명이 제공하는 공허하고 절망적인 광경이 있어야 한다. 이 혁명가는 사무실에서 업무 보는 사람이 아닌, 코닥Kodak 사진기를 멘 부르주아다. 사람들은 이를 더 이상 나쁜 일로 이야기하지도 않는다. 아마도 부르주아는 오늘도 내일도 사무실에 앉아 일만하는 자신의 조건을 두려워할 것이다. 그렇다고 장미가 만발한 호화 별장에서 희망을 찾을 것인가? 애석하지만, 거기에도 희망은 없다.

정해진 시간에 지하철에 몰리는 사람들보다 더 무서운 무리가 있다. 떼 지어 해안가에 몰려드는 피서객들이다. 대도시는 건전한 반항 정신을 낳았다. 그러나 푸른 해안과 작렬하는 태양에서 누리는 분위기는 압도적이다. 벌거벗은 부르주아, 원초적 혼돈의 세계로 되돌아가는 부조리의 역사이다.

혁명가를 자처하는 사람들도 기쁜 맘으로 이 광경에 빠져든다. 이들은 "여가 활동"이 부르주아의 전용이라고 생각할 때만 격분한다. 마르크스주의자들이나 파시스트들은 문명의 수감자들에게 부르주아라는 형식을 덧씌운다. 민중들도 자동차와 선박으로 여행할 수 있어야 한다. 그들도 고전 저자들을 알고, 자국 영토의 훌륭한 풍경들을 볼 수 있어야 한다. '프랑스인들의 전선'이 결성된 이후, '프랑스 소녀단', '랑스 땅의 친구들'과 같은 조직이 등장했다. 더욱이 "여가 활동"이라는 용어 자체가 이들의 삶이 다른 곳에 있음을 뜻한다. 크림반도[164] 체류 활동, "환희의 힘 실천단"Kraft durch Freunde[165]의 항해 유람과 같은 활동에 정당들도 동조하기 시작했다. 여가 활동단을 조직하고, 대형 여행사들이 국영 독점 기업들로 바뀔 필요가 있었다. 소소한 차이도 있다. 이쪽에서는 트로츠키주의자들이, 저쪽에서는 유대인들트로츠키도 유대계 아닌가?이 민중들에게서 가벼운 야외 활동이나 소풍을 빼앗을 것이다.

사냥과 낚시

그러나 모든 사람이 나폴리를 보고 죽을 수는 없다. 대부분 사람들은 강가만으로도 만족한다. 이들의 자연 감성은 사냥이나 낚시에 대한 본능과 뒤섞인다. 인간의 원초적 본능들 가운데 상당수가 줄었지만, 사냥과 낚시는 더 심해진 것처럼 보인다. 사냥감이나 물고기가 희귀해질수록, 사냥꾼과 낚시꾼의 숫자는 더 늘어난다. 파이프 담배를 입에 물고 바지에 묻은 흙을 털며 밤을 새는 사람들이 있다. 독자들은 진짜 사냥꾼 한 사람에게 이들의 이야기를 해 보라. 아마도 이 사냥꾼은 독자들에게 다른 내용을 이야기할 것이다. 그는 울긋불긋한 가을 단풍 대신, 날씨 좋은 아침에 꽁꽁 얼은 밭을 걸었던 이야기, 장화에 붙은 진흙 냄새를 맡았던 이야기, "작은 숲"을 돌아 느릅나무 길을 걸었던 이야기, 대평원 곳곳에 울리는 개 짖는 소리를 들었던 이야기를 들려 줄 것이다. 그리고 그러한 경험에서 얻은 기쁨에 대해 이야기할 것이다. 마찬가지로, 호숫가와 강가의 낚시꾼이나 송어 낚시꾼에게 이야기해 보라. 아마도 이 낚시꾼들은 잡은 송어 한 마리가 붉은 낚시에 걸렸고, 등은 푸른 색깔이었다고 이야기할 것이다. 또 안개가 강을 뒤덮은 새벽이 낚시하기 최적의 시간이라고 이야기할 것이다. 자연에 대한 사랑은 자발적 감성획득한 것들에 선행하는 감성이다. 특정 계급만 이러한 본능을 갖는 것이 아니다. 그것은 사람들 모두에게 해당하는 본능이다.

사람들에게 자연은 구경거리가 아니다. 송어 낚시를 위해 냇가를 거슬러 오르는 사람들은 많은 곳을 다니지 않는다. 송어를 낚기 위해서는 송어의 원태생지를 알아야 하고, 벌레들이 날아오르는 순간을 파악해야 하며, 바람의 방향을 느껴야 하고, 냉기를 살짝 느낄 수 있는 응달진 곳을 확인해야 한다. 간단히 말해, 송어 자체가 되어야 한다. 낚시꾼들은 같은 장소에서 장시간 미동도 하지 않고 기다리는 데 전혀 지루함을 느끼지 않는다. 왜냐하면 낚시는 다른 것이 지나는 것을 볼 틈도 없이 매우 예민한 청각과 시각을 요구하기 때문이다. 빛이 바뀌는 것을 본다. 산짐승들이 강가 주변을 지난다낚시꾼은 별로 개의치 않는다. 밤이 되었다. 잉어 한 마리가 튀어 오른다. 수면 위에는 아무것도 없다. 낚시꾼은 물보라를 느낀다. 잠자리에 들어야 할 밤이 짙게 드리웠다. 잡힌 물고기가 습한 꼬리로 손가락을 때린다. 뭔가 심상치 않나. 징어 같은 물고기를 잡은 밤이다.

이들은 도시인들임에도, 진짜 낚시꾼이며 진짜 사냥꾼이다. 그리고 진짜 농민이 된 것처럼, 우리 가까이에 있다. 경험으로 낚시를 배우고, 자연에 관한 지식도 거의 농민과 동급이다. 사냥과 낚시를 통해, 도시인들은 짧게나마 자기에게 없는 농촌의 삶을 맛본다. 원초적인 자연을 찾으려 굳이 타히티까지 갈 필요가 없다. 파리의 넓은 하늘 아래 센강은 아직도 유유히 흐르기 때문이다. 이들은 해당 지역 출신이 아님에도, 피유Fieux 지방의 연못이나 비낙스Vinax 지방의 숲에 정통하다. 나는 이들이 잉어를 그리거나 막대기에 참나무 잎을 조각하는 데 많은 정보가 필요치 않으리라 생각한다. 오늘날 존재하는 자연으로의 회귀의 유일한 길이 있다면, 이러한 방식일 것이다.

운동들: 보이스카우트 활동, 청소년 운동, 자연주의

자연 감성은 삶의 '특수 부분'에 대한 '일반 대응'이었다. 우리는 앞에서 이 점을 확인했다. 다만, 본문이 탐구한 사례들에서 볼 수 있듯이, 그러한 대응은 의식적 대응이 아니었다. 그러나 산업 문명이 강제 부과한 생활 조건들은 머지않아 엄격한 형태로 바뀔 것이다. 그리고 그 조건들은 '자연의 아름다움을 수동적으로 예찬하는 삶'과 '자연에서 사는 삶'에 대한 요구로 대체될 운동들을 낳게 될 것이다. 불특정 다수가 정확하게 규정된 사회들을 건설하는 대신, 소수가 싸움을 위해 갑옷을 입는 격이다. 다양한 운동 단체들심지어 '청소년 운동'까지은 국제적 성격을 보였다. 이 단체들은 여러 나라들의 공통분모가 된 '문명'에 대항했다. 그러나 이 운동들은 자기 목표들을 절반만 이해하는 정도에 그쳤다. 이것은 곧 운동의 실패로 이어졌다.

여러 활동들 가운데 보이스카우트를 거론해서 놀랄 사람도 있을 것이다. 이 활동이 종종 반동 조직에 더 적합해 보이기 때문이다. 보이스카우트 활동은 이중성격을 보인다. 외부 시각에서 보면, 이 활동의 공식 출발은 영국 장군의 교육 이념이었다. 도덕심, 공리주의, 애국심을 특징으로 한 이 기획은 친 부르주아 성향 활동이었다. 그러나 내부 시각에서 보면, 아이들은 이 활동을 완전히 바꿨다. 아이들은 정의의 의미와 제 나이에 맞는 매우 생동감 넘치는 모험을 맛보는 의미로 활동의 성격을 바꿨다. 이것은 병영 생활과 같은 합숙, 다량 섭취를 종용했던 문화에 대한 반항이다. 훌륭한 스카우트 대원은 종종 불량 학생과 동격이었고, 스카우트 대장들은 '부대'에서의 스카우트 활동과 '교실'에서의 활동을 연결하는 작업이 얼마나 어려운지 알았다.

보이스카우트 활동에서는 '아이들의 혁명 정신'과 '교육자의 보수 정신'이 대립한다. 대원들은 스카우트 활동을 통해 이상 사회, 동일 복장을 착용한 구성원들의 결속력, 기사도, 동지애 등을 확인한다. 이 활동에는 두 가지의 강력한 힘이 있다. 첫째, 막연하고 나듬어지지 않은 감정이지만 불의에 대해 반감을 느낀 아이들의 정의를 향한 본능이 있다. 둘째, 자유롭고 거친 삶에 대한 이들의 취향이 있다. 자연은 스카우트 대원의 생활 범위보다 더 넓다. 어떤 야영지는 특정 국가와 동일시되기도 한다. 스카우트 대원에게 '불'이란 국을 끓이기 위해 준비해야 할 화덕이며, 손을 맞잡은 대원들 한 가운데 피운 야밤의 불꽃이다. 이를 모르는 대원은 없다. 이 순간에 도시는 매우 멀고, 교실과 나라도 막연한 말이 된다. 숲에서 이들은 잃어버렸던 한 부족의 일원이 된다. 야밤 훈련을 할 때, 아이들은 놀지 않는다. 대장들은 대원들의 관찰 정신을 배양하기 위해 훈련 상황을 조성한다. 아이들은 공격을 받고, 두려워하고, 패배하고, 승리한다. 다른 곳에서는 거부했던 위험한 상황을 재현하는 이 모험에 아이들은 완전히 빠져든다.

연령과 직급에 있어 아이들과 큰 차이가 나는 지도자들에게 보이스카우트 활동은 교양을 갖춘 시민 배양을 위한 교육 활동일 뿐이다. 주안점은 새 세계의 창조가 아닌, 기성 사회의 교화이다. 이 교육자들은 어린이를 주제로 연구한다. 목적은 아이들의 반사 행동을 탐구하고 비뚤어진 본능들을 벗겨내기 위해서다. 이들은 학회를 개최하고, 임원들을 선출한다. 선출된 임원들은 장식품 세례를 받는다. 참 위험한 발상이다. 정작 아이들에게 중요한 것은 놀이가 아니라 삶이기 때문이다.

아이들에게 사악한 용을 쓰러뜨린 조르주 성인처럼 당차게 떠나라고 말하면, 이들은 인정사정없이 싸울 준비를 이미 마쳤을 것이며, 정직한 상인이 아닌 악당에 당당히 맞서는 엘리트가 될 준비도 마쳤을 것이다.

청년기의 도래로 아이들과 지도자들 사이의 단절도 끝난다. 만일 청년이 된 이 아이가 보이스카우트 활동을 계속하고 싶다면, 두 개의 길을 선택할 수 있다. 지도자가 되거나 정당 가입을 위해 활동을 관둬야 한다. 스카우트 대원으로서 어린 시절에 받았던 교육은 이 청년을 우익 정당원으로 이끌 것이다. 그는 이제 '국민의용대' 대원을 양성한다.[166] 사실, 사람들은 사병들을 동원해 운동을 지속하려 했다. 그러나 이들이 혁명적 임무를 띠고 일어섰다고 과감하고 정확하게 선언하지 못했다. 보이스카우트는 자신의 유년기에 겪은 우습고 후회스러운 기억을 간직한 사람들로 결성될 뿐이다. 이들의 활동은 산책과 선행 봉사 밖에 없다. 무의식적 기만으로 인해 싸울 준비를 제대로 하지 못한 지도자들은 숲에서 철야하던 기억을 잊었다. 여자를 만나고 아이도 낳았다. 때로 이들은 퇴보한다고 느끼고, 옛 스카우트 동료들과 재회해야 한다는 생각에 괴로워하기도 한다. 그러나 진정으로 아름다운 모습은 짧은 바지 입고 활보하던 유년기의 연장이 아니다. 비록 나이는 먹었더라도, 소박함, 동지애, 위기 속의 동고동락을 구현하는 스카우트 활동을 결심함으로 유년기를 연장하는 것이 진정 이름다운 모습이다. 진실한 사회의 형성, 개방성은 더 이상 공짜가 아니다. 사람들은 세계의 운명을 위해 싸운다. 그러나 기동 훈련을 더 이상 하지 못하게 될까봐 싸우지 않고, 수감될까봐 싸운다. 불특정 군중들 속에 상호 공조 체제를 이룬 여덟 가지 유형의 순찰대가 조직되었다. 가스코뉴, 베리, 카탈루냐에 각각 여덟 개씩 조직된 순찰대는 자기만의 노선을 세상의 교묘한 술책에 넘겨 버렸다.

청소년 운동

그렇다. 우리는 설령 안락함을 누리지 못하는 위험을 감수하고서라도, 우리의 젊음이 사산死産되지 않는 사회, 대지와 같은 자연의 사회, 허세와 거품의 상징인 탈부착용 깃도 없고, 책도 없고, 화려한 장식도 없는 사회를 갈망한다. 독자들이 영화나 신문에서 즐거움을 찾지 못할 때, 대중 선전이 우리의 사고를 중단시킬 때, 우리는 아무것도 할 수 없는 세계 앞에서 공포에 사로잡힌다. 한 젊은이의 공포심과 현기증에서, 추상적인 작동 기제들에 수감된 사람의 얼굴이 보인다. 전쟁 이전에 독일에서 태동한 청소년 운동Jugenbewegung이다.

청소년 운동은 혁명 운동의 부조리가 드러난 시기, 독일에서 태어났다. 혁명 운동이 부조리해 보였던 이유는 당시 탄탄한 경제 진보를 이룬 한 국가, 세계 주도권을 잡으려 혈안이 된 한 민족이 부각되었기 때문이다. 이 민족 국가의 내부에는 탄탄한 행정, 강력한 군대, 어떠한 것도 우연에 맡기지 않는 교육, 자국의 자랑인 조상들, 간략히 말해 '세계의식'이 있었다. 이렇게 보편화된 충족에는 분명 잘못된 주해가 있었으니, 바로 니체의 반항이다. 아무도 니체의 반항에 동조하지 않았다. 도리어 선조들, 사무장, 연대장은 내일을 염려하지 않은 반면, 젊은이에게는 그렇지 않았다. 히틀러주의는 니체 운동이 아니었다. 청소년 운동이 니체 운동이었다. 니체의 "학설"이나 적어도 니체의 우려가 청소년 운동을 통해 구현되었기 때문이다. 어떠한 혁명 정당도 내지 못했던 항의와 반항의 목소리를 이 젊은이들은 과감하게 냈기 때문이다. 또 비스마르크 시대 독일의 경제 발전은 사회민주주의이하 '사민주의' 의 발전이기도 했기 때문이다. 사민주의는 독일에 안착했지만, 청소년 운동은 대사회 저항 운동이었다. 즉, 생활방식에 대항하고, 철학과 기성사회에 대드는 운동이었다. 단어의 심층 차원에서 보면, 청소년 운동은 반동 운동이다. 청소년 운동이 견고한 조직에 맞서 절규하고 분연히 일어났던 이유는 모든 것이 [선명한] 악이 아닌 선[처럼 보이는 것]을 향해 달렸기 때문이다. 곧, 새로운 병영, 비약적 발전을 일군 도시들, 자본 확장에 혈안인 은행들, 자기 임무를 확인하는 교육자들과 같은 견고한 조직이 있던 시기였다.

청소년의 반란은 체제와 체제의 싸움이 아닌, 일상생활에 대한 반항이다. 즉, 선생들의 과장술사들, 기숙사 생활, 거리, 공장, 목을 옥죄는 탈부착 깃 등에 대한 반항이다. 사전 모의 없이 벌어진 이 반란은 가슴 속에 응어리졌던 혁명의 외침을 가감 없이 분출한다. 역사라는 거대 담론에 아랑곳하지 않고, 반란은 삶에 결여된 것을 가르친다. 탁 트인 지평선을 향해 직진하며, 구덩이 속에서 거꾸로 하늘을 바라보며, 피로에 절어 잠들고, 그간 잃었던 추위와 더위, 배고픔과 갈증을 되찾는다. 반란은 인간과 사물, 인간과 인간의 접촉을 용이하게 하기 위해 제작된 모든 조직들을 분쇄하려 한다. 이 반란은 기술의 안락함을 거부한다. 기술이 인간과 사물 사이에 개입하기 때문이다. 또 정치도 거부한다. 정치는 인간과 인간 사이에 개입하기 때문이다. 반란은 다시 한번 세상에 불을 지핀다. '너'le tu로 '당신'le vous을 대체한다.[167] 청소년 반란은 도시를 탈출하고, 북부의 평원과 남부의 산지를 가로지르며 모든 굴레를 벗어 던진다. '청소년 운동'의 구성원들은 문명을 재개하고, 밤의 그림자, 깊은 자기 묵상이 가능한 높은 곳을 재발견한다. 국토 곳곳에 철도가 빽빽하게 건설되고, 세계에서 가장 큰 여객선이 제조되며, 숙련된 군대가 전쟁을 준비하는 동안, 도시 바깥에서는 스무 명 혹은 서른 명 단위로 단원들이 조직되었다. 이들은 더 이상 자기 시대를 알려들지 않았다.

그러나 청소년 운동의 반란은 폭력적인 방식으로 요구사항을 전달하지 않았다. 학자연學者然하는 정신에 대든 이 운동은 반항의 이유들을 이야기하려 하지 않았고, 특정 사회를 구축할 권리도 요구하지 않았다. 정당 활동 외부에서 자발적으로 일어난 반란인 '청소년 운동'은 단일 노선에 연루되지 않으려 했다. 이 운동은 불꽃같은 청년의 열정이면 충분하다고 믿었고, 뜨거운 가슴과 열정이야말로 자신이 경멸하는 세계의 금속과 강철 뼈대를 공격할 수 있다고 믿었다. 이 운동은 세상을 증오했지만, 세상을 알려들지 않았다. 또한 비스마르크의 독일에서 자유 지대가 없다는 사실을 모르더라도, 도시를 등지고 깊은 산에 들어가 생존할 수 있다고 생각했다. 그러나 숲속에서 살던 이들에게도, 어느 날 모병관이 찾아온다. 군복을 입히고, 까까머리에 전투모를 씌워 전장에 내보내기 위해서다.

이들은 자신들이 살던 세상을 매우 낯설어 했으며, 마치 길들여지지 않은 한 마리 새처럼 이리저리 헤맸다. 이들은 적대 행위를 통해 자기의 주장을 펼치려 하지 않았다. 청소년 운동은 패퇴했다. 늙은 꼰대들과 그들이 만든 기술들의 엄격함에 대해 철두철미한 혁명 사회를 대항마로 제시하지 못했기 때문이다. 이들은 죽음의 사회가 관대함이나 무시가 아닌 물리적 힘으로만 파괴 가능하다는 사실을 잘 몰랐다. 자력으로 활동할 수 있는 역량이 없었기 때문이다. 노도에서 도시들을 탈출하고, 자유로운 바람이 얼굴을 때리고, 사랑싸움을 내팽개치고 동료의 손을 잡는 일은 달콤하기 그지없는 일이다. 이들은 자기 목을 옥죄는 탈부착용 깃을 떼라는 명령, 도시를 탈출하라고 압박하는 명령의 정체도 모른 채, 의기양양하게 행진곡을 부르고, 기타 연주와 청명한 달빛에 푹 빠졌다. 이들은 낡은 것들을 부술 방법을 찾지 않고, 막연하게 경멸했을 뿐이다. 그러는 동안, 이들은 젊음의 실천이 좋다고 생각하며 웃었고, 진지하게 사업도 맡고, 주식도 하고, 때가 왔을 때, 징집영장徵集令狀에 서명한다.

1914년의 위협은 청소년 운동의 종말을 고했다. 이제 이들은 자기 자신이 아닌 정당에 복무하기 위해 가방을 메고, 반바지와 반팔 셔츠를 입었다. 그러나 우리는 인격주의 운동을 거의 완성할 뻔 했던 운동들 가운데 하나로 청소년 운동을 생각해야 한다. 또한 청소년 운동의 사고방식을 인격주의 이전 형태의 사고방식으로 생각해야 한다. 청소년 운동은 혁명의 목적들을 느꼈고, 그러한 행동 양식들 중 일부를 활용했으며, 길가에서 외쳤고, 자연으로 회귀하려는 욕망이 현재의 특별한 반란을 의미한다는 사실을 이해했다. 그러나 이 운동은 더 멀리 나가지 못했다. 고독한 산책자는 법칙과 관련해 자기 계획들을 제시해야 한다. 왜냐하면 어느 날 밤에 홀로 숲에 들어간 그는 도시로 되돌아가 사는 맛을 느끼지 못하기 때문이다. 또 그의 몽상은 사건의 상태에 맞

대응할 수 있을 또 다른 사건이 되는 문제에 있어서는 그리 날카롭지 못했기 때문이다.

오늘날 다른 운동은 자연으로의 회귀를 통해 인간의 재탄생을 추진한다. 바로 자연주의다. 자연주의 경향을 보이는 여러 집단들이 있지만, 단 하나의 경향만이 이상을 표한다. 바로 본문에서 우리가 다루려는 완전한 자연주의naturalisme intégrale다.

보이스카우트 활동, 청소년 운동과 공통점이 있는 자연주의는 다양한 특징을 보인다. 단순한 생활 추구, 남자들 사이의 관계뿐만 아니라 남자들과 여자들 사이의 관계를 솔직하게 맺으려는 노력 등이 있다. 완전한 자연주의의 추종자들은 완전 나체로 살았다. 옷은 '부르주아식 위선'의 상징이기 때문이다.

이 점에서, 자연주의자들은 '철새'*Wandervogel*라 불렸던 사람들과 일치한다. 그러나 차이점도 있었다. 자연주의자들은 좌파 사상을 가진 사람들이 주를 이뤘다. 이들 중 다수는 아나키스트였다. 이렇게 설명할 수 있는 이유는 자연으로의 회귀를 외치는 모든 운동들이 정도의 차이만 있을 뿐, 모두 아나키즘 의식을 표방했기 때문이다. 완전한 자연주의는 정치 운동에서 마르크스주의 진영에 밀린 좌파 아나키스트 성향들의 고정종양l'abcès de fixation이었다. 청소년 운동과 달리, 자연주의는 원시인의 선함과 진보라는 모순된 신념들을 지속했다. 그러나 사연주의는 중세 시대로 시선을 돌리지 않는다. 자연주의의 바람은 고요한 시골 풍경, 조용하고 아름다운 여름이다. 자연주의는 자연의 삶이라는 이상이 진보에 반한다고 생각하지 않는다. 오히려 '철새'라는 집단이 가졌던 '자연 사랑'이라는 사고는 끔찍한 감성이다. 이 감성은 대지의 어두운 힘과 접촉하려는 욕망이었다. 자연주의는 게르만계 국가들보다 라틴계 국가들과 앵글로색슨계 국가들에서 더 장래성완화된 형태이 있었다.

그러나 루소주의와 마찬가지로, 자연주의의 이상은 진보 신화에 모순된다. 진보를 수용하는 자연주의는 부차적 활동으로 이해될 뿐이다. 대도시 생활에 신물이 난 사람들에게 필수라 할 수 있을 신선하고 맑은 공기를 다량으로 섭취하는 기간일 뿐이다. 사람들은 의학적 이유들로 자연주의를 옹호할 수 있을 뿐, 자연주의는 자율적 운동을 구축할 수 없을 것이다.

이러한 모순들은 우리에게 오로지 부차적인 형식에만 자연주의의 확신이 있다는 점, 삶의 특수한 개념을 옹호하려 한 완전한 자연주의자들이 극소수라는 점을 이야기한다. 완전한 자연주의는 채식주의와 같은 의식儀式으로 자기 분파의 순수성을 유지하는 데 복무하는 폐쇄 사회이다. 이 소규모 집단들은 능동적으로 내면의 삶을 추구하지만, 진보하지 않는다. 진보 신화와 모순된 이상론인 평화주의와 사회 정의를 옹호하면서 좌파의 사고에 접근하기 때문이다. 자연주의가 그 독창성을 의식하지 않는다면, 좌파의 회오리치는 큰 물결 속에 흐르는 작은 역류일 뿐이라는 비난을 피하기 어려울 것이다.

자연 감성과 인격주의 혁명

자연의 의미에 대한 과장, 현실 세계에 대한 반동

개인의 반항과 사회 운동들은 하나 같이 동일한 불만족, 현실 세계에 대한 적응의 어려움을 드러냈다. 로렌스, 지오노, 청소년 운동은 지금 우리가 규정하려는 동일한 목표를 따랐다. 우리는 이러한 불만족이 인격주의 운동과 유사한 현실 세계 비판을 통해 표출되었다는 점을 확인할 것이다. 아울러 이들이 추구한 목표들은 인격주의 혁명의 목표들과 혼합된다는 점도 확인할 것이다.

자연 감성, 더 자유로운 삶에 대한 요구

현대인은 자연으로 회귀한다. 현대인도 살아있는 존재이며, 이들과 자연계 사이에 한 가지 장치가 개입하기 때문이다. 이 장치는 인류를 제대로 보호하지만, 인간의 야성을 위축시킬 수 있다.

현대인은 자연으로 회귀한다. 자신이 사는 사회를 낯설어 하기 때문이다. 사회에 대한 낯선 감성 때문에 자연을 느끼거나 사유하는 이유는 사회의 반대편에 서고 싶기 때문이다. 현대인의 사고는 사회에 대한 고통으로 점철된 원한 감정일 뿐이다. 즉, 사회는 자기 바깥에자기와 상관없이 구성되었다. 자신과 사회의 공통 척도는 없다. 살과 뼈로 이뤄진 인간의 특수성을 간과하는 추상의 틀은 인간 속에 항상 육체와 정신이 공존한다는 점을 숙고하지 않는다. 오늘날 자연 감성의 고양을 이교주의로의 회귀 정도로 보려는 사람들은 우리가 살아가는 시공간을 망각한 사람이다. 왜냐하면 자연 감성은 지극히 인위적인 삶에 대한 반항이기 때문이다.

사회가 인간과 자연 외부에 자율적 세계로 구성될 수 있었던 이유는 바로 '기술' 때문이다. 자연계를 포함해 우리 세계는 기술을 통해 "인간적인, 너무나 인간적인" 세계가 되었다. 더 이상 숲, 야생 동물을 필요로 하지 않는다. 도시, 야전군 병사, 전쟁이나 위기가 그 자리를 대신한다. 자유로운 자연의 마지막 구역은 마치 유죄 선고를 받은 것처럼 보인다. 만약 이 구역이 야생의 상태를 유지한다면, 세련되게 다듬은 조직 활동 때문일 것이다. 삶은 사전에 공지되고 완벽하게 조직된다. 기술은 인간과 사물에 대한 직접적인 접촉을 제거함으로써 그러한 삶을 가능케 한다. 확실히 기술은 백해무익한 위험 요소들을 벗어나게 했다. 그러나 기술은 무질서한 정복 활동으로 온갖 종류의 위험을 제거해 나갈 것이며, 지상에 편만한 부르주아 통치를 구현할 것이다. 인간이 오로지 자기 행복만을 향유하며 사는 존재라면, 이러한 삶을 적극 수용할 것이다. 그러나 생존에 필요한 최소한의 물품을 확보한 인간은 사물과의 투쟁을 지속할 때만 살아있다고 느낀다. 왜냐하면 이러한 충돌과 마찰이 자신의 창조성과 자유의 유일한 원천이기 때문이다. 인간은 다음 사실을 안다. '자신은 유한하지만, 세계는 무한하다. 물, 나무, 빛, 태양계가 없다면, 자신은 기하학적 표상들로 이뤄진 척박한 세계를 벗어날 수 없다. 도도네Dodone168의 떡갈나무가 내 뱉는 또 다른 신탁을 듣지 않는다면, 인간의 사고는 항상 동일한 길을 반복할 것이다.' 또 자신을 넘어선 현실이 없다면, 그의 사고에는 심장도, 허파도 없을 것이며, 다른 사상들의 그림자에 불과할 것이다. 분명 기술의 역할이 있다. 그러나 기술은 소비자들, 프랑스인들, 곡물 생산자들과 같은 대중들을 자유롭게 할 뿐이다. 그 자유가 우리를 가로지른다. 그러나 우리는 진정한 자유란 "바로 네게 있다"라고 말한다. [네] 손으로 잡을 수 있는 자유 말이다.

따라서 대중들에게 친절하게 세례를 베풀고자 등장하는 억압의 감성이 있다. 화포 상, 대형 은행업자, 공산주의자나 파시스트가 바로 그 감성이다. 이들에게는 인간의 얼굴이 없기 때문이다.

기술은 자연에 맞서는 인간의 투쟁 혹은 소규모 집단의 투쟁을 제거했다. 동시에, 기술은 자연의 삶이 가하는 억압 가운데서 역설적으로 구현되는 자유의 한 부분도 제거했다. 완벽한 사회에서는 더 이상 누릴 자유가 없다. 인간은 인간을 위해 모든 것을 예견할 수 있고, 일종의 독재가 구축될 수 있기 때문이다. 한 술 더 떠, 기술은 우리의 습관들을 직접 타격하지 않지만, 그 이상으로 위험하며, 인생을 몇몇 특정 분야에 빠지게 할 수 있기 때문에 위험하다. 현대 사회에 사는 사람들은 개인의 의지로 불의와 정면충돌하지 않는다. 오히려 현대인은 완만한 질식사를 경험한다. 그런 다음, 자연에 대한 특별한 감성, 고독에 대한 욕망, 혹독한 삶에 대한 욕망에 사로잡힌다. 사람들은 미지근한 방 귀퉁이에서 전투를 꿈꾸며, 세찬 얼음물에 뛰어드는 꿈을 꾼다. 오늘날 자유로운 인간에게는 자연과 자유가 서로 뒤섞인다. 즉, 산과 대양이 기준이 되는 곳에서만 인간은 자유를 추구한다. 인간은 더 이상 단정한 복장을 한 요조숙녀가 아니다. 이제 인간은 급류에 파인 굴곡처럼 주름진 노파가 되었다. 잃어버린 자유를 찾기 위해 모든 것이 준비되었다. 하여 공허한 삶이 우리를 짓누를 때면, 소나기 소리와 빗방울 소리가 사무실 창문을 두드린다. 자유로운 사람들은 항상 산에 살았다. 아프가니스탄 사람들, 산골 주민들, 리팽[169]과 같은 이들은 바로[170] 자신들을 공격하는 군인들의 주둔지가 아닌 각자의 집에서 살았다. 이들에게는 용기가 필요했다. 그러나 진보의 친구인 좌익 정당들은 현재 진행형인 문명에 맞서 이들의 비참한 현실을 옹호하는 자들을 지지하는 역설을 보였다![171] 자유로운 사람들은 언제나 산에 살았다. 산 사람들은 파리에 정착하기 위해 협곡을 떠나는 반면, 새로운 인류는 산을 차지하고 목동들이 떠난 후 사라졌던 오솔길을 되살리려 한다. 이들은 산에서 다시 한 번 싸울 수 있다. 가장 계곡다운 계곡은 밤이 오기 전에 길을 재발견해야 하는 계곡이며, 가장 아름다운 강은 송어가 숨어 있는 강이다. 일각에서 자기 삶을 희생시키면서까지 그 곳을 찾는 이유는 단지 이교주의 때문이 아니다. 대도시 사람들에게 산은 자유의 구체적인 상징물이 되었기 때문이다.

단순한 삶에 대한 요구

기술은 안락한 생활을 보장한다. 또한 기술은 인간을 자기 자신답게 살도록 한다. 그러나 기술은 자주권을 감소시키고, 발전된 국가, 부유한 계급에서 살도록 인간을 압박한다. 정신의 완전한 수동성, 기술 정밀성에서 자라는 심적 동요, 고정된 외부 활동, 생동하는 감상주의의 삶 가운데서, 인간은 더 이상 선택권을 갖지 못한다. 자기 정신 상태에 따라 노는 것만이 유일한 쾌락이다. 이는 전후 문학이 표현했던 불건전 인상주의로 이어진다. 그러나 인간은 이내 무력감을 느낀다. 우리는 비행사, 항해자, 농민, 노동자처럼 여전히 투쟁 가능한 상태의 사람들에 대한 세간의 찬사를 이미 확인했다. 인간은 잃어버린 단순성을 회복하려 하며, 패션 잡지들은 여성들에게 벽돌색과 똑같은 적색 화장

품을 바르고 시골길을 산책하라고 조언한다. "인위적인 얼굴은 자연과 어울리지 않기 때문이다." 따라서 우리는 산에서 자신의 생각들을 추구하지 않고, 단순하고 투박한 삶을 추구하며, 자기 자신을 되찾는다. 끝말잇기를 하고, 위병대 행진가를 부르며 가파른 길을 오르는 기쁨을 아는가! 추위를 녹여주는 따끈한 국을 끓이고 피곤과 배부름에 절어 서로 뒤엉켜 잠드는 기쁨을 아는가! 우리는 타성의 껍질이 녹는다고 느끼며, 목마르고, 졸리고, 배고프다.

산에서의 삶은 우리에게 다음 사실을 가르친다. 행복은 만들어지지 않는다. 행복은 고생 가까이에 있고, 안락함 너머에 있다. 진정으로 인간적인 기쁨의 모든 원천들이 메말랐다.

외부 세계와의 접촉에 대한 요구

그러나 우리는 단순히 손, 즉 신체 감각으로만 자연과 접촉하지 않는다. 우리의 정신, 곧 마음으로도 자연과 접촉한다. 흔히 사람들은 자연 감성의 고양에 대해 이야기하지 않고, 어둠에 가려진 힘과의 접촉을 통한 고양을 이야기한다. 이성이 빽빽한 구름을 낳기도 하고, 아침나절 엷은 안개보다 정신을 밝히는 것은 없다고도 말한다. 단지 우리의 이성으로 자연에 깃든 대상들을 하나의 대본에 집어넣을 수 없다. 자연에 대한 진정한 감성은 언제나 감탄이다. "나는 연신 감탄했다."[172] 인간에게 결여된 것은 바로 이 감탄, 즉 '사로잡힘'être saisi이다. 모든 고장에는 저마다의 독특함이 있다. 우리는 거기서 보내는 매 순간을 다른 것으로 대체할 수 없으며, 그 고장의 독특함을 찾아 나선다. 오늘날 산책자들은 이미 분류된 지역들을 피하고, 과거에 가보지 못했던 곳을 보려 한다. 습지의 맑고 투명한 여울, 모래언덕 부근의 포플러나무, 빙하 주변의 종려나무를 찾아 나선다. 그리고 자기만의 공간을 발견한다. 이곳을 찾기 위해, 이들은 집을 떠나 몇 개월을 몇 평되지 않는 좁은 공간에서 산다. 이들은 랑드 지역으로 떠나고, 피레네 산맥으로 들어간다. 왜냐하면 그 지역에 있어야 해당 지역을 상상할 수 있기 때문이다. 만일 이 산책자들이 자연의 화가들을 좋아한다면, 자기의 특수성이나 풍성함과 다채로움을 되살려줄 수 있을 화가들, 예컨대 세부 묘사에 탁월한 화가들이나 아시아 출신 화가들, 브뤼헐Brueghel 같은 화가들을 택할 것이다. 자신이 받은 인상을 철학 격언으로 요약한다면, 아마 이렇게 말하리라. "나는 또 배웠다. 인간은 유한한 존재이며, 인간의 이성은 현실의 극히 일부만 파악할 뿐이다. 에스파로스Esparros 지역의 돌, 동굴, 초원, 협곡의 물고기를 안다고 하여 삶의 만족에 대해 결코 이야기할 수 없다."

인간관계에 대한 요구

현실 문명은 인간에게 스스로 살아갈 것을 강요한다. 그러나 건강한 고독이 아닌 마음의 문을 닫은 삶을 강요한다. 인간의 고독은 군중 속에서 사라졌다.[173] 자연의 삶에 대한 연구는 고독에 대한 연구이면서 동시에 동지애에 대한 연구이다. 우리는 자연 감성의 고양이 결국 몇몇 사회 유형의 창조에 다다랐다는 사실을 확인했다. 이 감성의 고양은 일련의 인간관계 개념에 연결되기 때문이다. 최대한의 직접적인 인간관계 없이, 우리는 자연에서 집단을 이루는 삶을 생각할 수 없다. 철새Wandervogel와 야영지의 스카우트 대원들은 자기 거처를 염려하지 않는다. 예의를 갖춘 동지애가 아닌 진솔함을 갖춘 동지애다. 예의를 갖춘 인사 대신 손에 손을 맞잡는다.[174] 스카우트 대원들의 아이러니에 맞서, 대장들은 서열을 유지하려 한다. 그러나 이들은 애를 먹는다. 일부 대장들이 장악력을 발휘하기도 하지만, 그것은 단복의 위엄에서 오는 영향력이 아닌 개인의 영향력이다. 철새들과 자연주의자들은 한 걸음 더 멀리 나갔다. 이들은 성적 위선과 가식을 없애고 젊은 남녀 사이에 동일한 동지 관계를 구축하려 했다. 이 과제는 훨씬 어려운 과제였다. 자신이 도달하려 했던 자연을 부정할 때, 새로운 형태의 위선과 가식이 만들어졌기 때문이다. 바로 여성 동지애의 위선이다.

자연 감성은 아나키즘의 구체적인 표현이다. 이 아나키즘은 노령층

보다 청년층에서 훨씬 생동감 있다. 시회에서 중요한 부분은 대규모 집단, 서열, 학회와 같은 행정의 축과 골조가 아닌, 순찰대, 무리, 야영장과 같은 소규모 집단이다. 각 집단은 매우 특별한 삶을 산다. 아나키스트 사회이지만 이론은 없다. 이 사회는 아나키즘을 파괴했던 모순인 인격주의 정신과 과학주의 철학과의 대립을 본능적으로 해결했다. 아나키즘은 진보의 이상과 맞지 않는다. 사회 골조의 강화 없이 진보 구축은 불가능하기 때문이다. 즉, '국가'의 강화 없이 진보는 요원하다. 자유의 무한 성장과 안락함의 무한 성장의 종합은 유토피아이다. 아나키즘의 전제는 다음과 같다. '인간은 자연에 맞서 자기를 보호하지 않고, 문명은 더 이상 거대 사회 조직의 의무를 짊어지지 않는다.' 아나키즘의 이상은 황금기다. 안락과 자유 사이에서, 선택해야 한다. 자연주의 사회는 자유를 택했다.

요약하면, 우리는 자연으로 회귀한다. 왜냐하면 투쟁을 거쳐, 자연은 우리에게 자유를 만들어주기 때문이다. 세계와 사회에서 그렇듯이, 우리는 자연에서 우리의 인간성 형성을 의식하기 때문이다. 자연은 우리의 이념에 경험을 부여한다. 또한 자연은 우리에게 현실에 대한 공통 척도를 가르친다. 우리는 자유가 인간 바깥에 있음을 배우며, 의식은 곧 '접촉과 획득'이고 이성은 '단순 조직력'이라는 사실도 배운다. 다시 말해, '청소년 운동'은 교수들과 이들이 옹호한 합리주의에 대한 뿌리 깊은 반항이었다. 또한 이 운동은 사물 전체의 의미이며, 분석 정신에 대한 반발이다. 자연 감성은 대학에서 떠드는 관념론과 유물론에 대한 반항이다. 이 감성은 철학 현실주의의 구체적 경험이다. 이 철학 현실주의는 인격주의에 없어서는 안 될 요소이다. 즉, 자연 감성은 정치 신비주의자들이 말하는 미지근한 방구석이 아닌, 모세가 율법을 받은 시내 산 정상해발 2,645m이다. 우리는 폭풍의 위협이 있는 산마루에 혼자가 아닌 서넛이 함께 있어야 든든하다는 것도 안다. 자연 감성은 우리에게 다음과 같은 앎을 선사한다. 우리는 파도와 같은 군중들 사이를 통과할 때 느끼는 육체의 열락에 의한 관계로 맺어진 형제들이 아니다. 우리는 인간과 인간의 사귐으로 맺어진 형제들이다.

혁명 정신은 어떤 점에서 반동인가?

오늘날 대중들 사이에서 벌어진 논쟁은 인상 깊다. 하여, 우리는 다음과 같이 말한다. 오늘날 자연 감성은 보편적이다. 파시스트나 공산주의자나 상관없이 모두가 누리는 큰 기쁨은 배낭 메는 일이다. "자연으로의 회귀"가 우파에 대한 투쟁 구문만 아니었어도, 우리 모두가 이 구문을 수용하는 데 동의했을 것이다.

아마도 진보의 연인들은 대지로 회귀하지 않는 괴링Göring을 걱정하지 않을 것이다. 또 역사 이전 시대의 인간은 메르세데스를 타지 않았고, 메달을 덕지덕지 붙여 놓은 제복도 입지 않았다는 사실도 걱정하지 않을 것이다. 이들은 경찰용 비행기도 없애지 않을 것이고, 토이토부르크 숲을 밀지도 않을 것이다. 시대의 수많은 비순응주의자들은 덤불에 숨을 수 있다. 진보의 연인들은 나름의 정당성을 담아 젊은이들을 싸잡아 비난할지 모른다. 왜냐하면 젊은이는 역사 이전 시대를 가뿐히 뛰어 넘어, 막연히 아담 시절의 때 묻지 않은 순수성으로 회귀하려 들기 때문이다.

이러한 혁명 의지는 어떤 국가에도 속하지 않는다. 왜냐하면 그 의지는 각 사람 속에 살아 꿈틀대고, 모든 국가들을 위협하기 때문이다. 이 혁명 의지는 분서焚書에 격분한다. 그러나 돈이 작가들에게 만들어 준 조건들을 비난하는 구절 몇 개만 발췌하는 데 그치는 일부 반파시즘 운동과는 거리가 멀다. 이들은 히틀러에 맞서 싸울 수 있는 무기를 수집하지만, 문학 광고에 주목하지 않는다. 정신은 자료들의 활용이 아니다. 각자에게 부여된 자질이라는 열매를 익기도 전에 떨어뜨리는 사회야말로 '범죄' 사회다. 질문을 제대로 이해하기 위해, 헨드릭 데만[175]이 문화와 문명에 부여한 의미를 적용한다면, 젊은이들은 현실의 문제가 오로지 '문명'의 문제라는 부분을 느낄 수 있을 것이다. 우리는 문화가 아닌 문명을 되찾아야 한다. 진정한 자유는 교양을 갖춘 문명인들을 두렵게 할 것이다. 왜냐하면 이 자유는 야생 동물처럼 난폭하기 때문이다. 예언자의 열정을 깨우는 힘, 최초의 불꽃을 점화하는 힘은 도서관이 아닌 사막에 있다. 삶을 뒤덮은 허물이 완전히 벗겨지는 곳에서 그 힘을 찾아야 한다. 인간의 삶이 자연과 접촉하는 한, 인간은 창조자다.

이제 모호성에 종지부를 찍고, 자연이든 유년기든 소위 '자연적인 것'과 '자발적인 것'을 찬양하기 바쁜 보편화된 현상에 대한 의심의 의미를 드러낼 시간이다. 지나치게 소극적이었던 몇몇 주장들을 사회 지평으로 옮겨야 할 시간이다. 즉, 우리는 더 이상 세계를 이어가지 말고, 세계를 만들어야 할 자리에 섰다. 모든 혁명은 문화유산의 일부분을 희생시킨다. 뿌리 깊은 유산은 일개 정부를 청산하는 작업을 짊어질 필요가 없기 때문이다. 자코뱅파는 화학자들[176]을 경멸했고, 볼셰비키는 박물관을 멸시했다. 모든 혁명가는 '의식 있는 야만인'barbare conscient이다. 문명들의 원천은 원시림의 헤아릴 수 없는 깊이, 캄브리아기 소나무가 드리운 그림자에서 솟아난다.

오늘날 자연 감성에 담긴 혁명의 의미

문화를 제거하자는 말이 아니다. 오히려 문화는 정신의 필연성이 아닌 물질의 필연성이다. 인간에게 문화는 필수이다. 그러나 문화의 신격화는 불가능하다. 문화와 문명 사이에 문제는 없다. 다만 비극이 있다. 문화와 문명이 종합된 사회는 순수 문명사회처럼, 정신 놀음에 지나지 않는다. 문화는 인간을 전장으로 내보내기 위해 무장시킨다. 그러나 계급과 사회가 가꿔지고 다듬어진다는 면에서, 계급과 사회는 창조적인 천재성을 상실한다. 사실 오늘날 계급과 사회는 이 점을 완벽하게 보여준다. 과연 누가 아이가 지닌 정신의 활력과 연구원의 활력을 대비, 대조할 생각을 하겠는가? 따라서 문화와 문명의 긴장 관계에서 해법을 찾아야 한다. 문화와 문명의 항구적 단절로 인해, 혁명 행동의 고유성은 문화의 힘에 대한 투쟁인가 아니면 문명의 힘에 대한 투쟁인가를 알아내기 위한 역사의 상황[177]을 분석하는 문제가 되었다.

우리는 "자연 만세, 문화 만세"를 목청껏 외친다. 전쟁에 대한 이 외침은 영원하지 않다. 반향이 이는 경우에만 그 외침은 유효하다. 중세 시대에 필요한 행동은 휘파람으로 수풀의 늑대를 부르고 본능을 자극하는 행동이 아니었다. 원고들을 베끼는 행동이었다. 더욱이 당시 이러한 문화를 방어하는 데, 위험 요소도 몇 가지 있었다. '부르주아 계급의 대표자인 우리는 교양과 자발성을 갖췄다'는 사실을 아는지 모르는지가 오늘날 던질 수 있는 유일한 질문이다. 그러나 우리는 부족한 상황을 수용할 줄 아는 정결한 감성많든 적든의 소유자이며, 우리에게 중요한 기준은 자연으로의 회귀 욕망이다. 이 욕망은 교양 사회에 사는 사람에게 도래한다. 그리고 이 욕망의 힘은 항구적인 탄생을 가능케 하는 문화에 대항하는 필연 혁명의 직접 척도가 될 수 있다.

바로 여기에 걸림돌이 있다. 필연 혁명은 최초로 문화를 과감하게 타격한 최초의 사건이다. 현 시대가 전통에 대한 갈등을 유발하는 틀을 부수라고 명령하는 시대라고 말하는 정도면 충분할 것이다. 혁명 정신은 언제나 최초의 호흡과 같았다. 오늘날 자연 감성은 인간과 외부 세계의 갈등을 부정하면서 모든 것을 진정시키려는 문명에 대한 비난이다. 자연 감성은 활동을 누리는 데 필요한 조건들에 대한 비용 청구이다. 이 때 필요한 조건은 '생산하는 힘으로 문화 자본주의에 대항할 수 있는 반란'이다.

속이기 쉬운 자연 감성178

운동이 깊게 뿌리 내리지 못한 이유는 무엇인가? '청소년 운동'은 1914년에 갑자기 멈췄고, 아이들과 교육자들의 대립으로 활동력이 떨어진 보이스카우트는 성숙기에 접어들지 못했으며, 단순한 삶에 대한 이상주의나 진보 예찬론을 모순이라 꼬집었던 자연주의도 소규모 모임 형식을 벗어나지 못했다. 우리는 실패의 이유를 이 운동들의 깊이에서 발견한다. 진정한 혁명 이념은 잠재의식으로 나타난다. 그 의식은 정부의 표면적인 실패에 대들기보다 의식 너머에 뿌리를 내린 각종 부패와 타락에 대들기 때문이다. 순진한 인간들의 자연 감성에는 구멍

이 송송 나 있었다. 저속한 방식으로 이 감성을 증명하려 들었기 때문이고, 그 결과물에 다다르기 위해 더 의도적으로 행동했기 때문이다. 자연 감성은 그것을 실천 운동으로 전환시켜 줄 날카로운 학설교리을 여전히 기다리는 중이다.

전술한 다양한 사회들은 자기 행동을 현실 세계에 "맞서는" 십자군으로 여길 수 없었다. 현실 사회가 전체주의 사회가 되었기 때문에, 이 사회에 반대하지 않는 자는 곧 사회에 찬성하는 자가 된다. 따라서 자연 감성은 기존의 무질서를 위로하는 데 활용되었다. 자연 감성을 극도로 옹호하는 사람들은 무시되어왔던 사회의 반항아들이다. 최악의 경우는 다음과 같다. 이 반항아들은 탈피하고픈 문명에 충격을 가하려 일군의 무리비행사, 정보관, 개척자를 이룬다. 사회가 정밀한 힘사회를 분쇄할 수도 있는 힘을 사용한 역사는 이번이 처음이 아니다. 사회 분쇄를 위한 무력 사용의 사례에 관해, 기독교 역사를 거론하는 정도면 충분할 것이다.

이들이 집단을 이룬 새 사회는 결국 옛 사회에 동화되었다. 전후 '철새'는 '유스호스텔'을 중심으로 재조직되었지만, 정당은 이들의 활용 가능성을 이미 간파했다. 각 정당마다 캠핑 조직들이 우후죽순으로 결성되었다.

사회주의 성향의 '자연의 친구들'이 있었고, '히틀러 청소년단'Hitlerjugend이 있었다. 더욱이 돈, 진보에 반대하고, 농촌에서의 삶을 예찬하며, 흑암의 힘을 호소한 히틀러의 웅변술은 청소년을 끌어들이기에 충분했다. 노트E. E. Noth는 '청소년 운동'의 실패가 히틀러의 성공을 낳았다고 담담하게 설명한다. 오늘날 '철새'는 조직체가 되었고, '노동봉사단' Arbeitdienst 179 수장의 지배 아래에서 습지대 건조 작업에 투입된다.

보이스카우트 활동도 점차 자율 운동이 되었다. 지도자들의 이상향이 "선량한 시민" 양성이라면, 국가에 적대적인 인간이 선량한 시민이 될 수 있다고 생각하겠는가? 따라서 보이스카우트 공식 활동의 보수화는 자연 수순이었다. 자유주의 국가에는 보이스카우트 활동과 보조금으로 이 활동을 후원한 정부 사이의 모종의 전략적 연대가 있다. 그러나 정당들은 내부에 스카우트 활동대를 만들기 시작했고, 야영단과 훈련대를 조직했다. 이들은 반자본주의 설교나 반마르크스주의 설교로 도덕 담화와 예배를 대체했다. 보이스카우트는 '붉은매'[180]나 '발리야'[181]로 퇴보한다. 정당이 집권하는 날, 보이스카우트는 타 조직들로 흩어지고, 이 조직들을 다른 청년 모임에 동화시킨다. 따라서 보이스카우트는 국가의 활동이 되었다. 자유주의 국가는 스카우트 활동 지도부를 형형색색으로 꾸며가며 이들의 허영심에 아첨하기 바빴다. 파시스트 국가는 이들을 공무원으로 만들었다. 정치적으로 좌파인 자연주의는 뜨거운 태양 아래에서 사회주의적 행복 개념으로 변질되는 경향을 보였다. 또 신체 고양을 통해 강력한 인간을 선전했다. 파시스트 잡지들은 수영복을 맞춰 입은 이탈리아 젊은이들의 행렬을 사진에 담았다. 수상 무솔리니도 전 이탈리아인에게 수장이 턱까지 올라오는 야수 모피를 입은 모습을 보이려 띠까지 두르고 벗은 몸으로 사진까지 찍었다.

총체적 자연주의의 활용은 쉽지 않았다. 몇 가지 전통 의식채식주의, 완전 나체주의이 자연주의의 독창성을 지켰다. 그러나 프랑스에서 자연주의 정신은 '유스호스텔' 운동을 불렀다. 유스호스텔은 독일에서 처음 만들어졌으나 '청소년 운동'은 구성원들의 주도로 조직된 운동이었다. 반면, 인민전선의 창립 시기까지 매우 허약한 조직이었던 프랑스의 유스호스텔 운동은 좌파 진영에서 태어났다. 프랑스에서 유스호스텔 창설은 정치 기획이며, 프랑스를 도보로 종횡무진 주파하는 청년 집단에 대한 독점 지배이다. 그리고 머지않아 우파 유스호스텔도 보게 될 것이다. 그리고 일부 파시즘이 프랑스의 국권을 차지하는 날, 유스호스텔은 국가 기획으로 뒤바뀔 것이다. 이러한 운동의 중심 조직은 '청소년 운동'이 아닌 정치 관광에 이를 것이다. 유스호스텔 운동이 정치 조직체가 되지 않고 자연의 삶을 맛보려는 욕망을 가진 사람들의 모임이 된다면, 성공할 것이다. '청소년 운동', 보이스카우트, 자연주의 운동처럼, 유스호스텔의 성공은 자연 감성에서 직접 탄생한 혁명의 이상과 연결된다.

자연으로의 회귀와 여가 활동 조직

자연 감성을 "우파"의 전유물로 여겼던 라뮈즈의 생각과 달리, 이 감성은 순수 "우파"에 속하지 않는다. 자연 감성의 우파 형태는 "자연으로의 회귀"이며, 좌파 형태는 "여가 활동 조직"이다. 자연 감성은 이 두 가지 형식으로 등장한다.

정신의 관점과 마찬가지인 이론의 관점에서 생각한다면, 자연 감성 옹호론자들은 우파 소속이라 할 수 있다. 우파는 언제나 "자연으로의 회귀"를 외쳤다. 야영 생활의 이점을 보였고, 인간을 형성하는 역경과 고난으로 점철된 삶을 찬양했다산악회는 종종 반동 성향을 보였다. 이들의 과장 수사법만 생각한다면, 자연은 우파의 것이다. 그러나 우리는 더욱 현실에 근접해 설명을 이어나가야 한다. 예컨대 우파가 식민지 사업을 지지하는 이유는 무엇인가? 좌파와 선명한 대조를 보이는 문제인 모로코 북부 리프 지역의 농민 문제도 생각해 보자. 왜 우파는 자기 땅을 사수하려는 리프 지역 농가에 대적하는 문명들을 지지하는가? 그 이유는 우파의 시각에 존재한다. 우파는 자유로운 인간을 다듬고 벼리는 삶이 아니라 자연의 압도적인 힘에 복종하는 시각에서 자연으로의 회귀를 외친다. 여전히 촌구석 귀족과 사제의 지배를 받으며 이들에게 예속되어 살아가는 극빈지역 사람들의 생각과 다를 바 없다.

자연적 사회la société naturelle란 소유 계급의 특권을 보존하는 사회학이다.

본디 우파는 좌파보다 훨씬 급진적인 태도로 자연을 무시했다. 우파의 합리주의보다 자연의 다양성에 대해 무미건조하고 적대적인 전통은 없다. 이상 사회를 이룬 베르사유의 정원보다 개화된 사회, 인위적인 사회도 없다. 또한 우리가 잘 아는 대로, 히틀러의 낭만주의를 찬양하기 바쁜 이 우파들에게 자기기만이 없다고 말할 수 없다.

우파는 자연의 삶이 인간을 아둔하게 만든다고 생각한다. 또한 우파가 진보에 격렬히 반대하는 이유는 사회의 구원을 위해 일부 계급에 대한 우민화 작업이 꼭 필요하다고 믿기 때문이다. 민초는 땅으로 되돌아가고, 특권 귀족은 도시 거주자로 남는다. 이 귀족은 시골에서 성을 소유하고, 도시에서 호텔을 소유할 것이다.

그러나 생제르맹 교외의 온실에서 자라는 희귀종 화초들은 시골의 첫 서리에 모두 죽었다.

노동자는 책 읽기를 단념하고 삽자루를 손에 쥐었다. 그러나 부유층 자제들은 라틴어 배우기를 멈추지 않는다.

비록 좋아하지는 않지만 자신의 인위적인 삶을 지속하기로 결심한 계급은 이상주의와 미학의 틀에서 '대지로의 회귀'를 생각한다. 자연스러운 귀결이다. 사실 이것은 무솔리니가 뿌린 씨앗들에 전염되어, 프티 트리아농Petit Trianon 지역의 털북숭이 양 떼들을 생각하는 것과 그리 멀지 않다. 농민은 선전에 매우 유용한 사진이다. 레옹 도데[182]에게 시골이란 아를Arles의 소시지, 앙주Anjou의 포도주, 바다, 미국의 바닷가재이다. 이런 식으로 파리의 유명 인사들은 진정으로 농민의 세계가 된다. 대지로의 회귀가 단순한 정신의 사변 활동이므로, 엄청난 반작용처럼 보여도 정작 어떠한 변화도 일구지 못한다. 예를 들어, 히틀러주의의 "이념들"에 대한 토론도 뜬구름 잡기에 불과하다. 바이마르 공화국 시절에 대지로 회귀한 사람이 제3제국 시절에 회귀한 사람보다 더 많다. 라뮈즈가 직시했듯, 도처에서 시골 생활을 비난한다. 정도의 차이만 있을 뿐, 이 생활은 권력의 신화이기 때문이다. 이러한 비난은 "농민"에 대해 유대인이 무슨 음모를 꾸몄는지 알 수 없다는 식의 문제와 맞물리지 않는다. 오히려 경제와 사회의 심오한 혁명에 달린 문제이다. 시골 생활은 항상 혁명을 기다린다. 시골 생활을 세계의 모든 운동에 재삼 통합, 흡수하면서 그 생활을 비난하기 바쁜 '발전'에 격하게 저항할 수 있을 혁명을 기다린다. '대지로의 회귀'는 구체적 행동으로 이어지는 정신의 활동이 있는 곳에 있어야 한다.

우리는 루소주의의 후예인 좌파에서도 자연에 대한 신뢰를 더 이상 찾을 수 없다.

우리가 바라는 것은 일요일의 시골 생활이 아닌, 덜 인위적인 삶이다. 우리는 자연의 사회들에 대한 이들의 불신을 발견한다. 자연 감성에 대한 좌파의 개념은 좌파 사상의 모순된 두 요소인 '루소주의'와 '진보 예찬'의 종합에서 탄생했다. 좌파는 인간이 자연의 일부를 이루는 동물이라는 말만큼 자연 생활의 필요를 인정한다. 그러나 사회의 완전 개선에 족쇄를 채우지 않고도 이 삶을 전개하기 위해, 좌파는 자연 생활을 별도의 활동으로 받아 들였다. 직원들은 정해진 시간에 건물 테라스에 올라 일광욕을 즐기고, 주말이면 바닷가에 간다. 이것은 일상 활동과 전혀 상관없다. 인간은 단지 놀기 위해 자연으로 회귀할 뿐이다. 우리는 이러한 "여가 활동 조직"이 위험하다고 생각한다. 정해진 시기에 이뤄지는 자연 생활은 결코 자연 생활이 아니다. 다른 한 편, 전문 활동과 여가 활동 사이에 불균형이 발생한다. 일상생활은 더 이상 무의미하며, 사람들은 휴가 날짜만 손꼽아 기다린다. 더욱이en outre[183] 자연을 공원과 동일시하고, 휴가 기간의 활동을 놀이와 동일시하는 이러한 여가 활동 조직은 인간과 자연의 갈등을 맥 빠지게 하며, 결국 기술의 작업을 완성한다. 인간에게 존재하는 투쟁의 사상과 자유의 사상을 제거하며 조직된 여가 활동들은 마키아벨리적 반혁명이다.

자연이 우리 삶에 재통합된 새로운 사회가 탄생해야 한다. 아마도 이 사회는 더 이상 되돌아갈 수 없는 중세가 아닌, 르 코르뷔지에[184]가 제시한 생활 거주 기계에 더 가까울 것이다.

자연 감성과 인격주의

노동자 계급의 주장들은 노동자들을 통해 완성된다. 마찬가지로, 자연 감성의 혁명적 주장들은 이 감성에서 태어난 직접 활동을 통해 완성될 것이다. 노동자 의식은 사회주의 학설에서 방향을 찾았다. 마찬가지로, 자연 감성은 인격주의에서 그 길을 찾는다.

주요 노선들을 빠른 속도로 훑어보자.

우리는 이 노선들을 인격주의 기획의 일부분과 일치시킨다. 안락함에 관한 성찰에 앞서, 투쟁과 책임에 대한 의식이 필요하다. 익명의 대중들보다 구체적인 개인과 공동체를 우위에 둬야 한다. "소비문화"보다 "생산문화"의 우월성을 확인해야 한다. 또한 관념론과 유물론이라는 두 가지 형식으로 나타난 부르주아의 합리주의에 공동으로 맞설 수 있는 적대감이 있어야 하며, 그 적대감으로 대도시, 관료주의, 돈과 국가의 압제에 맞서야 한다. 계급의식이 사회주의에 속한 것처럼, 자연 감성은 인격주의에 속한다. 즉, 이성이 육신이 된다.

인격주의 운동은 무수한 사람들의 깊은 곳에 담긴 공통의 감성에서 탄생하지 않는 한, 다양한 색채들로 구축된 체계에 머물 것이다. 자연 감성은 인격주의가 그 기원을 배반하지 않고 역점을 둔 매우 구체적인 자리다. 다른 운동들이 이를 활용한다면, 우리는 거기에 충분히 복무할 수 있다.

결국 인격주의는 보이스카우트 활동, 청소년 운동, 자연주의에 다다라야 한다. 우리는 다음과 같이 말해야 한다. "그렇다. 우리는 감성을 향유하려고 등정하지 않는다. 르카프[185]는 '조국을 위해 산에 오르자' pour la patrie, par la montagne[186]라고 외쳤다. 진리에 대한 우스꽝스러운 이 구호의 채택은 절반만 옳았다. 산은 우리를 사회적 개념으로 이끈다. 이 개념은 근본적으로 외부인이 아닌 등반가에 대한 우리의 열정에 속하는 개념이다. 그러나 산골 주민들은 파리 민족주의자들의 조언을 받지 않아도 된다. 목동의 오두막에서 대화 나누기 좋은 밤을 생각해 보자. 아마도 이들은 지금까지 모두가 이 감성을 잃고 살았다는 현실을 깨달을 것이다. 아마도 이들은 책에 대한 자신들의 두려움이 대령에 대한 경외감이 아닌 자유로운 양치기들이 읊조린 시에 대한 경외감일 것이라 생각할 것이다. 깃을 달고 위풍당당하게 걷는 걸음을 벗어나야 비로소 유토피아와 같은 풍경을 자기 발로 다니며 볼 수 있을 것이다.[187] 작은 나무숲을 중심으로 여기저기 퍼진 단단하고 깔끔한 가옥들, 붉은 기와로 지붕을 덮은 제조 공장들, 유유히 흐르는 강을 보게 될 것이다. 농민들과 정비공들은 일 때문에 조급하지 않다. 이들은 노래를 부르며 여유롭게 귀가 길을 나선다. 땅거미가 젖어들 때 명상에 잠기기를 두려워하지 않으며, 복잡하고 거인처럼 거대한 세계밖에 건설할 줄 모르는 정당들과 아무런 상관이 없고, 괴물 신화와 그 신화에 열광하는 무리들에게서 멀어진다. 또 대중들과 제국들을 저주하며, 진정성 있는 모든 혁명은 인간의 삶을 단순하게 한다는 사실을 이해한다. 진정한 혁명은 자연의 대상들을 더 많이 만나도록 하며, 이웃을 향해 손을 뻗도록 한다. 이들은 인간이 큰 꿈을 상실했기 때문에 무력하다는 사실을 깨닫는다. 금고에는 금이 쌓이고, 배고픔으로 비참하게 죽어가는 이웃 곁의 창고에는 밀이 차곡차곡 쌓인다. 이들은 현대 사상의 무능력을 직시한다. 현대인은 막무가내로 생각하는 데 그치기 때문이다. 우리는 땅에 살지 않는다고 막연하게 생각한다. 나무의 아름다움과 샘의 시원함을 아는 사람들은 태양이 비치는 집을 위한 혁명, 계곡과 협곡이 누려야 할 자유를 위한 혁명이 삼색기청색, 백색, 적색[188] 흩날리는 혁명보다 위대하며, '플레슈'나 '테트 드 모르'를 위한 혁명보다 더 위대하다는 사실을 이해한다."[189] 산을 내려온 새로운 야만인들이 황폐한 땅에서 새 세계를 만들려 옛 제국을 파괴한다.

서기 2000년[190]

베르나르 샤르보노

사건

1945년 8월 6일, 미국 대통령 트루먼은 전 영국 수상 윈스턴 처칠의 성명서를 통해 미 공군의 원자탄 사용을 처음으로 밝혔다. 히로시마의 일본군 항구에 떨어진 폭탄 하나가 도시 대부분을 파괴했다. 폭발 시 연기가 200km 밖에서도 보였고, 23km까지 치솟아 올랐다. 국가 지도자들은 더 강력한 폭탄의 사용을 예고했다.

현재 진행 중인 두 가지 위험 요소에 관하여

우선, 사태의 불가사의한 특성에 대해 이야기하자. 이 사건은 예외적인 부분이 있다. 역사에서 벌어진 사건의 중요도와 그것을 느끼는 감각이 직결된 사건이기 때문이다. 번개처럼 번쩍이는 빛이 우리 세계를 비췄다. 유일한 위험 요소라면, 우리가 이 빛에 현혹되었다는 것이다. 사람들은 지평에서 지평으로 이동하지 못했다. 즉, 일상생활의 지평에서 기대감 충만한 소설의 지평으로, 스테이크 한 점 먹기 위한 일상의 투쟁에서 묵시록의 투쟁으로 이동하지 못했다.

동화할 수 없는 것이 세상에 동화되고 말았다. 그리고 그것의 정당화 과정이 시작되었다. 주요 사건들에서 보듯이, 우리는 이 부분도 미리 염두에 둬야 한다. 원자탄의 사용이 인간에게 치명적인 위험이 된다면, 그러한 위험에 대한 사전 인식이야말로 우리 세계에 치명타를 입히는 요소가 될 수 있다. 그만큼 우리는 이러한 의식화 과정을 피하기 어렵다.

프랑스 언론들이 보였던 최초의 반응은 중요했다. 범상치 않은 사태가 벌어졌고, 원자탄 사용에 대한 속보가 올라왔다. 그러나 언론의 논평은 이 범상치 않은 사태를 재빠르게 기존 범주에 동화시켰다. 즉, 정치 질서 안에 가뒀다. 『콩바』Combat에 실린 한 기사는 매우 수준 높은 정신을 보여줬다.[191] 『르 카나르』Le Canard는 모독과 조소 가득한 말장난 밖에 없었다. 『콩바』는 진중한 논조를 표방하는 신문이고, 『르 카나르』는 해학과 조소를 표방하는 신문이다. 사회주의 계열의 신문들은 트루먼 대통령에 동의하며 원자탄이 전쟁을 종식시킬 수 있으리라는 희망가를 불렀다. 폭탄은 희망이 아니다. 폭탄은 사실이고 사건이다. 『악시옹』Action은 '레지스탕스 연합운동'[192]과 '민주사회주의 레지스탕스 연합'[193]의 보도문에 담긴 논조로 사건을 해설했다. 반면 『뤼마니테』L'Humanité는 소련에 대한 원자탄 사용을 주장하는 소련의 적성국들을 맹비난했다. 드골 장군은 이 신문에서 라인강 좌안 점령을 지지하고, 스탈린의 한반도 점령을 지지하지 않다는 내용의 사설을 읽었다. 이를 통해, 우리는 앞으로 언론에서 떠들어 댈 내용, 세계 종말이라는 벼랑 끝 위기에 봉착한 지도자들이 이야기할 내용을 바로 간파한다.

반대로, 나는 원자탄 자체만 이야기하려 한다. 즉, 기계의 효력과 인간의 운명에 대해서만 언급하려 한다. 나머지는 모두 동일하다. 나는 독일도, 소련도, 트루먼도 신경 쓰지 않는다. 다만 '인류'와 '인류를 위협하는 것', 이 두 가지만 진지하게 다루겠다. 우리는 이제 갓 첫 걸음을 뗐다. 역사에서 수천 년 넘는 시간을 단번에 건너뛰지 않았는지 자문해 본다. 우리는 광범위한 지역을 사막으로 바꾸는 수단으로 폭탄을 사용하고 말았다. 지금 사용된 원자탄은 앞으로 출현할 폭탄들 중에 가장 초보적인 형태일 뿐이다. 이 점을 알아야 한다. 히로시마 대폭발은 시작에 불과하다. 앞으로 갖은 수사학을 동원해 '한 국가의 파괴'를 이야기하기 어려울 것이다. 머지않아 지구의 파괴도 가시화될지 모른다. 아메리카 발견에 비견될 수 있을 이 핵폭탄은 결국 세계를 끝장낼 것이다. 우리는 이론상으로 폭탄의 한계들에 대해 안다. 지금 우리는 그 한계들과 충돌한다. 대폭발로 종말의 위협에 직면한 세계는 하나의 총체를 이뤘다. 그러나 핵폭탄과 종말의 위협이라는 당면 사태를 '지구인 연대'라는 표현으로 공식화할 수 있는가? 그렇게 말하기 어렵다.

앞으로 파리, 모스크바, 뉴욕의 생존 여부는 단 하나의 질서에 달렸다. 대도시 문명은 자기 발등을 찍을 수 있을 도끼를 만들었다. 아마 최악의 사태가 올지도 모른다. 왜냐하면 지금 우리가 사는 세계는 무한한 힘들이 균형을 이루는 기적의 '작용점'에 불과하기 때문이다. 만일 우리가 이 균형을 파괴한다면, 폭탄은 지구에 새로운 태양을 만들 것이다. 태양 빛에 준하는 폭발 섬광을 만들려, 권력들은 치열한 경쟁을 벌일 것이다. 그리고 언젠가 세계의 종말은 비밀의 공간에 밀폐될 것이다. 우리가 영원하다고 느끼는 모든 것은 더 이상 영원하지 않다. 예컨대, 캉브 골짜기의 포플러, 남극의 얼음, 푸라 해안가의 가을도 일시적인 것에 불과하다. 얼음이 꽁꽁 언 1월 아침, 포근한 여름밤도 더 이상 파괴 불가능한 것, 영원한 것이 아니다. 우리 세계는 죽음의 현실이 지배하는 귀신의 집과 같다. 이제 이 집에서 딴 생각 없이 맘 편하게 살기란 불가능하다.

더 이상 영원한 것은 없다. 자연도 없다. 강대국 간의 협정으로 유지되는 인위적인 불안정만 있을 뿐이다. 앞으로 우리 세계는 평형추, 미국의 권위, 소련의 이익과 같은 생각에만 집착할 것이다. 한가로운 여름 정원과 지옥의 불구덩이 사이에 시민 강제 이주 금지 협약이나 폭격 금지 협약과 같은 중대한 국제 협약은 더 이상 존재하지 않는다. 정치를 현실의 눈으로 보든, 신비의 눈으로 보든, 이 협약의 가치를 모르는 사람은 없다. 그러나 염두에 둬야 할 부분은 현실과 삶이다. 그리고 현실과 삶을 앞세운 긍정의 정신이 총체적 파괴라는 사슬을 풀어 버릴 것이다. 왜냐하면 우리의 불행이나 소망을 위한 정치 상황 모두 '기술 수단'의 내부에 있기 때문이다. 또한 설령 세상의 종말이 온다고 해도, 여전히 국가들은 존재할 것이기 때문이다. 지구 차원의 군비 확장은 결국 '지구 제국'을 부를 것이다.

비슷한 종말의 가능성이 서구 역사를 밝히는 중이다. 이 역사의 완성은 서구 세계에 중차대한 의미를 선사할 것이다. 이제 우리는 최후의 대폭발에 이른 파멸 과정으로 세계사를 읽어야 한다. 아마도 그렇게 될 가능성이 높으리라 생각한다. 그리고 파괴와 우리 사이에 남아 있는 것은 우리의 자유로운 결단 밖에 없다. 서구인이 세계에 흩뿌린 불티는 지식을 위한 지식에 대한 열정, 실현을 위한 실현에 대한 의지, 결과를 위한 결과에 대한 예찬이다. 예술을 위한 예술, 이념을 위한 이념에 대한 맹목적 선호가 종말로 가는 기본 조건이다. 다시 말해, 인간 정신의 부재가 종말을 부추기는 근본 원인이다. 인간다운 정신의 권위는 폭탄을 창조한 과학의 권위보다 더 경이롭고 비범한 것으로 평가되어야 한다. 왜냐하면, 지상 세계와 무le néant 사이에 남는 것은 결국 인간다운 정신뿐이기 때문이다.

그러나 나는 진보를 믿었던 이들의 자식이므로, 그리고 인간사가 신화의 주장들을 수용할 수 없으므로, 나는 이 괴물의 귀착점을 알 수 있다. 나는 오로지 신을 믿는 경우에만, 세계의 종말을 믿으려 한다. 그리고 세계의 종말을 믿어야만, 신을 믿을 것이다.[194] 그러나 내 눈에, 인류는 최후의 순간 자멸을 앞두고 후퇴할 줄 아는 지혜를 충분히 갖췄다. 오늘날 인간을 신뢰한다는 말은 가장 초보적인 동물들도 소유한 본능을 인간 역시 소유했다는 전제와 맞닿는다! 그러나 내 전제는 모험이다. 오늘날 세계의 명령권은 인간이 아닌 정치에게 있기 때문이다!

트루먼 대통령의 생각처럼, 원자력이 결국 평화를 위한 일에만 사용될 것이라는 가능성을 예상해 보자. 이것은 비극은 덜해도, 오히려 더 끔찍할 수도 있다. 여하튼, 폭탄들의 폭발을 보거나 기계들의 굉음을 들으며 우리는 다음과 같이 주장한다. 대량 에너지가 세계를 벼리고 다듬을 것이며, 기계나 폭탄으로 인해 세계는 대혼란과 격변에 휘말릴 것이다. 인간 실존의 근본 변화는 전쟁이 아닌 평화를 통해 가능할 것이다. 그 이유는 도시의 파괴가 아닌 새로운 것들의 창조가 중요하기 때문이고, 사회의 파괴가 아닌 사회의 변형이 핵심이기 때문이며, 불행보다 행복에 능동적인 힘이 작용하기 때문이다.

내가 사람들에게 진중한 검토를 요구했던 시대, 즉 대변혁의 시대인 세 번째 밀레니엄[195]에 돌입했다. 지지하는 정파나 종교와 무관하게, 그리고 각자가 그리는 미래와 상관없이, 세계는 대대적으로 바뀔 것이다. 나는 그 부분에 동의한다. 나는 사람들에게 이 변화를 숙고해 볼 것을 주문한다. 프랑스의 국제 정치 위상 변화를 중요하게 생각하는 사람이라면, 적어도 집중력과 우려의 시선을 동원해 검토해 보아야 할 부분이다. 왜냐하면 사생활과 공공성의 중요성, 과거보다 폭넓고 심오한 사람들의 중요성에 걸린 문제이기 때문이다.

이 전복적인 변화의 근본 특성은 바로 '예측 불가능성'이다. 우리가 확실하게 주장하는 이유가 바로 이것 때문이다. 왜냐하면 우리는 이러한 전복을 바라지 않기 때문이다. 인간적인 기원과 무관하다는 면에서, 이러한 전복을 예측하기란 불가능하다. 사람들은 멈추지 않고 여러 수단들을 만들어 낼 것이다. 그러나 이 수단들의 복무지가 어딘지 숙고하지 않을 것이며, 그저 강제로 부과된 목적에 따라 새로운 고안 작업을 지속할 것이다. 내가 심히 걱정하는 사실, 그리고 원자탄을 기점으로 논의해야 할 사실이 있다. 바로 '자연에 맞서는 괴물체'가 우리 앞에 있다는 것이다. 나는 이러한 수단들과 대면해 무능력만 드러내는 인간을 염려한다. 그러나 이 무능력의 표출을 현실주의자들의 맹목과 실어증에 비교한다면,[196] '내 염려'의 동의어는 '이 수단들을 지배하려는 노력'일 것이다.

우리의 수단들은 점점 비대해지며, 우리의 목적들은 점점 불확실해진다. 정의와 사랑 같은 추상 명사들이 발붙일 공간이 없다. 대신, 현실적인 힘이 그 자리를 빼앗는다. 물질에 대한 헛된 욕망, 안락한 삶에 대한 열망밖에 존재하지 않는다. 특히, 개인과 사회의 효율성 증대에 대한 욕구가 짙어진다. 그러나 이 힘 자체를 소유하고 누리려는 의지는 배치된 수단들의 반영에 불과하며, 전달된 수단들의 힘에서 얻는 기쁨에 지나지 않는다. 기술 수단들이 창출하려는 목표가 바로 그것이다.

증기 기관과 전기 사용이 가져온 대변화를 생각한다면, 그리고 이 수단들이 우리에게 제기한 인간적 문제들을 지금까지 풀지 못한 점을 생각한다면, 우리는 여전히 미해결 상황에 있음을 어렴풋이나마 알 수 있을 것이다. 인간도 신과 마찬가지로 기본 요소들로 세계를 멋대로 주무를 수 있다. 그러나 형식을 창조하는 것은 도구가 아니며, 도구의 안내자는 바로 '생각'이다. 동일하게, 이 새로운 신은 오로지 파괴만 일삼을 것이다. 이 신의 건설 도구들 자체가 파괴 도구들일 것이다. 이 신이 떠드는 평화는 냉혹한 전쟁일 것이다. 자연에 맞서고, 자연 고유의 질서에 대항하는 전쟁, 제멋대로 세계를 주무르고 대혼란을 일으키는 전쟁일 것이다.

나는 인간을 지키려 하고 정신의 가치를 지키려 하는 사람들에게 말한다. 그리고 다음과 같이 묻고 싶다. 당신은 신, 절대이성, 절대정신, 영원한 진리를 믿는가? 그렇다면, 가치의 의미가 사라지고 인간다움의 맛이 사라진 이 전복적 상황에 질질 끌려 다녀야 하는가? 이렇게 묻는 이유는 우리 자녀 세대의 눈에 우리는 아시리아 사람들이며, 손자 세대에게는 달나라 사람들일 것이기 때문이다. 더 이상 우리의 장래를 낙관할 수 없는 상황에서, 어떤 사상도 우리의 현재를 지배할 수 없다. 그렇다면, 여러분이 믿는 절대계시, 인문주의는 뭐란 말인가? 정의와 사랑이 세대와 세대로 전달되어야 한다는 사실을 인정한다면, 우리가 죽음을 각오하고 수용한 정의와 사랑은 뭐란 말인가? 인간의 정신은 불합리하고 터무니없는 세상에 사장될 것이고, 영원한 죽음과 같은 차디찬 얼음들이 냉혹한 묵시록의 감옥에 시간을 가둬 동결해 버릴 것이다. 오히려 세상의 종말이 진정한 은총일지도 모른다.

제안들

기술 자율성에 대해 확인된 사실

이론 성찰의 문제가 아니다. 구체적으로 봐야 할 이 세계의 운명이 달린 문제이다. 원자탄은 모두에게 위험하고, 언제나 위협을 가할 수 있다. 인류의 운명이 과연 어떻게 되겠는가? 그러나 나는 불법으로 사용된 결과물이자 심하게 어그러진 한 가지 문구만 이야기하려 한다. 만일 우리에게 미덕vertu이 없다면, 우리는 죽음과 같은 야만의 상황에 대항할 수 있는 원초적 본능을 가질 수 있는가? 확실한 표현을 위해, 다시 한 번 야생의 삶으로 되돌아가는 정도면 충분할 것이다. 그러나 우리는 더 이상 난폭한 야생 짐승이 아니다. 나는 우리가 그렇게 될까 두렵다. 우리는 속박의 정도를 측정하지 않는다. 대신 힘 빠진 노인마냥 문제시 된 것에 주판알을 튕기거나 아예 침묵한다. 이러한 방향 자체가 핵폭탄에 대한 생각 자체를 피하도록 하는 것처럼 보인다.

이 놀라운 마비 상태에 이른 이유는 무엇인가? 애당초, 책무에 대한 포기가 있었다. 폭탄은 관념이 아니다. 폭탄에 관한 사고에서 드러난 지식인의 무능을 기억해야 한다. 폭탄은 하나의 사건이며 사실이다.

진보라는 명찰을 단 여러 사건들의 사슬과 유사하다. 이것은 일각에서 규정한 것이자 한 세기 전에 구체적으로 실현된 것이다. 현대인은 진보의 손길이 닿은 모든 것과 대면해 결국 하나의 태도를 택했다. 그러나 그 태도는 모순이다. 기술 진보를 인류 생성의 숙명과 본질 법칙으로 여김과 동시에 부차적 현상으로 여긴다. 똑똑한 박사의 입을 빌자면, "뒤로 되돌아갈 일은 없다." 장래에도 진보는 지속되어야 한다는 뜻이다. 간단히 말해, 질문 제기자가 극히 드물기 때문에, 진보를 자명한 현상으로 이야기해야 한다. 우리는 진보를 자명하게 받아들이지 않는 곳에 가지 말고, 정치 이데올로기에 대한 논쟁에 주의하는 곳으로도 되돌아가지 말아야 한다. 폐탱의 진보가 신문 1면을 장식한다. 그리고 나머지 기사들이 비율에 맞게 배열된다. 물론 폭탄 관련 기사도 있다. 그러나 주제에 대한 성찰은 어렵다. 확실히 이상한 대목이다. 폭탄은 기껏해야 선정 보도용 주제다. 폭탄은 정치 논쟁에서 매우 중요하지만, 그 자리를 치고 들어가기 쉽지 않다. 폭탄은 완성되었다. 그렇기 때문에, 언젠가 인류에게 행복을 줄 것이다. 인류는 내일이면 행복할 것이다. 왜냐하면 내일이면 폭탄과 다른 물건들이 쏟아질 것이고, 사람들은 더 이상 폭탄 이야기를 하려 들지 않을 게 자명하기 때문이다.

만일 진보에 대한 예찬이 더 이상 기술들에 대한 사상 교리가 아니라면, 현 시대의 생생한 신화처럼 인간이 야생 동물이 될까 우려하는 사상의 교리가 아니라면, 진보 예찬은 항상 능동적, 적극적인 예배일 것이다. 확실히 이 예배의 인도자는 카페 드 플로르[197]가 아니다.

이러한 태도는 우리를 다음과 같은 방향으로 유도한다. 첫째, 진보는 탁월한 선물이다. 둘째, 우리는 진보와 대면해 우리 자유를 포기한다. 만일 기계의 사용이 악이 아니라면, 수단에 불과한 이 기계에 대한 포기는 거악巨惡일 것이다. 만일 기계가 중립적이고 인류의 행복이나 불행에 무차별적으로 복무할 수 있다면, 그것의 기본 전제는 바로 인류의 행복이나 불행에 복무하려는 의지이기 때문이다. 그러나 진보 투사들의 태도는 전혀 다르다. 인간에 대한 기술들의 행동을 검토하라는 요구, 기계화의 다른 방향에 대해 숙고하라는 우리의 요구가 있을 때마다 이들은 항의한다. 이들의 눈에 진보란 곧 '기술의 완성'이다. 이것은 이미 한 세기 전부터 고착된 시각이다. 이들에게 기술 진보는 그 자체로 가치 있다. 물질문명의 발전, 기술 자체가 미래의 길을 연다. 다만 진보 투사들은 다음 내용을 종종 잊는다. 즉, 이들은 '기계 자체'와 '기계 비판론자들'을 대립시킨다. 이 투사들에게 기계는 단순히 기계가 아니다. 기계는 곧 정의이며 자유다. 나는 기계를 거부하지 않는다. 내가 거부하는 것은 거대 산업화와 원자탄을 '가치들'과 동일시하는 시각이다. 그러나 진보 투사들은 기계가 단순 도구에 불과하나는 생각을 벗어나 기계가 나름의 목적을 가졌다는 사실을 숙고하지 않았다. 어떤 사람들은 이 점을 깊이 생각했다. 그러나 진보 투사들은 이 사람들의 손에 무기를 쥐어줬다.

소위 인문주의 세대에서 기술과 기계들에 대한 이러한 퇴행이 벌어지는 이유는 무엇인가? 기름칠 한 금속을 경배하려고 대리석과 황금 신들을 물구나무 세운 이유는 무엇인가? 인류가 자기 운명을 하늘에 맡기지 않고 이 도구들에 맡기는 이유는 무엇인가? 그 자체를 폐기 처분할 수 있는 이 기계가 인류에게 유용하다는 말이 옳다면, 기계에는 권력 성장이라는 목적도 포함될 것이기 때문이다. 비행기를 타면, 도보로 가는 거리보다 훨씬 멀리 간다. 굴착기를 사용하며, 딱따구리보다 더 많은 나무를 쓰러뜨린다. 폭탄 하나가 터지면, 칼 한 자루보다 더 많은 인명을 살상할 수 있다. 기계는 지배와 정복을 위해 제작된다. 다시 말해, 물건들과 사람들을 지배하고 정복하기 위해 제작된다. 또한 일반적인 정복과 마찬가지로, 기계 제작에는 항상 파괴가 뒤따른다. 기계는 건설보다 파괴에 훨씬 효과적이다. 우리는 도시를 파괴하는 폭탄을 소유했다. 아마 내일은 단 1초 만에 세계를 파괴할 수 있는 폭탄을 가질지 모른다. 우리는 이 짧은 순간에 세계를 창조할 수 없다. 왜냐하면 힘은 으깨고 짓이길 수 있고, 생명만이 생명을 낳을 수 있기 때문이다.

기계, 그것은 권력 의지다. 권력 의지, 그것은 기계다. 최고의 기계들을 발명한 자들은 황금이나 정복에 굶주린 자들이다. 편견에서 가장 멀리 벗어난 사람이 이 기계들을 자유롭게 활용한다. 권력 의지는 그것의 팽창과 완결로 구현된다. 바로 국가마다 표방하는 '제국주의'다. 기술 진보가 절정에 올랐던 시기는 자본주의의 번영을 구가하던 시기다. 더 큰 척도에서 말한다면, 이 시기는 국가들 간 전쟁의 시기다. 우리가 사는 전체주의 세계의 큰 특징이 있다면, '정치적인 것'과 '기술적인 것'의 공생 관계, 국가 수장의 권력 의지와 대상에 대한 호기심의 일치, 기계가 설정한 의미와 방향, 전문기술자들의 멍청하고 고분고분한 모습일 것이다. 히틀러주의l'hitlérisme는 최고 기술력이 극단적 국가 규율 체계에 접착된 사회의 출현과 동의어다. 원자탄은 정치와 기술의 이러한 짝짓기로 낳은 괴물이다. 소수의 젠체하는 광인들처럼, 국가는 지식인들을 이 땅 어딘가에 감금하고, 눈 먼 곤충들에 대한 이들의 광적 편애에 값비싼 음식을 아낌없이 제공하고, 이들의 무의식이 공들여 제작한 위험한 열매를 정성껏 수확한다. 과학자들의 주된 주장은 이렇다. "우리의 개발이 유용하게 쓰일 수만 있다면, [나머지는] 아무런 상관없다." 언젠가 과학자들에게 이러한 퇴행적 태도에 관한 해명을 요구할 것이다. 범죄를 가장 많이 저지른 나라는 어떤 나라인가? 바로 기술적으로 가장 진보한 나라다. 벨젠[198]과 부헨발트[199]는 행정 관리, 운송 능력의 최첨단 완성 및 고도의 화학 산업을 전제했다. 백만 명이 거주하는 한 도시에 솟은 불길은 사모리200의 범위에 미치지 않았다. 국가의 미덕과 악덕은 기술력의 강약 여부에 달렸다. 만일 일본인들이 미국의 마을들을 폭격했다면, 그것은 수단들의 오류일 것이다. 미국이 히로시마에 폭탄을 투하했다면, 그것은 폭탄의 개발 때문이었을 것이다. 가장 끔찍한 전쟁 기계에 그 의의를 부여하기 위해, 소위 기독교 국가라 불리는 곳의 정치인들과 지식인들이 폭탄을 인정해야 했다. 인간의 행복이라는 명목으로 폭탄을 투하했다. 일본인은 없다. 미국인도 없다. 폭탄이 있고, 전쟁이 있고, 점점 완성도를 더해가는 전쟁 무기들만 있을 뿐이다. 이 수단과 무기들을 수용한 사람들은 그저 하나의 도구에 불과할 뿐이다. 인간은 악을 제조하는 기계의 부속품일 뿐이다. 누구의 잘못인가? 비행기 조종사인가? 그는 폭탄을 직접 투하하지 않았다. 그렇다면, 폭탄 투척수인가? 그를 데려 온 사람은 바로 조종사다. 그럼, 지휘관인가? 그는 단지 상관의 명을 수행했을 뿐이다. 폭격 당일, 그는 아팠다. 그렇다면, 예하 명령권자인가? 트루먼 대통령인가? 폭탄 제조를 시작한 당사자는 루즈벨트였다. 그는 히틀러의 표적이었기 때문에, 그렇게 해야만 했다. 그렇다면 제조 노동자들인가? 당시 노동은 극히 분화된 형태였고, 노동자들은 자신이 폭탄 제조자인 줄도 몰랐다. 물건은 자동화 체제 내에서 제조되었다. 과연 누구에게 책임을 물어야 하는가? 아무도 책임지려 하지 않는다.

이데올로기 상부구조가 본질이 아니다. 맹위를 떨치는 기술들의 힘과 그것을 낳는 정신의 태도가 본질 문제다. 즉, 수단들 앞에서 보이는 인간의 수동성, 대중들의 상상력 부재, 행동하는 인간의 "현실주의", 지식인들의 이상향으로의 도피가 핵심이다. 또한 본질적인 것은 진보라 불리는 기술들의 발전과 기술 신화다. 오늘날 어떤 지시를 받든, 기술 발전은 사상의 구현에 속하지 않는다. 오히려 기술은 [자가] 발전을 거듭하며 자리를 점하고, 결국 사회정치 교리가 된다.

기술 통제를 위하여

우리는 수단들에 대한 통제권을 회복해야 한다. 기술의 진보가 도구의 자리로 축소되지 않는 이상, 우리가 해방시킨 힘들이 결국 우리를 짓밟을 것이다. 원자탄의 의미는 바로 거기에 있다. 자폭 수단으로 전능자의 자리에 오르려 한다. 우리는 기술들심지어 그 중 하나인 '정치'까지 포함해을 수단들로 여기는 법을 다시 배워야 한다. 우리가 맞서려는 대상은 국가나 기계가 아니다. 왜냐하면 생명력 없는 무생물들에게 악마의 신성을 용인할 이유가 없기 때문이다. 우리가 반대하는 대상은 통제 불가능성이 부여된 국가와 기계를 대하는 사람들의 태도, 이를 삶의 구조와 의미로 수용한 사람들의 태도다. 더 나아가, 우리는 힘의 성장

기술이 인간에게 결합시킨과 인간의 완성을 뒤섞으려는 사람들에게 맞서야 한다.

도구의 장악을 실현하기 위한 첫째 조건은 다음과 같다. 우리는 현 문명에서 소위 기술이라 불리는 것이 이미 자율성을 확보했다는 사실을 깨달아야 한다. 이것은 가장 기본적인 조건이며, 지성 활동에 속하지 않고 객관적 상황에 대한 경험에 속한다. 관건은 이데올로기 체계가 아닌, 일상생활 곳곳까지 파고든 구체적인 구조를 의식하느냐 마느냐이다. 다시 말해, 관료주의, 대중 선전, 집단 수용소, 전쟁과 같은 문제에 대한 우리의 의식이 관건이다. 점차 비대해지는 수단들이 우리 문명점점 거대해지는을 규정한다. 이를 겸허하게 인정하지 않는 한, 마치 철권 통치자라도 된 마냥 전쟁, 정치, 산업에 대한 담화를 지속하는 한, 도구 장악의 실현은커녕 논쟁조차 일지 않을 것이다.

그러나 사람들은 숙명론에 의지해 스스로 자유롭다고 믿어 버린다. 압제와 속박이 출현하고, 이를 기점으로 우리는 자유에 대한 요구도 단념하고 만다. 그것이 훨씬 편한 길이기 때문이다. 그러나 우리가 기술 수단들의 자율성과 이 수단들이 퍼트리는 숙명론에 직면하는 법을 안다면, 바로 그 순간부터 우리는 자유를 위한 운동을 시작할 수 있을 것이다. 왜냐하면 자유는 예속 상태를 의식하는 순간에 태어나기 때문이다. 나는 수단들을 제어할 수 없다는 인간들의 공포가 지극히 자연스럽다고 생각한다. 일단 이 공포에 사로잡히면, 나머지 상황이 뒤따를 것이다. 그러나 동시에 예속에 대한 거부도 뒤따라 올 것이다!

원자력 사용이 인류의 행복이 될지 불행이 될지를 묻는 것이 핵심은 아니다. 핵심 질문은 '원자력의 사용으로 인간이 자유민이 될 것인가 아니면 노예가 될 것인가'이다. 아마도 답하기 쉬운 질문일 것이다. 질문에 대한 대답을 위해, 우리가 직접 수행해야 할 과제는 다음과 같다. 첫째, 새로운 수단들이 어떤 점에서 새로운 노예제를 가리키는지 확인해야 한다. 둘째, 수단들이 사람보다 선행하는 이 끔찍한 문제를 사람들이 의식하도록 투쟁을 전개해야 한다. 셋째, 대답을 예측해 보지 않은 채 막연히 수용하는 자료들을 문제 삼아야 한다. 그렇지만, 다수의 사람들이 더 이상 질문을 던지지 않는다. 질문에 답이 암시되지 않아서인가?

이러한 의식화는 객관적 상황에 대한 확인과 검증이다. 따라서 객관성에 대한 노력이다. 그러나 객관성을 유지하려는 모든 노력과 마찬가지로, 의식화는 대상을 '외화'外化하는 내면의 경험에서만 탄생한다. 만일 우리가 기술의 수단들을 객관적으로 숙고하지 않는다면, 이 수단들이 우리의 맘속에 깊게 뿌리내린 경향들 중 하나를 설명하기 때문일 것이다. 다시 말해, '기술 수단들의 사용으로 체계 경작이 가능하다'와 같은 생각이 내면에 깊게 박혔기 때문이다. 기술과 기계는 권력이다. 그리고 이 권력을 중심으로, 하나의 정신이 권력과 동일시된다. 이제 기술과 기계는 인간 위에서 작동한다. 그리고 이 현상 바깥에서 기술과 기계를 사유하기란 불가능하다. 권력은 가치이고 폭탄은 기계이므로, 폭탄의 폭발력만큼 권력은 선과 보편성을 잠재적으로 내포하게 된다.

따라서 '기술적인 것'의 자율성에 대한 의식화는 단순한 의식이 아니다. 그것은 권력 의지를 약화시켜야 하며, 사물과 인간에 대한 지배 욕구를 약화시키고, 현대인에게 종교를 대신해 지배력을 행사하려는 활동을 약화시켜야 하는 작업이다. 우리의 수단들에 불과한 물건이 거대한 자율성을 확보했다. 정신적 요구의 약화에 시달리는 우리는 이러한 자율성을 확인하는 데 무능하다. 마찬가지로, 유한하지 않은 가치들의 복구가 일어난다면, 본능적으로 '고독한 개인'을 '대중'에 앞세우고, '개인의 행복'을 '집단 권력'에 앞세우며, '내면의 완성'을 '외부 세계에 대한 제어'에 앞세운다면, 수단들을 지배할 수 있는 우리의 능력 역시 긍정될 것이다.

무엇보다, 우리는 원자탄에 대한 침묵을 깨고 원자탄의 위험천만한 의미에 대해 목소리를 높여야 한다. 경기에 도취된 아이들의 비명 소리질겁 혹은 탄성로 표출된 이 경악스러운 일겉으로 평화로운 체하는에 저항해야 한다.

우선시해야 할 부분은 다음과 같다. 우리는 지독할 정도로 기술의 외부 영역에 우리의 자리를 마련해야 한다. 그리고 폭탄 사용을 가장 완성된 형태의 범죄 취급해야 한다. 폭탄 사용자들은 전쟁 범죄자들, 그리고 미국 대통령이다. 아마도 사람들 중에는 '폭탄 사용은 필요했고, 미국인이 최초 사용자도 아니다'고 반발할 수도 있을 것이다. 내가 고대하는 부분은 용서와 사죄의 필연성, 그리고 이 잔혹한 경주에서 설령 적이라 할지라도 보여야 할 책임이다. 용서를 구한다면, 범죄 자체보다 전쟁과 관련된 용서에 더 긴 이야기를 할애해야 할 것이다.

모두의 목숨이 도박판 판돈이 되었다. 전쟁보다 생명이 먼저라는 시각에서 보면, 지금 생명은 생명이 아니다. 적어도 대도시 거주자들은 죽음의 위협에 직접 노출되었다고 보아도 무방하다. 따라서 사람들은 자기에게 위협이 될 만한 것에 관한 일체의 정보를 정부에 요구한다. 일부에서 진행한 이 연구는 보편 재난의 위험을 포함한다. 일각에서는 확신에 확신을 거듭해, 이 소음을 가짜라고 반박한다. 위험이 있다면, 즉각 작업을 중단하거나 갖은 이유를 제시할 것이다. 전능한 이유들, 반드시 존재해야 할 이유들극한 위험에 빠진 우리에게 필요한을 댈 것이다. 우리 모두는 이 문제에 대해 말할 권리가 있다. 또한 국가의 어떤 이유로도 우리를 인질로 삼을 수 없다. 온 인류와 관계된 것이 중요하다. 몸, 대륙, 언덕의 민주주의가 중요하다. 정지적 사유 이편에서, 권리들보다 더 근본적인 것이 중요하다. 즉, 이 땅에서 살아가는 모든 사람들에게 부여된 권리가 관건이다. 정치라는 새장에 갇힌 도금鍍金한 새들은 일순간에 재잘거림을 멈춘다. 사람들은 자신에게 부여되지 않을 수 없는 대답을 듣기 위해 침묵의 순간을 바란다. 그것은 국가의 대사에 관한 선전 구호가 될 수 없는 대답, 시대의 종말에 대한 '약간의' 철학 구호가 될 수 없는 대답, 그러나 질문에 냉혹할 정도로 구체적으로 응하는 대답이다. 이러한 대답의 변질이 없다면, 이 위협이 우리 삶의 측정 척도가 되기는 불가능할 것이다. 이에 대한 지지로, 우리는 더 이상 사유하지 말 것을 자발적으로 결정해야 한다. 원자탄은 인간의 기술 통제 문제를 제기한다. 지식의 모험과 기계의 본능을 혼동하는 사람들은 내 말을 경청하기 바란다. 관건은 지식의 예속이 아닌, 지식의 실천 응용에 대한 통제이다. 지식은 고독한 모험이다. 바로 그 점에서, 지식은 자유롭다. 그러나 지식의 실천 응용이 인간의 생활 조건들을 바꾼다는 면에서 볼 때, 지식은 판단의 영역에 속한다. 왜냐하면 사람들이 물질 요소를 기준으로 모든 것을 판단하는 방식에 정통하지 않다면, 이 요소가 삶을 전복할 수 있는 상황도 판단할 수 있을 것이고, 그러한 전복이 발생한 경우 관건은 과학에 대한 관심이 아닌 '인간다움'에 대한 관심이 될 것이기 때문이다.

모든 사람들에게 기술 수단들을 통제하는 문제가 제기되지 않는다면, 민주주의가 우리에게 선사한 권리들은 신기루가 될 위험이 있다. 우리는 투표함에 종이 한 장을 넣을 수 있다. 그러나 일부 전문 기술자들과 정치인들이 권력 통제력을 갖는다. 다시 말해, 폭탄은 민주주의에 완전히 반대되는 척도를 부과한다. 바로 '비밀'secret이다. 폭탄이라는 물체보다 이 비밀이 더 절대적이며, 더 중요하다. 폭탄에는 치명적인 힘이 있고, 모든 사람이 폭탄을 가질 수 없으며, 오직 익명적이고 가혹한 수단, 벼락만큼 직접적이고 단호한 수단들을 통해서만 폭탄의 치명적인 살상력이 보장되기 때문이다. 은폐된 위협을 바탕으로, 소수 전문가들이 세계 통치권을 손에 쥔다. 민주주의의 승리는 이들의 지배로 귀결될 위험이 있다.

확실히 이론 민주주의의 토대는 투표권이다. 그러나 실제 민주주의의 토대는 우리가 공평하게 누려야할 권력, 즉 '평등권'이다. 자유는 적어도 권력의 균형이 잡힌 곳에만 존재할 수 있다. 우리 문명에서, '손에 아무것도 쥐지 못한 인민'과 '세계를 소멸시킬 수 있는 힘을 가진 사람들' 사이에서 과연 어떠한 권력 지형이 그려질 수 있는가? 자유를 갖고 체험하기 원하는 자에게 진정한 민주주의를 위한 핵심 질문은 실권력의 공유일 것이다. 내가 실제로 권력에 참여하는 곳에서만 나는 자유롭다. 원자탄이 소멸하는 날, 일국의 기관이나 재무부서의 통제가 아닌 인민의 통제를 받는 일에 내 몫이 생기는 날이 되어야 비로소

나는 자유를 느낄 수 있을 것이다. 검토된 해법과 무관하게, 기술 수단들에 대한 인민의 통제는 현대 민주주의의 근본 문제다.

이론상 위 주장에 모두가 동의할 것이다. 기술은 활용 목적으로만 가치 있다. 그러나 기술을 사용하는 목적에 있어, 그리고 그 목적이 무엇이든, 기술은 사용 목적에 예속되어야 한다. 우리는 진보의 새로운 방향을 검토해야 한다. 진보의 존재 이유는 인간을 인간답게 존재하도록 하는 데 있다. 진보는 인간의 요구를 총체적으로 숙고하는 것이다. 즉, 물리적 존재로서의 인간, 정신적 존재로서의 인간을 밀접하게 결합시키는 숙고 작업이 필요하다.

가장 기초적인 단계로, 기술의 완성은 개인의 행복을 따라 이뤄져야지 집단 권력을 따라 이뤄져서는 안 된다. 겸허하게 말해, 지구를 폭파시키는 수단을 갖기보다 사람을 먹이고 입히는 수단들을 소유하는 일이 훨씬 중요하다.

이것은 문제의 단면일 뿐이다. 진보가 신체를 망가뜨리는 대신 일용할 양식을 공급한다는 말 정도로는 불충분하다. 진보는 인간의 극적 열망에 예속되어야 한다. 정신의 완성이 행복에 우선해야 한다. 기술 연구, 경제 활동은 정의와 자유를 공고히 해야 한다. 따라서 우리는 더 이상 기술 혹은 경제 활동과 정신의 요구를 따로 생각할 수 없다. 예컨대, 우리에게는 자유를 바탕으로 별 생각 없이 화폐 제도를 설명하려는 습관이 있다. 우리는 인간을 위해 자유의 조건들을 창조하려 한 기술 진보를 상상할 수 있다. 이를 테면, 인간에게 물질의 여유보다 개인 시간을 주고, 인간의 자주적 행동과 개인 활동 능력을 발전시킬 수 있을 수단들을 연구하는 기술 진보를 그려볼 수 있다. 그러한 연구는 체계적이지 않을 수 있다. 구체적인 사안별 연구를 통해 다룰 수 있는 문제일 것이다. 그러나 이 연구는 혁명적이다. 왜냐하면 그것은 지금까지 따랐던 방향과의 단절을 내포하기 때문이다. 또한 혁명적이라 칭할 수 있는 또 다른 이유는 이 연구가 단지 더 복잡하거나 완성도 높은 제도와 기계에 도달하기 때문이 아니라, 기존의 것과 다른 제도, 다른 기계에 이르기 때문이다.

이 작업은 현재까지 일차적으로 "진보"의 특징을 새겼던 생산파괴 수단들의 완성에 대한 분리를 필요로 한다. 오늘날 인간의 비참한 현실은 생산 수단들의 불충분함 때문이 아니다. 만일 우리의 물적 조건들을 개선하기 위해 전쟁에서 쓴 것들을 소비한다면, 우리 모두는 백만장자가 될지도 모른다. 따라서 본질적인 것은 생산 증가가 아니다. 생산이 각 개인들에게 이를 수 있는지, 각 개인들에게 도움이 될 수 있는지가 관건이다. 중요한 것은 분배 수단들의 진보이다. 기술적 상상력이 방향 전환을 일궈야 한다.

더 이상 발명품에 방점을 찍을 수 없다. 도리어 인간적 목적들을 위해 발명품을 사용하는 문제에 역점을 둬야 한다. 우리의 기술 창조물 대다수에 해당하지 않지만, 발명품은 개인과 사회에 동화되어야 한다. 바로 그 조건에서만 발명품은 번식력을 발휘할 수 있다. 앞으로는 수단들의 결과를 예측하고, 그것을 사회적 관심사에 적응시키고, 유가치한 기능으로 변환하는 일에만 재능을 발휘해야 할 것이다. 그것은 다양한 덕을 요구할 것이다. 무엇보다, 분석적 사고보다 종합적 사고, 즉 실제적인 것의 복합성 문제에 더 민감한 정신을 요구할 것이다. 또한 상상력, 인간적인 것의 의미, 구체적인 것을 요구할 것이다. 더불어, 속도의 다양성도 필요하다. 왜냐하면 신기술은 최소 시간이 흘러야 동화될 수 있고, 진보의 과정은 더 이상 쌍곡선이 아니기 때문이다. 즉, 그 과정은 심연을 향한 고속 수직 낙하 과정이 아닌, 주기적으로 상승하는 운동의 중요성, 항해사가 충분히 항로를 예측하고 설정할 수 있는 큰 강의 굵고 잔잔한 흐름일 것이기 때문이다. 그렇다면 앞으로, 우리는 진보에 대해 말할 수 있을 것이다. 다시 말해, 신체 발전이 정신 발전과 구분되지 않는 통일된 성장에 대해 말할 수 있을 것이다.

‘자연의 친구들을 위한 연맹’ 내규[201]

베르나르 샤르보노

제1항—‘자연의 친구들을 위한 연맹’ 이하 ‘자연의 친구들’ 은 사무실과 도시를 탈출하고픈 사람들[202]을 중심으로 결성되었다. 우리는 현대인에게 단순 오락에 그치지 않고 필수가 된 자연으로의 회귀나 “여가 활동”을 위한 단체가 아니다.

제2항—우리는 완벽한 독립 조직이다. 자연 감성에 대한 요구는 정치적 신화들[203]과 아무런 관련이 없다. 오늘날 숲을 거니는 사람은 보다 소박하고 자유로운 삶을 추구할 뿐이다. 그러나 정당은 복잡하기 이를 데 없고 신비로 포장된 것과 정략적 인원 편성을 제안할 뿐이다.

제3항—우리는 단순 관광객을 상대하지 않는다. 하늘을 날고 신선한

공기를 맡으며 일요일을 보내고픈 용감한 사람들과도 상관 없다. 우리는 강과 나무, 산에 깊은 애정을 지닌 사람들을 상대한다. 우리의 목적은 자연으로의 회귀를 용이하게 하려는 데 있지 않다. 날씨와 무관하게 언제든 떠날 준비가 된 사람들, 사람이 밟은 길 바깥에 자연의 아름다움이 있다는 사실을 아는 사람들이야말로 우리가 찾는 사람들이다. 안전한 피난처를 만들고, 아이젠을 설치하고, 경로를 추적하는 것이 우리의 목적은 아니다. 산으로 배낭여행을 떠나는 사람들은 산과의 투쟁에 임한 사람들, 자기만의 길을 택한 사람들이다.

제4항—우리는 스포츠 동호회가 아니다. 우리는 산에서 벌어지는 악전고투를 원하는 사람들을 받아들이지만, 전시회장을 들썩거리게 할 요량으로 사진 몇 장 찍는 사람들을 받아들이지 않는다. 우리는 곡예사를 원하지 않는다. 오히려 진정한 뱃사공, 진정한 농부, 진정한 산악인이 되려는 사람들을 필요로 한다. 날씨를 알고, 동계·하계 가리지 않고 험준한 산맥을 가로지르고, 한 고장의 외지고 후미진 곳에서도 고독한 싸움을 즐길 줄 아는 것이 우리의 목표다.

제5항—우리는 인위적인 삶을 피해 도시를 탈출한다. 인간다운 조건을 회복하고, 위험을 무릅쓰고, 배고프고, 목마르고, 만족감을 회복하기 위해 자연으로 되돌아간다. 또한, 우리는 지존이 된 돈과 그 돈이 빚은 계급에서 벗어나기 위해 자연으로 돌아간다. 공손과 겸양으로 치장한 관계가 아닌, 동지애로 뭉친 관계에서 인간을 되찾기 위한 이탈이다. 우리는 이러한 이탈을 통해서만 우리가 잃었던 진정성과 자유를 회복할 수 있음을 안다. 우리는 자연을 일종의 공공 정원으로 탈바꿈하려는 일체의 시도를 매우 혐오한다. 관광 목적으로 만들어진 고장들, 여행 기업들, 유명 여행 경로, 산 정상의 벌채와 정비 작업 역시 혐오한다.

제6항—그러나 우리는 분명히 안다. 자연을 보호하지 않으면, 자연은 결국 자본가와 정부 당국 중심의 여가 활동 조직에 의해 착취당할 것이다. 진정한 투쟁, 진정한 고독을 위한 공간은 없을 것이다. 스포츠 등산 활동을 위한 고장과 하이킹을 위한 고장 사이의 선택만 있을 뿐이다. 우리는 관광객들을 꺼린다. 그러나 외지에서 찾아온 동료들에게 자신의 고장을 알려주며 얻는 기쁨이 무엇인지 잘 안다. 따라서 정당, 정부, 숙박 조합을

사용하려는 모든 사람들에 맞서 자연 보호 협회를 결성할 때가 되었다. 기존의 협회 수장들은 관광 개발만 추진하고 목에 메달 거는 일에만 관심이 있다. 진정한 자연 보호는 자연을 사랑하는 사람들의 몫이다. 우리는 이러한 감성을 가진 사람들, 즉 산악인, 야영객, 수렵인, 어부를 보듬을 것이다.

활동

제7항—진정한 자연 감성을 가진 사람들이 자연으로 되돌아갈 수 있어야 한다. 바로 이것이 우리의 첫 번째 목표이다. 그러나 휴가 비용을 낼 수 있는 사람들이 산을 독점했다. 우리는 이를 용인할 수 없다. 자연으로의 회귀는 특별한 사람들만 가질 수 있을 깊은 차원의 욕구이다. 그것은 부르주아의 독점물이 아니다. 피고용인, 노동자도 충분히 가질 수 있는 욕구이다. 우리는 노동 시간 단축을 위해 투쟁할 것이며, 운송 회사와의 협정을 통해 특별 요금을 확보할 것이고, 회원들 간의 재정 지원을 장려할 것이다.

제8항—그러나 우리는 여가 활동 조직이 아니다. 우리는 인간과 자연

의 접촉은 일정 정도의 가혹함이 동반될 때라야 결실을 맺을 수 있다고 생각한다. 비록 미약한 수준이지만, 우리는 이러한 원칙으로 투쟁한다. 우리는 저가로 숙박할 수 있는 모임이다. 우리 연맹 이름의 숙박업소를 만들지 않고도, 특별 가격을 책정하는 데 기존의 업주들과 동의하고, 풍요하지만 소박한 형태로 식사를 준비하도록 조언하고, 지역의 헛간들로 잠자리를 삼을 수 있을 것이다. 우리는 텐트 임대 체계를 만들 것이며, 양치기들이 머물다 떠난 산 속의 빈 오두막들의 쉼터 활용 폭을 늘려 나갈 것이다. 연맹의 지역 활동 단체들이 이 쉼터들을 건설할 것이다. 가능한 단순하고 소박한 상태를 유지할 것이며, 지역 단체의 모임 장소의 역할을 하게 될 것이다.

제9항—우리는 보호 협회이다. 즉, 금전 이익에 넋이 나가 숱한 압박을 가하고 적극적인 행동 수단까지 동원해 한 고장을 착취하는 기업들에 맞서 투쟁할 것이다. 또 자연 감성의 주장을 배반하는 독점 대기업, 언론, 대형 협회 조직도 공격할 것이다.

제10항—우리는 금전 관점에서 상호 부조를 지향하는 공제 조합이지만, 회원들의 상호 정보 교환소 역할도 담당한다. 여러 단체

는 지역의 특수성을 담은 단체 조성을 추진한다. 이 과정에서 해당 고장의 정보를 상세히 담은 목록도 작성할 것이다. 우리는 함께 걸을 동료들을 필요로 하는 고립된 회원들 간의 연락처 역할을 맡을 수도 있을 것이다.

조 직

제11항—거친 자연을 고독하게 거니는 사람의 열정을 보라. 우리 연맹의 힘을 바로 거기에서 발견할 수 있다. 우리는 화려하게 치장한 파리 사람들이 만든 위원회의 지시에 따르지 않을 것이다. 일요일이면 대여섯 명의 친구들이 본 고장을 두루 다닐 수 있는 소규모의 단체들이 본 연맹의 기반을 이룬다. 이 소규모 단체들만이 힘을 가져야 한다. 도시, 자유민의 지역 단체들의 연맹은 군대, 공장의 관료주의 조직에 반대해야 한다.

제12항—이러한 단체를 강화하려면, 철저히 지역적이어야 한다. 오늘날 개인은 국기를 숭배하지만, 자기 고장에 대해서는 알지 못한다. 우리는 대규모 전경에 감탄하지 않으며, 자연 속에서 장식품을 보지 않는다. 오히려 우리가 사는 장소, 즉 우리가

목욕하고 물장구치는 강, 오르내렸던 산을 본다. '자연의 친구들'은 자기 고장에 애착을 가진 사람들이며, 본 고장의 모든 순간, 나무, 자원을 아는 사람들이다. 무엇보다 우리는 지역 사회라는 형태로 정립되어야 한다.

제13항—그러나 지역 단체의 생활은 자력으로만 이뤄지지 않는다. 장기 휴가는 이웃 고장들을 탐험할 수 있는 기회가 되어야 한다. '자연의 친구들'은 환대를 실천하고, 나그네와 이방인을 맞아들이는 일을 자랑스럽게 여긴다. 그리고 이들을 그 지역 사람들만[204] 아는 곳으로 인도하는 일을 기쁨으로 삼는다. 우리는 회원들에게 어느 고장으로 가야 하는지 일일이 공지하지 않으며, 관광용 광고에 적대적이다. '자연의 친구들'은 본인이 가고픈 곳을 안다. 지역의 여러 단체들이 필요한 정보들을 제공해 줄 것이다. 우리는 국제 차원의 연합이자 농민 연합이다. 본 고장을 우선으로 알기에 농민 연합이며, 국경선을 무시하기에 국제 연합이다.

제14항—지역 단체들 위에는 연방위원회가 있다. 연방위원회는 야영과 도보 경험을 증명할 수 있을 사람들로 구성될 것이다. 건

증과 선택 작업이 있을 것이다. 연방위원회 결성 초기에는 각 지역 연맹의 설립자들 중에서 선택해야 할 것이다. 처한 상황이나 나이 때문에 연맹 회원들에서 멀어지는 일은 없어야 한다. 위원회는 단일 지도부를 허용치 않을 것이다. 연맹을 지탱하는 정신은 탁상회의체가 아닌, 평야나 산에서 열리는 모임들로 표현되어야 한다.

옮긴이 후기

들어가며

“혁명가”라는 제목에 가슴이 설레다가, “반인간적 진보”라는 목차에 고개를 갸우뚱하고, 좌/우파 가릴 것 없이 “진보”라는 신화에 오염된 나머지 인격체의 주적이 되었다는 날선 비판에 심장 한 쪽이 뜨끔거렸다가, “인간을 위한 혁명”과 “분배 수단들의 진보”야말로 진정한 혁명이라는 단언에 비로소 협소한 시각을 벗어날 수 있었다.

이 책은 거대 담론으로 채색된 혁명 술사를 남발하지 않는다. 선동의 의향도 없고, 혁명이라고 말을 하는 데 별로 가슴 뜨거워지지도 않고, 뭔가 모호하고 생경한 낱말만 눈에 들어온다. 독자들은 ‘이런 게 혁명이야?’라고 반문할지 모른다. 지리에 밝지 않은 이들은 프랑스 서남부 어느 시골 저수지 이야기, 송어 잡이 이야기, 알든 모르든 하등의 상관도 없는 익명의 주인공들의 이야기가 매우 낯설게만 느껴질 것이다. 이런 내용이 도대체 혁명과 무슨 상관이 있는가? 내면 혁명, 자기 혁명을 설파하면서, 역으로 구조 변혁을 겨냥하는 혁명을 감추는 일종의 기만술에 복무하는 것은 아닌가? 혹은 혁명을 위시한 정신주의의 설파 아닌가?

의식과 행동의 일관성을 지향하는 혁명

그러나 곰곰이 되짚어 보면, 우리는 혁명이라는 이념과 이상에 복무하면서, 정작 삶의 대부분을 차지하는 일상에서 그 이념과 이상에 준하는 삶을 사는지부터 되물어야 한다. 즉, 정통正統과 정행正行의 일관성이 있는지 냉정하게 물어야 한다. 샤르보노와 엘륄의 담론은 바로 거기에서 출발한다. “삶에 뿌리내리지 않은 지식, 삶과 무관한 선전과 구호”의 허세를 들춰내야 한다. “인격체인 인간을 목적이 아닌 수단으로 전락시키는 시류와 그러한 시류에 젖어 살며 자연을 마치 되돌아가야 할 정체성의 본향이나 유토피아 정도로 동경하며 살도록 하는 정신구조, 그런 식으로 조성된 생활양식”을 전복해야 한다. 겉과 속이 다르고, 앞과 뒤가 다른 허세와 선전, 광고와 거품의 정치나 삶을 정당화하는 의식과 분위기 자체를 전환해야 한다.

사상과 행동의 일관성이 보장되지 않은들, 입으로 혁명을 운운해 봐야 한계는 분명하지 않겠는가? 예컨대, 극심한 빈부 격차와 무산계급화 현상을 낳고, 급기야 이를 정당화하는 대도시 자본주의 ‘체제’를 탓하는 사람이 ‘대도시’ 자체나 ‘자본’ 자체를 별로 문제 삼지 않는 것처럼 말이다. 문제는 체제일 뿐, 자본이나 대도시와 같은 대상 자체는 문제될 것이 없다는 생각에는 과연 오류와 모순이 없을까? 국제 차원의 식민주의 성토에는 열을 올리면서, 국내 차원에서 버젓이 자행 중인 내부 식민주의에는 침묵하는 이들의 일관성 없고, 모순된 태도는 어떻게 보아야 하는가?[205] 식민주의가 자본과 인력의 착취 및 흡입이라면, 학벌 서열과 금융 집중으로 지방의 인력과 자본을 모조리 빨아들이면서 몸집을 불리는 모 국가의 수도권 쏠림 현상은 식민주의와 그 구조가 다른가? 도농의 간극을 무한대로 벌여가며, 도시화를 다지고, 결국 '골다공증' 사회를 조성한 현실은 식민주의의 다른 얼굴이라고 표현하면 지나친 과장인가?

일상과 체험에서 출발하는 혁명

이러한 문제의식과 공명하는 본서의 저자들은 일상생활에 더 밀착된 이야기, 일상에서 흔히 접하는 대상, 일상의 시각에서 혁명의 출발점을 찾는다. 다시 말해, 추상이 아닌 "현실"에서 혁명의 출발점을 찾는다. 혁명을 이야기하되, 매 순간 결정하고 판단해야 하는 생활 정치의 혁명, 자기의 혁명, 관습의 혁명, 인간관계 맺는 방식의 혁명 등 그야말로 총체적 혁명을 이야기한다. 혁명을 옛 것과의 철저한 단절과 새것의 구축이라 정의할 수 있다면, 저자들의 혁명관의 밑바닥에는

"새로운 존재론"에 대한 요구가 각인되었다고 해도 무방할 것이다. 이제 우리의 의식은 "이번 선거에서 누구를 뽑을 것인가?"에서 "지금 이 고기를 먹을 것인가 말 것인가?" 혹은 "저기까지 걸어갈 것인가, 차를 타고 갈 것인가?" 등으로 바뀌어야 한다. 생활 정치의 직접성이 더 강화된 형태를 지향할 필요가 있다는 뜻이다.

사실, 제도와 구조가 바뀌어도 인간의 탐욕과 지배욕은 변함이 없었다. 그것은 본서의 저자들이 살았던 1930년대와 1940년대의 중서부 유럽의 전경이기도 하다. 부르주아 자유주의든, 파시즘이든, 볼셰비키든 '목줄만 바뀌었을 뿐이다.' 자본의 이름으로, 산업의 이름으로, 국가의 이름으로, 이념의 이름으로, 알량한 종교의 이름으로 어떤 것과도 대체 불가능한 인격체인 인간은 수단이 되었다. 냉혹한 현실에 직면한 인간은 도구, 부품, 기계 동력의 한 단계, 총알받이, 생체실험 표본으로 전락했다. "합리과학—산업경제—국가정치"의 거룩한 삼위일체가 빚어낸 현실이었다. 경제의 뒷받침과 정치의 선택에서 자유로운 순수 과학은 점점 자취를 감추고, 사익과 국익이 손을 잡았다.[206] 과학의 산물이 인간 해방을 가능케 하리라는 '믿음'이 있었으나, 현실은 전대미문의 대량살상 무기들과 핵무기의 출현이었다.

혹자는 시대의 흐름과 정신에 불가피한 희생이 따를 수밖에 없다고 변론할지 모른다. 그러나 그 희생자가 자기 자신이라면 어떨까? 희생의 문제가 당사자의 문제가 되는 경우에도, 시대 흐름과 정신과 같은 담론이 타당성을 확보할 수 있을까? 오히려 그 흐름과 정신에서 자기를 타자화해서 관찰자혹은 구경꾼와 해설자의 자리에 두는 행동은 아닌가? 때로 '역사'라는 말은 모순된 세계를 아우르고 포섭하는 대양大洋과 같지만, 존재자들 각각의 미시사이야기를 침묵과 은폐 상태로 환원하지 않는가?

베르나르 샤르보노와 자끄 엘륄: 벗과 동지

베르나르 샤르보노와 자끄 엘륄은 근 70년 가까운 시간 동안 우애 깊은 벗으로, 사상 동지로 지냈다. 현재 그 후손들도 친밀한 관계를 유지하는 중이다. 둘 다 당대 빛나고 날카로운 지성을 바탕으로 눈앞의 현실과 도래할 현실을 벼린 사상가들이지만, 학계나 지성계에서는 거의 무명이나 다름없었다. 그나마 엘륄은 '기술' 연구로 세간의 이목을 끌었지만, 개신교 신자라는 독특한 이력이 정교분리 명확한 프랑스 지성계 진출에 걸림돌이 되었다.[207] 한 편, 샤르보노는 특유의 고집과 확고한 지역주의 성향으로 파리 학계 진출을 거부했다.[208] 그는 유년기부터 반골 기질이 다분한 성격이었다. 학교 성적은 그다지 좋지 못했고, 취향대로 독서에 몰입했으며, 피레네의 산과 들을 누비고 야영하며 지내기를 좋아한 자유 전자였다.[209] 또한 두 사람은 고향 보르도에서 청년기부터 "인격주의 운동"을 전개했던 사회 운동가이자 교육자이기도 했다. 에마뉘엘 무니에가 주축이 되었던 인격주의 운동에 가담하여 인격체에 기초한 새로운 운동 노선을 꿈꿨으나 무니에 일파의 파리 중심주의와 지나친 이론 편향성에 반발했고, 자기 지역 상황에 부합하는 독자적 실천을 추구하기에 이른다. 이들의 실천은 수도권이 교육, 문화, 경제, 정치 등의 사회 전반을 독식, 흡입하며 지방을 부속물로 여기는 중심주의 기제를 강경 비판하고, 기본적으로 각 고장과 지역의 특수성과 개성을 살리는 탈중앙집권지방자치권 운동을 표방한다.

덧붙여, 두 사람은 독자적 운동 방향과 함께 연구 분야에서도 독자성을 드러낸다. 두 사람의 인격주의 운동은 1930년대 에마뉘엘 무니에가 주축이 된 잡지 『에스프리』*Esprit*와 결합하면서 본격적으로 이뤄졌지만, 무니에와 이견을 보이면서 당대 생산력주의 비판에 더 확고한 노선을 표방했던 『새 질서』*L'Ordre Nouveau*에 가까워진다. 그러나 두 사람은 『새 질서』의 논조와도 어느 정도 거리를 둔다. 이들은 종교화된 생산의 세속화를 주장하는 데 그치지 않고, 종교화된 기술 자체의 세속화를 외쳤기 때문이다.[210] 다시 말해, 두 사람은 현대 사회의 규정자의 자리에 기술이 앉았다는 점을 간파했다.

이는 훗날 기술 결정론을 분석하는 시각에도 고스란히 투영된다. 예컨대 엘륄의 경우, 기술 진보가 경제 발전의 동력이라는 마르크스 분석의 타당성을 인정하면서도, 이것이 19세기에서 20세기 초중반이라는 시대적 한계에서 타당하다고 말한다. 즉, 역사의 모든 시기마다 경제 발전의 동력을 기술 진보에서 찾을 수 없다. 마르크스의 진단을 무시대적 혹은 초역사적 진리로 이야기할 수 없다는 뜻이다.[211] 양차 대전을 비롯한 각종 살상과 파괴의 사건을 거친 이후, 사람들은 더 이상 경제 발전의 원동력으로서의 기술 진보를 이야기할 수 없다. 오히려 인간의 통제권을 벗어나 인간의 목숨을 위협하고 핵무기를 비롯한 살상 무기, 인간의 일자리를 뺏고 업무 효율성 명목의 로봇화, 자동화, 멋대로 환경을 파괴하고 자원을 착취하는 기술에 대한 이야기로 바뀌어야 한다.[212]

인격주의, 자연 감성, 기술 비판

「인격주의 선언 강령」은 당초 프랑스 서남부 지방 "에스프리" 운동원들에게 배포된 자료였다. 자끄 엘륄이 초안의 대부분을 작성했고, 베르나르 샤르보노가 내용을 수정, 보완해 완성했다. 이 문서는 인격주의 반란의 원천을 명시하면서 출발한다. 인격주의 반란은 왜 일어나는가? 바로 "사회적 숙명" 때문이다. 이미 우리의 탄생 이전부터 우리의 의도와 상관없이 "어떤" 사회가 있었다. 이 사회는 거대 기계처럼 비대해질 대로 비대해진 사회이며, 개별자의 고유성과 얼굴을 지운 익명성의 사회이다. 「강령」의 일차 표적은 기술이다. 그 이유는 기술이 현대인을 지배하는 자리에 앉았기 때문이다. 기술의 지배는 개별자의 생활은 물론 공공 차원의 정치까지 전복했다. 개별자의 생활 다양성은 점점 제복 입은 것처럼 획일화되고, 비인간적인 목적에 생명의 희생을 요구받았다. 그리고 이것은 입 닫고 살아야 할 우리의 "숙명"처럼 주어졌다. 따라서 혁명은 인격에 선행한다. 다시 말해, 비인간적인 조건을 변혁하기 위한 혁명이 필연으로 부과된다. 따라서 엘륄과 샤르보노는 "우리는 본의 아니게 혁명가들이다."강령 32번라고 외친다. 인격주의 혁명의 표적은 "인간"이 아닌, 제도거대 공장, 대도시, 전체주의 국가, 군비 체제다. 풀어 말해, 이 혁명은 무기 판매상이 아닌 군비 체계 자체에 맞서, 이방인이 아닌 알량한 민족 중심주의에 맞서 일어날 것이다강령 33번. 그리고 혁명의 최종 목적은 제도와 체제의 등살에 억눌린 인격체의 진정한 해방에 있다.

두 사람은 이러한 인격주의 사회를 구성하는 길로 정권 탈취를 제시하지 않는다. 오히려 현실 사회 내부에 자기 파괴로 치닫는 모든 것을 관통하면서 이룩하는 혁명을 이야기한다. 이를 위해 첫째, 우리가 살아가는 사회를 정확하게 꿰뚫는 통찰력이 필요하다. 즉, 현실 의식화 작업이 필요하다. 둘째, 인격주의 혁명은 고전적인 정치 투쟁 방식보다 생활양식 자체를 바꾸는 방식을 취해야 한다. 다시 말해, 기존 질서와 아예 다른 삶을 사는 새로운 존재론, 새 창조의 길을 택한다. 특히,

엘륄과 샤르보노는 소규모 연방제 중심의 사회체를 구성할 필요가 있다고 강조한다. 중앙집권 국가의 일원화된 통일체가 아닌 고장의 자치권이 최대로 작동할 수 있는 형태의 사회로 재편되어야 한다. 우리는 두 사람의 이러한 주장에서 프루동주의, 즉 아나키즘의 유산을 재확인한다.[213]

베르나르 샤르보노의 「자연 감성, 혁명적 힘」은 프랑스 "정치생태학의 출생증명서"[214]와 같은 글이다. 샤르보노가 논하는 자연 감성이란 '삶을 바꾸려는 욕망' 혹은 '삶의 욕망에서 분출된 갈증'과 같다. 이러한 자연 감성에서 우리의 혁명적 힘이 나온다. 자연 환경과 직접 접촉하며, 우리는 파괴와 착취를 개발과 진보로, 혹은 오늘날 회자되는 "녹색 성장"이라는 그럴듯한 용어로 둔갑시키는 거대한 기만책에 대항하고, 불도저와 벌목공에 맞설 수 있는 감성과 역량을 배양한다. 샤르보노를 소개하는 글이나 그림에는 종종 "불도저"가 등장한다. 샤르보노가 극렬하게 반대했던 적수가 바로 불도저라는 상징으로 대변되는 무분별하고 기하급수적으로 이뤄진 '난개발'과 그러한 난개발을 정당화하는 각종 제도, 장치, 의식이었기 때문이다.

그러나 샤르보노는 이러한 자연 감성의 퇴폐 현상도 목도했다. 자연 감성은 부르주아 계급과 권력자의 유익을 위해 변용되었고, 이는 혁명의 야성을 상실하는 결과로 이어졌다. 그는 자연 감성을 둘러싼 다양한 사회 현상도 분석한다. 부르주아의 호화 관광, 자연주의, 그리고 청소년 운동과 야영 활동, 보이스카우트 운동을 이야기한다. 이를 통해, 샤르보노는 자연 감성에 대한 중요한 정의를 내린다. 즉, 자연 감성은 보다 단순하고 자유로운 존재를 요구한다. 자연 감성은 인위적인 생활 방식을 거스르며, 인격주의 혁명과 더불어 자기 자신을 재발견할 수 있는 길을 연다. 샤르보노는 자연 감성의 변질과 퇴보의 이유를 행동 부재에서 찾았다. 계급의식이 사회주의 운동에 속하는 것처럼, 자연 감성은 인격주의 운동에 속해야 한다. 즉, 이러한 의식이나 감성은 운동으로 구체화incarnation 되어야 한다.

앞에서 언급한 것처럼, 두 사람에게 당대의 기술 비판은 명민함과 독창성이 엿보이는 부분이다. 1930~40년대 기술의 문제를 "결정론"의 문제와 연결하고, 이를 자연 파괴의 문제 및 인간 억압의 문제와 연결한 학자들은 그리 많지 않았기 때문이다. 샤르보노는 히로시마와 나가사키의 원자 폭탄을 보며, 차후에 폭탄 정치가 도래할 것이라고 예언했다. 그의 예언은 검증되었다고 보아도 무방할 것이다. 현 세계에서 평화를 유지하는 힘의 바탕에는 역설적으로 살상 무기가 있다.

이러한 무기의 발전을 가능케 하는 것은 분명 "기술"이고, 이러한 기술은 자본과 정치권력과 환상의 조합을 이뤄 위력의 결과물들을 배출한다. 이제 기술은 인간의 통제권을 벗어났으며, 우리는 무한 증식을 꿈꾸는 기술을 통제하지 못한다. 또한 기술은 등장과 더불어 주변의 모든 체계와 제도들의 변형을 낳는다. 자동차 한 대가 출현해서 끝나지 않는다. 도로를 닦기 위해, 산을 허물고, 터널을 뚫어야 한다. 사고에 대비하기 위해 각종 보험 체계가 만들어지고, 신호 체계를 제작해야 하며, 여러 규칙들과 규제 안을 마련해야 한다. 사고 발생 시 치료할 수 있는 의료 기술도 새로이 등장한다. 자동차 주행으로 인간의 생활 속도도 바뀌며, 업무와 노동 방식도 바뀐다. 이것은 그 주위의 또 다른 행정상의 변화를 일으킨다. 훗날 엘륄은 이를 "기술 체계"라고 이야기했다. 즉, 하나의 기술이 출현하면, 그것은 체계처럼 복잡하게 얽히고설킨 기술 네트워크의 변화를 낳는다. 그리고 이것은 체계 바깥의 세계를 꿈꿀 수 없는 인간상을 요구한다. 즉, 인간을 위한 기술의 복무가 아니라, 기술 작동에 맞게 인간의 재능, 역량, 성격도 맞춰야 한다. 결국 통제 불가능한 기술은 앞으로 몰려올 두 번째 파도, 세 번째 파도의 정체를 불투명하게 만든다. 즉, 기술은 "예측 불가능성"을 낳는다.[215]

글을 나가며

본서는 지난 2014년 프랑스 쇠이유 출판사에서 편집, 출간된 베르나르 샤르보노와 자끄 엘륄의 『생태 감수성의 혁명적 힘: 인격주의, 자연 감성, 기술 비판』*Nous sommes des révolutionnaires, malgré nous. Textes pionniers de l'écologie politique* : 그럼에도, 우리는 혁명가들이다: 정치생태학의 개척자 문서들의 한국어 번역본이다. 프랑스 정치생태학의 개척자로 평가 받는 두 사람의 청년기1930~40년대 글을 엮은 이 책은 근대성, 전쟁과 집단 살상, 경제 대공황, 원자 폭탄 등과 같은 현실을 관통하면서 얻은 통찰을 다소 거칠고, 다듬어지지 않은 형태로 제시한다.

독자들은 두 사람의 일차 방법론이 "논증"이 아닌 "현상 제시"에 초점을 맞춘다는 점을 염두에 두길 바란다. 다시 말해, 저자들은 벌어진 사건의 배후로 돌아가 그 원인을 탐색하고, 논리 구조를 검토하며, 인과 관계를 제시하는 방법보다 사건 그 자체에서 출발하려 한다.

글에 나타난 다양한 지명과 인명에 대해 일일이 주석을 달지 못한 부분은 못내 아쉽다. 역자의 한계인만큼, 독자들의 양해를 구한다. 다만, 샤르보노나 엘륄의 글을 읽을 때, 세세한 사건들을 분석하는 데 초점을 맞추지 말고, 저자들이 이 사건들현상들을 통해 조명하는 표적이 어디인지를 찾는 데 초점을 맞출 것을 이야기하고 싶다.[216]

감사의 글

먼저 엘륄의 현대성을 비롯해, 탈성장, 정치생태학의 중요성을 일깨워준 역자의 선생들과 동료들에게 감사한다. 학문 현장과 생활 현장에서 이론과 실천 간의 괴리나 모순을 축소하려 애쓰는 이들의 모습에서 많은 것을 배웠다. 또 자기 시대에 봉착한 난관을 극복하기 위해 과거, 전통, 고전 등을 곱씹고 토론하면서 지혜와 통찰을 얻는 이들에게서 중요한 방법론을 익혔다. 역자에게 엘륄과 샤르보노 읽기는 그러한 방법론의 연장이었다.

도서출판 대장간의 배용하 대표에게 감사의 말씀을 전한다. 녹록하지 않은 출판 환경에서 엘륄의 총서를 출간하겠다는 뚝심하며, 이를 실행에 옮기는 모습이 현재와 미래를 위한 또 다른 세계를 닦을 수 있는 중요한 초석이 되리라 생각한다. 배 대표의 바람대로 엘륄과 샤르보노 읽기를 통해, 쉽게 굴복하지도, 좌절하지도 않는 단단한 독자들이 계속 형성되기를 진심으로 바란다. 아울러 편십, 교정, 교열에 애써

주신 편집부에게도 감사의 말씀을 전한다.

고되다면 고된 유학 생활 내내 묵묵히 함께 한 가족들, 무엇보다 배우자이자 동반자, 친구인 독고정현에게 감사와 사랑의 말을 전하고 싶다. 사회복지사로서의 풍부한 경험과 성찰을 들으며, 책상물림인 역자의 협소한 인간관이 교정되고, 부서지고, 재건되었다.

마지막으로, 번역과 관련된 모든 오류는 오롯이 역자의 몫이다. 독자들의 비판과 질정은 언제든 환영한다.

2021년 6월 30일

프랑스 스트라스부르

베르나르 샤르보노의 주요 저작

- *L' État*, Paris, Économica, 1987 (édition ronéotypée, 1949).
- *Le Jardin de Babylone*, Paris, Éditions de l' Encyclopédie des Nuisances, 2002 (1969).
- *Prométhée réenchaîné*, Paris, La Table Ronde, 2001(1er éd., polycopiée, chez l' auteur, 1972).
- *Le Système et le chaos*. Critique du développement exponentiel, Paris, Sang de la Terre, 2012 (1973).
- *Le Feu vert. Autocritique du mouvement écologique*, Lyon, Parangon/Vs, 2009 (1980).
- *Je fus. Essai sur la liberté*, Bordeaux, Opales, 2000 (1980).
- *Une seconde nature. L' homme, la société*, la liberté, Paris, Sang de la Terre, 2012 (1981).
- *Nuit et jour. Science et culture*, Paris, Économica, 1991, contient 《Le Paradoxe de la culture》 (1965) et 《Ultima Ratio》 (1982~1984).
- *Sauver nos régions. Écologie, régionalisme et sociétés locales*, Paris, Sang de la Terre, 1991.
- *Un festin pour Tantale. Nourriture et société industrielle*, Paris, Sang de la Terre, 2011 (1996).
- *Finis Terrae*, La Bache, Àplus d' un titre, 2010.
- *Tristes campagnes*, Vierzon, Le Pas de côté, 2013.
- *Le Changement*, Vierzon, Le Pas de côté, 2013.

엘륄의 저서 및 연구서

· *Étude sur l'évolution et la nature juridique du Mancipium*. Bordeaux: Delmas, 1936.

· *Le fondement théologique du droit*. Neuchâtel: Delachaux & Niestlé, 1946.
→『자연법의 신학적 의미』, 강만원 옮김(대장간, 2013)

· *Présence au monde moderne: Problèmes de la civilisation post-chrétienne*. Geneva: Roulet, 1948.
→『세상 속의 그리스도인』, 박동열 옮김(대장간, 1992, 2010(불어완역))

· *Le Livre de Jonas*. Paris: Cahiers Bibliques de Foi et Vie, 1952.
→『요나의 심판과 구원』, 신기호 옮김(대장간, 2010)

· *L'homme et l'argent* (Nova et vetera). Neuchâtel: Delachaux & Niestlé, 1954.
→『하나님이냐 돈이냐』, 양명수 옮김(대장간. 1991, 2011)

· *La technique ou l'enjeu du siècle*. Paris: Armand Colin, 1954. Paris: Économica, 1990.

· (E)*The Technological Society*. New York: Knopf, 1964.
→**『기술, 세기의 쟁점』**(대장간 출간 예정)

· *Histoire des institutions*. Paris: Presses Universitaires de France, plusieurs éditions (dates données pour les premières éditions);. Tomes 1–2, L' Antiquité (1955); Tome 3, Le Moyen Age (1956); Tome 4, Les XVIe–XVIIIe siècle (1956); Tome 5, Le XIXe siècle (1789–1914) (1956).

→『제도의 역사』, (대장간, 출간 예정)

· *Propagandes*. Paris: A. Colin, 1962. Paris: Économica, 1990
→**『선전』**, 하태환 옮김(대장간, 2012)

· *Fausse présence au monde moderne*. Paris: Les Bergers et Les Mages, 1963.
→ (대장간 출간 예정)

· *Le vouloir et le faire: Recherches éthiques pour les chrétiens*: Introduction (première partie). Geneva: Labor et Fides, 1964.
→『원함과 행함』, 김치수 옮김(대장간, 2018)

· *L'illusion politique*. Paris: Robert Laffont, 1965. Rev. ed.: Paris: Librairie Générale Française, 1977.
→**『정치적 착각』**, 하태환 옮김(대장간, 2011)

· *Exégèse des nouveaux lieux communs*. Paris: Calmann-Lévy, 1966. Paris: La Table Ronde, 1994.
→(대장간, 출간 예정)

· *Politique de Dieu, politiques de l'homme*. Paris: Éditions Universitaires, 1966.
→『하나님의 정치와 인간의 정치』, 김은경 옮김(대장간, 2012)

· *Histoire de la propagande*. Paris: Presses Universitaires de France, 1967, 1976.
→『선전의 역사』(대장간, 출간 예정)

· *Métamorphose du bourgeois*. Paris: Calmann-Lévy, 1967. Paris: La Table Ronde, 1998.
→『부르주아와 변신』(대장간, 출간 예정)

· *Autopsie de la révolution*. Paris: Calmann-Lévy, 1969.
→『혁명의 해부』, 황종대 옮김(대장간, 2013)

· *Contre les violents*. Paris: Centurion, 1972.
→『폭력에 맞서』, 이창헌 옮김(대장간, 2012)

· *Sans feu ni lieu: Signification biblique de la Grande Ville*. Paris: Gallimard, 1975.

→『머리 둘 곳 없던 예수–대도시의 성서적 의미』, 황종대 옮김 (대장간, 2013).
· *L'impossible prière*. Paris: Centurion, 1971, 1977.
→『우리의 기도』, 김치수 옮김(대장간, 2015)
· *Jeunesse délinquante: Une expérience en province*. Avec Yves Charrier. Paris: Mercure de France, 1971.
· *De la révolution aux révoltes*. Paris: Calmann–Lévy, 1972.
→『혁명에서 반란으로』, 안성헌 옮김(대장간, 2019)
· *L'espérance oubliée, Paris*: Gallimard, 1972.
→『잊혀진 소망』, 이상민 옮김(대장간, 2009)
· *Éthique de la liberté*,. 2 vols. Geneva: Labor et Fides, I:1973, II:1974.
→『자유의 윤리』, (대장간, 2018),『자유의 윤리2』, (대장간, 2019)
· *Les nouveaux possédés*, Paris: Arthème Fayard, 1973.
· (E)*The New Demons*. New York: Seabury, 1975. London: Mowbrays, 1975.
→『새로운 신화에 사로잡힌 사람들』, 박동열 옮김(대장간, 2021)
· *L'Apocalypse: Architecture en mouvement*, Paris. Desclée 1975.
· (E)*Apocalypse: The Book of Revelation*. New York: Seabury, 1977.
→『요한계시록』(대장간, 출간 예정)
· *Trahison de l'Occident*. Paris: Calmann–Lévy, 1975.
· (E)*The Betrayal of the West*. New York: Seabury, 1978.
→『서구의 배반』(대장간, 출간 예정)
· *Le système technicien*. Paris: Calmann–Lévy, 1977.
→**『기술 체계』**, 이상민 옮김(대장간, 2013)
· *L'idéologie marxiste chrétienne*. Paris: Centurion, 1979.
→『기독교와 마르크스주의』, 곽노경 옮김(대장간, 2011)
· *L'empire du non-sens: L'art et la société technicienne*. Paris: Press Universitaires de France, 1980.

→『무의미의 제국』, 하태환 옮김(대장간, 2013)

· *La foi au prix du doute: "Encore quarante jours.."*. Paris: Hachette, 1980.

→『의심을 거친 믿음』, 임형권 옮김 (대장간, 2013)

· *La Parole humiliée*. Paris: Seuil, 1981.

→『굴욕당한 말』, 박동열 이상민 공역(대장간, 2014년)

· *Changer de révolution: L'inéluctable prolétariat*. Paris: Seuil, 1982.

→『인간을 위한 혁명』, 하태환 옮김(대장간, 2012)

· *Les combats de la liberté*. (Tome 3, L' Ethique de la Liberté) Geneva: Labor et Fides, 1984. Paris: Centurion, 1984.

→『자유의 투쟁』(솔로몬, 2009)

· *La subversion du christianisme*. Paris: Seuil, 1984, 1994. [réédition en 2001, La Table Ronde]

→ **『뒤틀려진 기독교』**,박동열 이상민 옮김(대장간, 1990 초판, 2012 불어 완역판 출간)

· *Conférence sur l'Apocalypse de Jean*. Nantes: AREFPPI, 1985.

· *Un chrétien pour Israël*. Monaco: Éditions du Rocher, 1986.

→『이스라엘을 위한 그리스도인』(대장간, 출간 예정)

· *Ce que je crois*. Paris: Grasset and Fasquelle, 1987.

→『개인과 역사와 하나님』, 김치수 옮김(대장간, 2015)

· *La raison d'être: Méditation sur l'Ecclésiaste*. Paris: Seuil, 1987

→『존재의 이유』(대장간. 2016)

· *Anarchie et christianisme*. Lyon: Atelier de Création Libertaire, 1988. Paris: La Table Ronde, 1998

→『무정부주의와 기독교』, 이창헌 옮김(대장간, 2011)

· *Le bluff technologique*. Paris: Hachette, 1988.

→ **『기술담론의 허세』**, 안성헌 옮김(대장간, 2021)

· *Ce Dieu injuste..?: Théologie chrétienne pour le peuple d'Israël*. Paris: Arléa, 1991, 1999.

→『하나님은 불의한가?』, 이상민 옮김(대장간, 2010)

· *Si tu es le Fils de Dieu: Souffrances et tentations de Jésus*. Paris: Centurion, 1991.
→『네가 하나님의 아들이라면』, 김은경 옮김(대장간, 2010)
· *Déviances et déviants dans notre societé intolérante*. Toulouse: Érés, 1992.
· *Silences: Poèmes*. Bordeaux: Opales, 1995. →(대장간, 출간 예정)
· *Oratorio: Les quatre cavaliers de l'Apocalypse*. Bordeaux: Opales, 1997.
· (E)*Sources and Trajectories: Eight Early Articles by Jacques Ellul that Set the Stage*. Grand Rapids: Eerdmans, 1997.
· *Islam et judéo-christianisme*. Paris: Presses universitaires de France, 2004.
→『이슬람과 기독교』, 이상민 옮김(대장간, 2009)
· *La pensée marxiste*: Cours professé à l' Institut d' études politiques de Bordeaux de 1947 à 1979 Edited by Michel Hourcade, Jean-Pierre Jézéuel and Gérard Paul. Paris: La Table Ronde, 2003.
→『마르크스 사상』, 안성헌 옮김(대장간, 2013)
· *Les successeurs de Marx*: Cours professé à l' Institut d' études politiques de Bordeaux Edited by Michel Hourcade, Jean-Pierre Jézéquel and Gérard Paul. Paris: La Table Ronde, 2007.
→『마르크스의 후계자』 안성헌 옮김(대장간, 2015)
· *Les sources de l'éthique chrétienne*. Geneve: Labor et Fides, 2014.
→『원함과 행함 2』, 김치수 옮김(대장간, 2021)
· *Théologie et Technique. Pour une éthique de la non-puissance.* Textes édités par Yves Ellul et Frédéric Rognon, Genève, Labor et Fides, 2014.
→『신학과 기술』, (대장간, 출간 예정)

· *Nous sommes des révolutionnaires malgré nous. Textes pionniers de l'écologie politique*. Paris: Seuil, 2014. →『생태 감수성의 혁명적 힘: 인격주의, 자연 감성, 기술 비판』, 자끄 엘륄 · 베르나르 샤르

보노 공저, 안성헌 옮김(비공, 2021)

기타 연구서

· 『세계적으로 사고하고 지역적으로 행동하라』(*Perspectives on Our Age: Jacques Ellul Speaks on His Life and Work*), 빌렘 반더버그, 김재현, 신광은 옮김(대장간, 1995, 2010)
· 『자끄 엘륄 –대화의 사상』(Jacques Ellul, *une pensée en dialogue*. Genève), 프레데릭 호농(Frédéric Rognon)저, 임형권 옮김(대장간, 2011)
· *A temps et à contretemps: Entretiens avec Madeleine Garrigou-Lagrange*. Paris: Centurion, 1981.
· *In Season, Out of Season: An Introduction to the Thought of Jacques Ellul:* Interviews by Madeleine Garrigou–Lagrange. Trans. Lani K. Niles. San Francisco: Harper and Row, 1982.
· *L'homme à lui-même: Correspondance*. Avec Didier Nordon. Paris: Félin, 1992.
· *Entretiens avec Jacques Ellul*. Patrick Chastenet. Paris: Table Ronde, 1994

미주

1) 미국의 시인이자 철학자인 헨리 데이비드 소로(1817-1862)는 숲에서 소박한 삶을 살았던 것으로 유명하다. 다음 글을 보라. *Walden ou la vie dans les bois*(1854), Paris, Gallimard, 1990.

2) [역주] 베르나르 샤르보노를 가리킨다.

3) Daniel Cérézuelle, *Écologie et liberté. Barnard Charbonneau précurseur de l'écologie politique,* Lyon, Parangon/Vs, 2006; Jacques Prades (dir.), Bernard Charbonneau. *Une vie entière à dénoncer la grande imposture*, Ramonville-Saint-Agne, Érès, 1997

4) Sébastien Morillon-Brière, «Bernard Charbonneau, jeunesse et genèse d'une œuvre», *Écrits d'ouest,* nº 10, 2002. 또한 «Bernard Charbonneau (1910-1996)», *Foi et Vie*, décembre 2010(1er partie), février 2011(2e partie).

5) Daniel Cérézuelle, «Critique de la modernité chez Charbonneau», in Patrick Troude-Chastenet(dir.), *Sur Jacques Ellul*, Le Bouscat, L'Esprit du Temps, 1994, p. 61-74.

6) [역주] 「인격주의 선언을 위한 강령」을 말한다.

7) 프랑스 지성계에서 엘륄과 샤르보노가 차지하는 독창성과 주변성(marginalité)에 관하여 다음 글을 보라. Jacques Ellul, «Une introduction à la pensée de Bernard Charbonneau», *Ouvertures, Cahiers du Sud-Ouest*, nº 7, janvier-mars, 1985, p. 50-51; Sébastien Morillon-Brière, «Bernard Charbonneau en quarantaine», *Écrits d'Ouest*, nº 11, 2003; et Christian Roy, «Charbonneau et Ellul, dissidents du "progrès": critiquer la technique face à un milieu chrétien gagné à la modernité», in Céline Pessis, Sezin Topçu et Christophe Bonneuil (dir.), *Une autre histoire des «Trente Glorieuses». Modernisation,*

contestations et pollutions dans la France d'après-guerre, Paris, La Découverte, 2013, p. 283-298.

8) Jacques Ellul, «Une introduction à la pensée de Bernard Charbonneau», art, cit., p. 41.

9) Jacques Ellul, *À temps et à contretemps - Entretiens avec Madeleine Garrigou-Lagrange*, Paris, Le Centurion, 1981, p. 27. 다음 자료도 참고하라. Sébastien Morillon-Brière, «Bernard Charbonneau - Jacques Ellul: correspondance de jeunesse (1933-1946)», *Foi et Vie*, mars 2012, p. 55-76.

10) 훗날 배우자가 되는 앙리에트 도뎅(Henriette Daudin)에게 보낸 편지(1936년 8월)를 보라. 다음 자료에서 확인 가능하다. Sébastien Morillon-Brière, «Sentiment de la nature, sentiment tragique de la vie. Jeunesse de Bernard Charbonneau (1910-1937)», in *Bernard Charbonneau: habiter la terre*, Actes du colloque du 2-4 mai 2011, université de Pau et des pays de l'Adour.

11) [역주] 지질학 용어로, 현세(홀로세) 중에서 인류가 환경에 인위적인 영향을 미친 시점을 별개의 지층으로 본다. 시대에 관해 지질학자들의 정확한 합의는 없다. 대기 변화를 기준으로, 산업 혁명 시대를 인류세의 출발로 보기도 하지만, 1945년의 핵폭탄 투하를 인류세의 출발로 보는 시각도 있다. 인류세를 독립된 지층으로 인정하려면 고유한 화석과 물질이 등장해야 하는 데, 방사능, 대기 중의 CO2, 플라스틱, 닭 뼈 등이 해당한다.

12) [역주] 본래 동물의 '털갈이'나 '탈피'를 가리키는 말이다. 대대적인 허물벗기로 이전의 몸을 탈피하는 동물들에 빗대, 과거의 문명에서 벗어나 새로운 문명에 들어선 인류의 대격변을 지적한 샤르보노의 고유 표현이다.

13) «Explication au lecteur», Pan se meurt, 1943.

14) Luc Ferry, Le Nouvel Ordre écologique, Paris, Grasset, 1992, et Jean Jacob, *Le Retour de «l'Ordre Nouveau»: les métamorphoses d'un fédération européenne,* Genève, Droz, 2000. 다음 자료도 참고하라. Patrick Troude-Chas-

tenet, «lecture critique», in *Revue française d'histoire des idées politiques*, 2002/1, n° 15, p. 200-205. 인간의 자유에 집중한 주제로 2012년에 출간된 다음 논문도 참고하라. «Les natures changeants de l'écologie politique française, une vieille controverse philosophique», Robert Hainard, Serge Moscovici et Bernard Charbonneau, *Écologie&Politique*.

15) 이론의 표류라는 시점에서 볼 때 고스란히 드러나는 뤽 페리의 모순과 이데올로기 경도에 대해 다음 글을 참고하라. Serge Audier, *La pensée anti-68*, Paris, La Découverte, 2008, p. 193-216. 또한 날카로운 관점으로 응시하는 조앙 샤푸토의 글도 참고하라. Johann Chapoutot, «Les Nazis et la "nature". Protection ou prédation?», in *Vintième Siècle*. Revue d'histoire, n° 113, 2012/1, p. 29-39.

16) 인격주의는 다음과 같은 사상의 흐름을 가리킨다. 고유한 인격은 타인과의 연대와 연합을 위해 부름을 받았다. 인격은 삶의 다양한 측면에 대해 구체적으로 책임지는 존재가 된다. 엘륄과 샤르보노가 주도한 가스코뉴 지방의 인격주의 운동을 포함해, 모든 인격주의 운동은 "제3의 길"이라는 적용 범위를 표방한다. 그러나 당시의 일부 문헌학자(Zeev Sternhell, John Hellman)들이 평가했고, 베르나르 앙리 레비를 비롯한 자유주의 진보주의적 견해의 지지자들이 퍼트린 풍문, 즉 인격주의가 "프랑스 파시즘"의 발판 역할을 했다는 평가와 거리가 멀다. 인격주의는 그 목표와 방법론부터 모든 종류의 파시즘에 반대한다. 다음 자료를 참고하라. Jena-Louis Loubet del Bayle, *Les Non-conformistes des années trente. Une tentative de renouvellement de la pensée politique française* (1969), Paris, Seuil, coll. «Points», 2001; Emmanuelle Hériard Dubreuil, *The Personalism of Denis Rougemond: Spirituality and Politics in 1930s Europe,* Universit de Cambridge, 2005.

17) [역주] 근·현대성과 기술 진보로 인한 집단 기계주의, 군국주의, 군비체계 등에서 나타난 인간 도구화, 인간 살상 문제, 생태계 문제 등 생명체에 대한 문제가 어느 날 갑자기 출현한 문제가 아니라는 뜻이다. 이른바 주류 학계가 주제로 다루지 않았을 뿐, 이러한 비판과 운동은 수면 아래에서, 즉 지역에서 끝없이 이뤄졌다는 말이다.

18) 다음 자료를 보라. 자끄 엘륄, 『기술 혹은 세기의 쟁점』(대장간, 출간 예정).

19) [역주] 이 무렵에 자끄 엘륄도 『에스프리』지에 「파시즘, 자유주의의 아들」이라는 글을 기고한다. Jacques Ellul, «Le fascisme, fils du libéralisme», dans *Esprit* vol. 5, N. 53, fév., 1937, p. 761~97.

20) [역주] 아나키즘의 유명한 주장인 "목줄만 바뀔 뿐"이라는 말과 일맥상통한다.

21) James Burnham, *The Managerial Revolution: What is Happening in the World*, New York, John Day Company, 1941; 프랑스어 번역(1947), *L'Ère des organisateurs*.

22) 1930년대 광고업계의 맹주였던 하바스는 재정(금융) 과두제의 기둥들 가운데 하나라는 평가를 받았다.

23) [역주] 대량 살상을 현실화한 첨단 기술은 주권자의 통제 범위 내에 있는가? 샤르보노와 엘륄은 히로시마와 나가사키 원폭을 보며, 그 시대가 지났다고 확신했다. 대량 살상 기술은 신체, 즉 육체를 가진 인간의 주권으로 작동하는 민주주의를 박살낼 것이고, 대륙들, 즉 국가와 국가, 문명과 문명의 다양성을 가로지를 것이다. 기술은 각 대륙의 자율성, 자주권을 대표하는 민주주의를 짓밟을 것이다. 마지막으로, 기술은 언덕들, 즉 생태계를 극렬히 파괴할 것이다.

24) 본서에 수록된 두 논문에서 샤르보노와 엘륄은 인격주의 집단인 "새질서"가 정식화 했던 사회봉사 복무에 관한 주장을 반복한다. 이것은 군복무의 사회적 등가물이라고 볼 수 있는 주장이다. 인구의 일부가 순환제로 몇 년 동안 산업계의 미숙하고 소외된 작업 공간에서 일하는 것을 골자로 한다. 이러한 주장의 근본 목적은 각 시민이 자기 시간을 자유롭게 활용하고 개인의 창조 작업에 집중하기 위해서이다. 다음 자료를 보라. Robert Aron et Arnaud Dandieu, *La Révolution nécessaire* (1933), Paris, Éditions Jean-Michel Place, 1933, p. 220 및 그 이하 참조. 다음 자료도 참고하라. Christian Roy, «Des germes d'une économie à hauteur d'homme

dans la France d'avant-guerre», *Entropia*,, n 15, 2013, p. 119-133.

25) [역주] 물론 사막의 고행자와 같은 극단적 금욕을 모두에게 권하는 뜻은 아니다. 그러나 '금욕'이라는 은유는 현대의 대도시에서도 볼 수 있는 과잉과 포화, 낭비와 무질서, 무차별성을 억제, 전복할 수 있는 중요한 대안이다. 왜냐하면 우리는 유용성도 없고 필요하지도 않은 물품을 생산하고, 소비하기 때문이다. 또한 그러한 부조리를 알면서도 생산 공정과 그 가속화를 저지하지 못하기 때문이다(cf. Jacques Ellul, *Le bluff technologique*, Paris, Librairie Arthème Fayard/Pluriel, 2010[1988], p. 375) 과잉 소비의 고리를 끊을 수 있는 시발점을 개인에게서 찾자면, '절제'(sobriété) 혹은 '금욕'이 아닐까?

26) [역주] 육화는 구체성, 역사성, 현실성을 가리킨다. 즉, 샤르보노와 엘륄의 자연 이해는 본성 차원의 추상 가치가 아닌, 실제 오감으로 감각 가능한 자연을 의미한다. 이들은 자연에 대한 신성화, 추상화를 거부하면서, 있는 그대로의 자연에서 마주하는 인격과 인격의 관계를 구상한다.

27) Daniel Cérézuelle, «La technique et la chair. De *l'ensarkosis logou* à la critique de la société technicienne chez Bernard Charbonneau, Jacques Ellul et Ivan Illich », in Patrick Troude-Chastenet (dir.), *Jacques Ellul, penseur sans frontières*, Le Bouscat, L'Esprit du Temps, 2005.

28) 우리는 자연에 대한 우파 사상과 나치즘의 진의를 꿰뚫어 본 샤르보노의 선견지명에 주목할 필요가 있다. 그의 직관력은 이미 70년 전에 뤽 페리의 조잡한 주장을 신나게 비웃었다.

29) [역주] 기술 권력과 국가 권력에 대한 엘륄과 샤르보노의 통찰은 향후 엘륄의 『기술 혹은 세기의 쟁점』과 샤르보노의 『국가』에서 확장된 형태로 재현된다. 기술 권력(엘륄)과 국가 권력(샤르보노)에 대한 비판의 초안이 이미 1930~40년대에 만들어진 셈이다.

30) Paul Nizan, *Aden Arabie* (1931), Paris, La D couverte, 2002, p. 61.

31) «Bernard Charbonneau, géographe-historien», France Culture, 23 août 1996.

32) 이 용어는 "인격주의"에 영감을 받은 프랑스 청년 지성인들이 주창한 집단들과 잡지들을 가리킨다. 이 "비순응주의자들"은 숙고를 거쳐 기존 사상과 운동의 변방에 자기 자리를 잡았다. 장루이 루베 델 바일(Les Non-conformistes des années es trente, op. cit.)은 1930년에서 1934년 사이에 출현한 세 가지 주요 흐름을 확인한다. (1) 에마뉘엘 무니에가 주축이 된 잡지 『에스프리』가 있다. (2) 알렉상드르 마르크와 아르노 당디외가 주창한 잡지 『새 질서』(애당초 다니엘-롭스도 이들의 일원이었다)가 있다. (3) '프랑스 행동'(L'Action française)에 속한 반항아들로 이뤄진 청년 우파 진영이 있다.

33) Daniel-Rops, *Le Monde sans âme*, Paris, Plon, 1932, p. 3-4.

34) *Ibid.*, p. 5.

35) *Ibid.*, p. 8.

36) 앞의 네 개는 좌파 성향의 잡지이며, 뒤의 네 개는 우파 성향의 잡지이다. 물론 우파와 좌파를 뛰어 넘어서 사상 전개를 꾀한 잡지들이라는 공통점이 있다는 면에서, 이러한 정치적 구분에는 한계가 있다.

37) Michel Winock, *Histoire politique de la revue Esprit,* 1930-1950, Paris, Seuil, 1975.

38) Eric Hobsbawm, *L'Âge des extrêmes: le court XXe siècle* 1914-1991 (1994), Bruxelles, Éditions Complexe, 2008.

39) René Marill Albérès, cité *in* Loubet del Bayle, *Les Non-conformistes des années trente, op. cit*., p. 27.

40) Jean Touchand, «L'esprit des années trente», in *Tendances politiques dans la vie française depuis 1789* (Paris, 1960, p. 89), cité *in* Loubet del Bayle, *Les Non-conformistes des années trente, op. cit.*, p. 34.

41) Robert Aron et Arnaud Dandieu, *Décadence de la nation française*, Paris, Éditions Rieder, 1931.

42) Robert Aron et Arnaud Dandieu, *Le Cancer américain* (1931), Lausanne, L'Âge d'Homme, 2008.

43) Robert Aron et Arnaud Dandieu, *La Révolution nécessaire* (1933), Paris, Édi-

tions Jean-Michel Place, 1933.

44) Ordre Nouveau, «Essai de bibliographie révolutionnaire», *L'Ordre Nouveau*, n° 3, juillet 1933, p. 3.

45) Jean-Louis Loubet del Bayle, «Aux origines de la pensée de Jacques Ellul? Technique et société dans la réflexion des mouvements personnalistes dans années trente», *Cahiers Jacques Ellul. Pour une critique de la société technicienne,* n° 1, 2004, p. 33-43.

46) José Ortega y Gasset, *La Révolte des masses* (1929), Paris, Les Belles Lettres, 2010.

47) Paul Valéry, *Regards sur le monde actuel* (1945), Paris, Gallimard, 2009, p. 187.

48) Jean-Louis Loubet del Bayle, *Les Non-conformistes des années trente*, op. cit., p. 24-25.

49) Daniel Cérézuelle, *Écologie et liberté. Bernard Charbonneau, précurseur de l'écologie politique*, Lyon, Parangon/Vs, 2006, p. 25.

50) Patrick Troude-Chastenet, «Jacques Ellul: une jeunesse personnaliste», *Cahiers Jacques Ellul*, n° 1, 2004, p. 61.

51) *Ibid.*, p. 52.

52) 에마뉘엘 무니에와의 단절에 관하여, 다음 자료를 보라. Bernard Charbonneau, «Unis par une pensée commune avec Jacques Ellul», *Combat Nature*, novembre 1994, p. 37.

53) 정치생태학 학설에 대한 일반 규정에 관해 다음 자료를 참고하라. Pierre Alphandéry, Pierre Bitoune et Yves Dupont, *L'Équivoque écologique*, Paris, La Découverte, 1991, p. 134-137.

54) Christian Roy, «Aux sources de l'écologie politique: le personnalisme gascon de Bernard Charbonneau et Jacques Ellul», *Annales canadiennes d'histoire/Canadian Journal of History*, n° 28, avril 1992, p. 67-100.

55) Christian Roy, «Ecological Personalism: The Bordeaux School of Bernard Charbonneau and Jacques Ellul», *Ethical Perspectives,* vol. VI, n° 1, avril 1999, p. 33-44.

56) 기술의 이러한 역동성에 관한 강력한 철학적 분석에 대해, 장 비울락의 최근 작업을 참고하라. Jean Vioulac, *L'Époque de la technique, Marx, Heidegger et l'accomplissement de la métaphysique*, Paris, PUF, 2009 et *La Logique totalitaire. Essai sur la crise de l'Occident*, Paris, PUF, 2013.

57) 인격주의자들의 소규모 집단을 구성(소수의 선택된 공동체들)하는 것만이 포괄적 사회에 대항할 수 있는 "인격주의 사회"를 탄생시킬 수 있을 것이다.

58) Christian Roy, «Aux sources de l'écologie politique: le personnalisme gascon de Bernard Charbonneau et Jacques Ellul», art. cit., p. 83-84. 이 논문에 기록된 1937년은 본서에서 1935년으로 정정한다. 현재 여러 전문가들은 다양한 연구를 통해 1935년에 찬성하는 상황이다. 위 논문의 저자인 크리스티앙 루아도 마찬가지이다.

59) *Ibid.*, p. 75-76에서 인용.

60) Zeev Sternhell, *Ni droite ni gauche. L'idéologie fasciste en France*, Paris, Seuil, 1983, réédition augmentée en 2013. 우리는 1930년대 일련의 비판적 운동과 인격주의 운동을 파시즘으로 축소시킬 수 없다고 생각한다. 제에브 스테른헬의 주제와 반대로, 그리고 다니엘 린덴베르크에 동의하며, 우리는 다음과 같이 말한다. "반개인주의(반유물론, 반마르크스주의, 반자유주의 등과 별반 다르지 않은)는 자동으로 파시즘으로 이행하지 않고 1789년에 대한 거부, 민주주의 전통 전체에 대한 거부로 이행하지 않는다"(in Daniel Lindenberg, *Les Années souterraines* (1937-1947), Paris, La Découverte, 1990, p. 204).

61) 양차 대전 동안 유럽 지식인들의 이데올로기적 방향에 관해, 다음 자료를 참고하라. Enzo Traverso, *À feu et à sang. De la guerre civile européenne 1914-1945*, Paris, Stock, 2007, p. 313-332.

62) 이러한 가짜 대립을 심리학 관점으로 다룬 정식(진보에 대한 논의가 부각될 때, 일반화된 논증 형식)은 다음과 같다. 기술 공포증은 염세주의자이고, 기술 예찬론자는 낙관론자이다.

63) Quentin Hardy, «La querelle du machinisme et ses enjeux théologiques en France (1930-1950)», 파리1대학교(팡테옹-소르본) 철학석사 학위논문(mémoire de philosophie de master 2, université Paris 1 Panthéon-Sorbonne)과 박사학위 준비 논문(thèse en préparation)인 «Le progrès technique jugé par les penseurs chrétiens français entre 1930 et 1968»을 참고하라.

64) 1968년 5월 프랑스를 중심으로 벌어진 대대적인 학생 저항 운동이자 노동자 총파업 투쟁이었다. 최초에는 파리의 학생을 비롯한 지성계에서 출발한 운동이었으나 전국으로 확산되어 결국 드골 정부를 무너뜨렸다. 68 운동에 대한 다양한 평가 가운데, 특히 정치생태학의 본격적인 출발을 알린 사건으로 평가되기도 한다. 그러나 엘륄은 당초 큰 기대를 걸었던 68의 과정과 구호, 결과에 실망한다. 아나키즘에 기초한 평등과 자유를 갈구한 엘륄은 68의 성과가 그에 한 참 모자란 "난장"에 불과했다고 비판했다.

65) 프랑스에서 나온 최근의 연구들에 관해 다음 자료들을 보라. François Jarrige, *Face au montre mécanique. Une histoire des résistances à la technique*, Paris, Imho, 2009; Jean-Baptiste Fressoz, *L'Apocalypse joyeuse. Une histoire du risque technologique*, Paris, Seuil, 2012; Christophe Bonneuil et Jean-Baptiste Fressoz, *L'Événement anthropocène: la planète, l'histoire et nous,* Paris, Seuil, 2013 (cf. chapitre 9); Michael Löwy et Robert Sayre, *Révolte et mélancolie: le romantisme à contre-courant de la modernité*, Paris, Payot, 1992; Céline Beaudet, *Les Milieux libres: vivre en anarchiste à la Belle Époque en France*, Paris, Les Éditions libertaires, 2006; Céline Pessis, Sezin Topçu et Christophe Bonneuil (dir.), *Une autre histoire des «Trente Glorieuses», op. cit.*

66) Daniel Mornet, *Le Sentiment de la nature en France. De J.-J. Rousseau à Bernardin de Saint-Pierre. Essai sur les rapports de la littérature et des mœurs* (1907), Genève, Slatkine Reprint, 2000.

67) Alain Corbin, *Le Territoire du vide. L'Occident et le désir de rivage, 1750-1840,* Paris, Flammarion, coll. «Champs», 1990.

68) Charles-François Mathis, *In Nature We Trust. Les paysages anglais à l'ère*

industrielle, Paris, Presses universitaires Paris Sorbonne, 2010.

69) [역주] 통상 아침에 깃발을 게양하고 오후에 강하하는 방식을 전복한 방식이다.

70) «Bernard Charbonneau: génie méconnu ou faux prophète? Entretiens avec Patrick Troude-Chastenet», *Revue internationale de politique comparée,* vol. 4, n° 1, 1997, p. 195.

71) Bernard Charbonneau, *Une seconde nature. L'homme. La société. La liberté,* Paris, Sang de la Terre, 2012. [역주] "취약성"과 "유약성"으로 번역한 두 용어는 서로 혼합되어 사용되는 경우가 많다. "취약성"으로 번역한 용어는 이삿짐 상자 표면에 적힌 "취급주의"를 연상케 한다. 이 용어는 마치 유리잔이 깨지거나 뼈가 부러지는 것처럼 "깨지기 쉬움"의 상태를 가리킨다. "유약성"으로 번역한 용어는 살갗에 상처를 입는 것처럼 "상처 입기 쉬움"의 상태를 가리킨다. 두 용어 모두 외부 환경, 억압, 압력, 파괴 등과 같은 위험에 쉽게 노출된 상태를 가리킨다. 다만, 후자는 일정 시간이 지나면 상처의 회복과 치유가 이뤄지는 "회복탄력성"(la résilience)과 연결될 수 있다는 점에서 전자보다 역동적이고 능동적인 특성을 보인다.

72) 위에 인용한 글 전체에 관해 다음 자료를 보라. Bernard Charbonneau, *Quatre témoins de la liberté: Rousseau, Montaigne, Berdiaev, Dostoïevski,* 미간행, p. 43-44.

73) Clive Hamilton, *Les Apparentis sorciers du climat. Raisons et déraisons de la géo-ingénierie*, Paris, Seuil, 2013.

74) 보다 원활한 읽기를 위해, 우리는 확실하게 불필요해 보이는 표현들로 보이는 부분은 교정했고, 몇 가지 쉼표와 마침표를 새로 추가했다. 문서들이 대부분 강연 원고였기에 필요한 작업이었다.

75) 1935년에 작성된 이 문서는 파트릭 트루드샤스트네의 주석을 포함해 다음 자료에 재수록된다. *Cahiers Jacques Ellul*, n° 1, 2004, p. 63-79. 트루드샤스트네의 말을 들어보자. "자끄 엘륄이 내게 직접 이야기해 준 바,

이 문서는 타자기로 작성한 15쪽 분량의 글이며 프랑스 서남부 지역의 '에스프리' 운동 동지들에게 배포되었다. 엘륄은 이 문서를 1935년에 작성했다. 에마뉘엘 무니에가 1936년에 발표했던 '인격주의 선언'보다 빨랐다. 1935년 11월에 에스프리 '내부 활동가들을 위한 잡지'에 게재된 '1935년 10월부터 1936년 10월까지의 모임 진행 프로그램 계획표'를 참고하면, 우리는 제1차 '인격주의 선언에 관한 학회' 공고문을 확인할 수 있다. '보르도 인격주의자 시사지'는 특집호 8/9호(날짜 미기재)를 발간했다. 타자기로 작성한 총 43쪽 분량의 이 잡지는 학회에서 발표된 문서들을 수록했고, 당시 가격으로 3,50프랑(약800원)에 판매되었다. 우리는 이 잡지에서 구두로 소개된 '인격주의 선언을 위한 강령'(발전된 형태)을 또 발견할 수 있고, 강령의 작성이 학회보다 이전 시기라는 점을 유추할 수 있다. 자끄 엘륄 사후, 아들 장(Jean)은 '인격주의 선언을 위한 강령' 원본을 발견했고, 내게 자료 복사를 허락했다. 다른 문서들과 비교했을 때, 이 문서는 공생 관계였던 두 친구의 공동 작업이 빚은 결과물이라 할 수 있다. 문서 전체의 틀은 엘륄이 잡았고, 샤르보노는 거기에 몇 가지 내용을 보충, 수정했다." 이 책에 수록된 '인격주의 선언을 위한 강령'은 파트릭 트루드-샤스트네가 주석을 달고 세세하게 복기한 문서를 따랐다. 다음 자료를 보라. Cf. Bernard Charbonneau et Jacques Ellul, «Directives pour un manifeste personnaliste», *Revue française d'histoire des idées politiques*, nº 9, 1er semestre 1999, p. 159 - 177.

76) 잡지 『새 질서』(L'Ordre Nouveau)의 주필들 가운데 일부와 마찬가지로, 샤르보노도 다양한 글에서 '국가'(l'état)를 일부러 소문자로 적는다. 그가 소문자를 고집하는 이유는 사회생활에서 국가의 중요성과 중심성이 차지하는 비중에 대한 의구심 때문이다. 따라서 국가를 향한 샤르보노의 의심이 이 단어의 철자법에 투영되었다. 국가 권력(규범, 사회, 군사 등의 분야)의 팽창에 이의를 제기하기 위해, 이 단어에서 대문자가 차지했던 상징적 위상을 제거하는 도박을 감행한 셈이다. 만일 샤르보노가 통용되는 방식인 "국가"(l'état)를 사용할 경우, 보통 우상이나 물

신과 같은 수준의 영험한 기운을 내뿜는 국가, 신격화된 국가에 대한 도전을 계속 환기하기 위해서이다.

77) [역주] 인격주의의 핵심에는 인격체인 인간이 대상, 물건, 수단으로의 환원 불가능하다는 것에 있다. 그러나 샤르보노와 엘륄이 바라본 1930년대 인간은 각종 숙명론의 수단과 대상이었다.

78) [역주] 소련에서 벌어진 노동자 주조의 생산성 향상 운동이다.

79) 원고에 있는 이 문장의 형태는 모호하며, 제대로 구성되지 않았다. 이 책에 재 수록된 문장은 다음 자료에 등장한다. *Revue française d'histoire des idées politiques*, nº 9, 1er semestre 1999.

80) 피에르 기미에(Pierre Guimier)는 1930년대 아바스(Havas) 통신소의 광고주였다. 1936년 인민전선 정부의 내무부 장관 로제 살랑그로(Roger Salengro)의 자살을 부추겼던 여론전의 반작용으로, 그는 아바스의 광고주 자리에서 물러나야 했다.

81) 1934년에 급진파 정치인이 만든 용어인 '200 가문'은 프랑스 은행의 200대 최대 주주를 가리킨다. 일종의 과두제를 형성해 은행의 운영 통제권을 행사했던 이 가문들은 1936년 인민전선의 승리 이전까지 프랑스 과두 권력의 상징이었다.

82) [역주] 저자들은 여기에 '닫힌'(fermé)이라는 용어를 사용한다. 제반 형식의 전체주의의 침투를 막을 수 있는 개별 인격의 삶과 자유를 보장할 수 있는 사회를 서술하는 표현이다. 타인과 교통하지 않고 자기만의 세계에 은신하는 폐쇄성을 의미하는 말이 아니다.

83) [역주] 샤르보노와 엘륄은 지속적으로 생활양식의 변혁을 인격주의 혁명의 중요한 내용으로 거론한다. 이러한 변혁은 언행일치, 지행일치를 비롯해, 낭비와 소비를 부추기는 각종 경제 체제에 대한 절제 혹은 거부, 음식 섭취, 교통수단 활용과 같은 일상생활 전반에 걸친 판단과 결정의 자율성을 아우른다. 인격체인 인간이 이러한 판단 기준과 주체가 될 수 있는 상태까지 자가 변혁을 일궈야 하는 혁명이다. 무거운 숙제다.

84) [역주] 지역의 풍토, 토질, 섭생 방식, 기후 등을 질적으로 깊게 고려하는 곡물 재배 연구를 발전시켜야 한다는 의미이다. 오늘날에도 이것은 식량의 세계화, 프랜차이즈 음식과 같은 식단의 획일화, 유전자 변형 생물(GMO) 재배지 확대를 저지하거나 대안 마련책에 복무할 수 있는 중요한 부분이다.

85) [역주] 역으로 대도시 거대 밀집 지구가 존재하지 않는다면, 그것을 정당화할 이유도 없다.

86) 오이겐 폰 뵘-바베르크(Eugen von Böhm-Bawerk, 1851-1914)는 오스트리아 자유주의 경제학파 소속의 경제학자이자, 『자본과 이자-이자론의 역사와 비판』(1884)의 저자이다.

87) [역주] 사회 정의의 구현을 목적으로, 자유의 실질 조건 마련에 필요한 조치에 적극 나서야 하는 국가를 의미한다. 사회국가는 민주주의, 법치주의와 함께 헌법을 구성하는 기본 원리이기도 하다.

88) [역주] 기술 사회에서의 광고의 문제를 다룬 글로, 자끄 엘륄의 『기술 담론의 허세』 4부 2장 「광고」 편을 참고하라. 1980년대 엘륄의 진단에 따르면, 광고는 '현대 사회의 보이지 않는 독재자'이다. 광고는 매우 탁월한 대중 선전 수단이자 대중 조작 수단으로 각광을 받는다. 이미 1930년대 글에서 이러한 판단의 단초를 발견할 수 있다는 점이 놀랍다. Jacques Ellul, *Le bluff technologique*, Paris, Librairie Arth me Fayard/Pluriel, 2010[1988], p. 621~639.

89) 1936년 1월 15일 그리스 아테네에서 개최된 학회에서 발표한 글이다. 다음 자료에 등사본 출력 형태로 수록되었다. 정확한 날짜는 기재되지 않았으며, 2프랑에 판매되었다. *Bulletin du groupe de Bordeaux des Amis d'«Esprit»*.

90) 피에르 라발(1883-1945)과 피에르-에티엔 플랑댕(1889-1958)은 1930년대 초반 우파 정부의 주요 지도자들이었다. 이후 페탱이 이 집단을 이끈다.

91) 샤르보노는 «celles-là»라고 기록했다. 확실한 오타이다.

92) 가스통 두메르그(Gaston Doumergue, 1863-1937)는 좌파 카르텔의 승리(1924-1931) 이후 프랑스 공화국의 대통령을 지냈다. 거국일치 정부를 이끌기 위해, 1934년 2월의 소요와 시위 이후에 호출된 인물이다.

93) 프랑스군의 연대장인 프랑수아 드 라 로크(François de La Rocque, 1885-1946)는 불의 십자단 운동의 지도자였다.

94) 마르셀 카셍(Marcel Cachin, 1869-1958)은 프랑스 공산당의 창당위원 중 하나였다. 사망하기 전까지 공산당 성향의 잡지 『뤼마니테』의 책임 편집자였다.

95) 좌파정당 연합 조직인 인민전선은 1934년 2월 사건을 계기로 1935년 7월에 결성되었다. 1936년 국회의원 선거에서 다수당이 되었고, 레옹 블룸이 실권자가 되었다.

96) [역주] 파시즘 성향의 프랑스 극우단체.

97) 베르나르 샤르보노는 1930년대 보르도에서 언론위원회를 조성했다. 그는 친구 엘륄과 함께 언론 연구를 필두로 사회 담론에 관한 비판적 분석 방법인 "사회 통념들에 관한 주석"을 실천에 옮길 것을 권했다. 여기에서 그가 윤곽을 잡은 '구경꾼 사회'에서 이뤄지는 미디어 비판은 1986년 저자의 책임 아래에 출간된 『미디어에 물든 사회』(*La Société médiatisée*)에서 한 층 발전된 형태를 보인다.

98) 우리는 이 "연예인"과 "유명한 노래"의 자취를 발견하지 못했다. 혹시 샤르보노가 풍자를 위해 일부러 지어낸 이름이 아닐까?

99) 그는 스타비스키의 변사체가 발견된 다음 날인 1934년 1월 9일 사임한다. 이 사건은 체제의 위기에서 1개월 뒤 정점에 오르는 일련의 반의회주의 시위를 촉발시켰다.

100) 프레데릭 프랑수아-마르살(Frédéric François-Marsal, 1874-1958)은 1924년에 매우 짧게 의회위원장을 지냈다.

101) 비밀 법정(La Saint-Vehme)은 신성 로마 제국의 비밀 조직이었다. 13세기 황위 부재기를 기점으로 중앙권력의 부족분을 보충하기 위해 유사 사법부 기능을 수행했다. 1808년에 공식 해체되었으며, 극단주의지

들은 이 법정의 신화적 위상을 견지했다.

102) [역주] 이른바 '기사로 기사 덮기'의 전형이다.

103) Cf. Jacques Ellul, «Fatalité du monde moderne», *Journal du Groupe personnaliste de Bordeaux*, n° 8-9 (début 1937), repris dans *Cahiers Jacques Ellul*, n° 1, 2004, p. 95-111.

104) 베르너 좀바르트(Werner Sombart, 1863-1941)는 국가사회주의에 동조하기 전까지 마르크스주의의 영향을 받았던 독일의 경제학자, 사회학자이다. 자본주의 역사에 정통한 학자로 널리 알려졌다.

105) 조르주 소렐(Georges Sorel, 1847-1922)은 혁명적 조합주의 이론가들 중 하나였다. 그의 저작은 이탈리아 파시즘 이데올로기 생산자들에게 영향을 미쳤고, 1930년대 프랑스 비순응주의 운동가들에게도 영향을 미쳤다.

106) 민족주의와 왕정복고주의 운동인 악시옹 프랑세즈는 1899년에 시작되었다. 당시 드레퓌스 사건으로 장안이 떠들썩했다. 2차 대전까지 이 운동을 이끈 주요 지도자는 샤를 모라(Charles Maurras), 자크 뱅빌(Jacques Bainville), 레옹 도데(Léon Daudet)였다.

107) 에두아르 에리오(Édouard Herriot, 1872-1957)는 급진당 당수였고, 리옹 시장(1905-1957)을 역임했다.

108) 샤르보노는 "러시아 영화들에 나오는 지주의 정확한 초상이다"라고 덧붙인다. 그는 손에 친히 열람한 복사본을 들고 이렇게 이야기했다.

109) 드니프로의 수력발전 댐은 1927년에서 1932년 사이에 우크라이나에서 건설되었다. 이 댐은 스탈린 시대 소비에트 산업화의 승리를 상징했다. 이탈리아 샤르데냐의 티르소 댐은 1924년에 건설되었다. 당시 댐 건설로 거대한 인공 호수가 만들어졌다. 이 과정에서 마을 두 곳과 고고학 유적지가 침수되었다.

110) 1930년대 비순응주의 진영에서 활발하게 일어나고, 전후 미국 정치학계 이론가들이 재발견하는 공산주의, 이탈리아 파시즘, 나치즘 체제에 대한 동시다발적 비판에 관해 다음 자료를 참고하라. cf. Sébastien

Morillon-Brière, «Bernard Charbonneau et le totalitarisme (1910-1950)», mémoire de master (석사논문), université de La Rochelle, 2000.

111) 샤르보노는 [정치라는 용어를 추가하지 않고] "비례대표제"라고 쓴다.

112) 샤르보노는 이 문장을 새로 고친다. "우리 시대의 이상은 일시적으로 우리 배후에 있다. 바로 미국의 번영(1927)이다."

113) [역주] 히틀러를 지칭한다.

114) 1904년에 창간된 파시스트 잡지로, 1936-1938년 사이에 인민전선을 지지했고, 1940년 이후로 마르셀 데아의 지도 아래 '대독 협력 정책 동조 노선'(le collaborationnisme)을 표방하는 기관이 된다.

115) [역주] 경찰의 명령과 질서만 합법이라면, 나머지 시위나 소요는 모두 불법이 되기 때문이다.

116) [역주] 이탈리아는 1935~1936년에 에티오피아를 재침(제2차 침공)해, 에티오피아, 에리트레아, 소말리랜드를 잇는 이탈리아령 동아프리카 식민지를 건설했다.

117) 피에르 라마르(Pierre Lamare)는 지리학자이며, 1930년대 출간된 여러 책의 저자다. 특히 에티오피아와 아라비아 지질학에 관한 연구서 저자로 유명하다.

118) 마리위스 루스탕(Marius Roustan, 1870-1942)은 피에르 라발 정부에서 국가 교육부 장관을 지낸 인물이다.

119) 이 인용문의 저자는 익명이다. 자끄 엘륄은 자신의 논문 「파시즘, 자유주의의 아들」에서 별다른 출처를 밝히지 않고 본문을 다뤘다. 엘륄의 글을 참고하라. Jacques Ellul, «Le fascisme, fils du libéralisme», *Esprit*, n° 53, 1er février 1937, p. 761-797(repris dans *Cahiers Jacques Ellul*, n° 1, 2004, p. 113-137).).

120) 클레망 보텔(1876-1954)은 양차 대전 사이에 대중적 유명세를 누렸던 시사평론가이자 소설가다. 프랑스의 민족정신인 갈리아 정신을 외쳤으며, 상식적으로 보수 반동적 태도들을 소개했던 인물이다.

121) [역주] 주체성과 곧은 의지를 바탕으로 징집을 거부하는 청년보다 흐릿한 판단력과 공명심으로 징집에 응하는 청년을 더욱 선호한다는 의미이다. 샤르보노의 이러한 주제는 후일 엘륄의 『선전』에서도 중요한 역할을 한다. 예컨대, 참전을 호소하는 선전과 선동은 전쟁의 참상이나 비극, 후유증에 대해 전혀 선전하지 않고, 애국심이나 동정심, 전우애 등에 호소한다. 만일, 양쪽에 대한 모든 정보를 투명하게 공개한다면, 징집에 응하는 사람은 줄 것이다.

122) 조제프 폴-봉쿠르(1873-1972)는 변호사이자 사회주의 계열 정치인이다. 1932-1933년에 국회의장을, 1933-1934년에 외무부 장관을 지냈다.

123) 저자 샤르보노는 이 문장에 단수가 아닌 복수형을 사용했다.

124) 프랑스에서 최대 판매 부수를 기록한 일간지를 말한다.

125) 『배빗』(Babbit, 1922)은 싱클레어 루이스의 소설이다. 1930년 노벨 문학상을 수상했다. 현대 기업을 대표하는 표본을 가리키고, 영웅담을 담은 종교의 혼이 사라진 순응주의를 가리키는 상용어에도 그리스 영웅의 이름이 지체 없이 들어온다.

126) [역주] 프랑스 누벨 아키텐에 속한 지역 이름이다.

127) [역주] 샤르보노는 인격의 "익명화"를 부추기는 현대 문명을 구조화된 사회적 죄로 보았다. 이러한 시각은 훗날 "절대 자유"에 대한 그의 깊은 통찰로 이어진다. 엘륄은 기술 문제를 심오하게 밀고 나가 체계화되고 구조화된 기술 사회 속에서 인간다운 삶, 인간이 기준과 척도로 설 수 있는 "자유인"의 모습을 모색하려 한다. 1950~60년대 작성되었지만 최근에서야 빛을 본 샤르보노의 다음 책들을 보라. Bernard Charbonneau, *L'Homme en son temps et en son lieu*, Paris, RN Éditions, 2017; *Quatre témoins de la liberté. Rousseau, Montaigne, Berdiaev, Dostoïevski,* Paris, RN Éditions, 2019; Je fus. Essai sur la liberté, Paris, RN Éditions, 2021.

128) [역주] 아마도 독자들은 이 책에서 샤르보노의 주관주의가 진하게 묻은 표현들을 수없이 접할 것이다. 역자의 생각에, 이러한 주관주의는 샤르보노의 강점이자 약점이다. 자기의 뿌리와 주관적 체험에 근거한

"실제" 이야기에서 출발하기 때문에, 자주성과 독립성을 구축할 수 있다는 강점이 있지만, 철저히 지역주의에 갇힐 수 있는 약점도 공존한다. 샤르보노가 비판을 받은 주요한 이유 가운데 하나가 바로 그의 고집스러운 "주관주의"였다.

129) [역주] 유럽은 오랜 세월 "영민이 영주의 종파에 복속되는"(cujus regio, ejus religio) 체제, 정교일치 체제를 유지해 왔다.

130) Robert Aron et Arnaud Dandieu, *La Révolution nécessaire*, op. cit.

131) Robert Aron, *Dictature de la liberté* , Paris, Grasset, 1935.

132) 무니에의 인격주의 관련 선언이 바로 그 해에 나왔다. 이 부분에서 중요한 무니에의 책은 다음과 같다. Emmanuel Mounier, *Révolution personnaliste et communautaire*, Paris, Éditions Montaigne, 1935.

133) Denis de Rougemont, *Politique de la personne*, Paris, Éditions Jes ers, 1934. 이 책을 구성하는 대부분의 내용은 『에스프리』에 처음 게재되었다.

134) 샤르보노는 이 부분에서 『새 질서』의 사회 기획의 핵심 요소를 반복한다. 이 책의 서문을 참고하라.

135) 가톨릭 성향의 작가 레옹 블루아(1846-1917)는 『사회 통념들에 관한 주석』(*Exégèse des lieux communs*, Paris, Mercure de France, 1902-1912)이라는 유명한 글을 썼다. 후일 샤르보노와 엘륄은 이 책을 재발견한다(*Exégèse des lieux communss*, Paris, PUF, 1966). [역주] 자끄 엘륄, 『새로운 사회 통념들에 관한 주석』(대장간, 출간예정).

136) [역주] 인격주의 혁명을 말한다.

137) 1937년 6월 「서남부 인격주의자 동인」(바욘, 보르도, 포, 툴루즈)지에 게재된 논문이다. 본서에 포함되지 않은 『자연과 벗하는 이들의 연맹을 위한 내규 기획』(*Projet de règlement pour une fédération des amis de la nature*)에 부록으로 실린 글이다.

138) 장 시아프(Jean Chiappe, 1874-1940)는 파리의 경찰청장이며, 좌파 시위에 대한 강경 진압과 우파 소요와의 교감으로 논란의 중심에 선 인물이다.

139) [역주] 독자들은 샤르보노의 본문을 읽으며, 흐름이 매끄럽지 않다는 점을 확인하게 될 것이다. 또 당대 일어난 사회 운동과 분위기를 반영한 글이기에, 상세한 설명을 생략하고 빠른 속도로 논의를 진행하는 점도 확인하게 될 것이다. 역자는 이 점을 고려해 글의 흐름을 다듬었다.

140) [역주] 뒤에서 다시 다루겠지만, 샤르보노가 이야기하는 "자연 감성"은 아나키즘의 기초 사상이다. "계급투쟁"이 공산주의 사상의 기초 사상이듯이, "자연 감성"은 일체의 강권주의에 대항하는 아나키즘 사상의 토대이다.

141) [역주] 여기에서 자연 감성은 언어화하기 어려운 잔여 지대를 가리킨다.

142) 여기에서 베르나르 샤르보노는 에른스트 에리히 노트(Ernst Erich Noth)의 책 『독일 청년의 비극』(*La Tragédie de la jeunesse allemande*, Grasset, 1934)에 준거해, 독일어로 "청소년 운동"(Jugendbewegung)이라 불리는 운동을 참고한다. 이 운동은 그 기원에서 "철새"(Wandervögel) 운동과 동일하다. 19세기에서 20세기로 넘어오는 전환점에 카를 피셔가 창립하고 이끌었던 "철새" 운동은 1914년 약 2만 5천명이 모일 정도로 대규모 조직이 되었다. 빌헬름 황제 통치기 사회의 엄격한 풍습과 제도에 맞서 자유 이념을 견지했고, 자발성을 띤 일주 여행자들의 모습을 보였다. 종파적 혹은 정치적 성향을 보인 청년 조직들의 발전으로 경쟁 관계에 돌입한 이 운동은 1차 대전 이후 "연방 청소년단"(bündische Jugend)을 통해, 이후 이들을 모두 흡수한 히틀러주의 성향의 청소년단을 통해 완전히 엘리트주의적이고 군대식 조직으로 변질되었다. 특히 히틀러주의 성향의 청소년단은 수령 예찬과 질서 존중에 지대한 역할을 했다. Cf. Marie-Bénédicte Vincent, *Histoire de la société allemande au XXe siècle*, Paris, PUF, 2003.

143) [역주] 샤르보노의 주 활동 무대였던 프랑스 서남부 지방에 있는 지역 이름이다.

144) [역주] 샤르보노가 염두에 둔 산은 아마도 피레네 산맥일 것이다.

145) 민족주의 성향의 작가 모리스 바레스(Maurice Barrès, 1862-1923)의 소설 『영감의 원천』(*La Colline inspirée*)을 암시한다.

146) [역주] 도덕주의자 혹은 인간성 탐구자로 불리는 모랄리스트는 마땅한 번역어가 없는 것도 사실이다. 왜냐하면 16~8세기 초반에 걸쳐 프랑스에서 나타난 수필과 산문 중심의 인간 심리와 풍속 묘사에 해당하는 사람들을 가리키기 때문이다. 샤르보노가 자유에 대한 탐구에서 중요하게 다뤘던 몽테뉴를 비롯해, 파스칼, 라로슈푸코, 보브나그르 등은 예리한 심리 관찰을 바탕으로 인간의 호의나 존재 방식, 욕망을 사실 그대로 파악하려 했고, 이러한 인간들의 현실 다양한 가능성이나 조건을 통찰하면서 인간의 더 나은 삶에 대한 추구와 그에 대한 성찰을 지속했다. 동양에서 전통적으로 회자되는 '도덕'과도 결이 다르며, 단순한 정신주의로 환원되기도 어려운 용어이기에 원음을 그대로 살려서 번역했다.

147) [역주] 19세기까지 존재했던 그리스 중부에 있던 호수 이름이다.

148) [역주] 로빈슨 크루소가 섬에서 원주민을 만난 날이 '금요일'이라 하여 그 원주민의 이름을 '금요일'이라 칭한 내용을 가리킨다.

149) 프랑수아-르네 드 샤토브리앙(1768-1848)의 소설 『르네』(1802)를 보라.

150) [역주] 인도에서 코끼리 사냥에 사용되는 무기를 말한다.

151) 날개 돋친 뱀, 메소아메리카 문명의 신이다. 인류는 이 신의 성관계에서 나온 피에서 태어났다.

152) 아스테카인들의 신이다. 전쟁과 태양의 신이다. 이 신에게 드리는 제사에 인간 희생물이 필요했다.

153) 폴 모랑(1888-1976)의 소설 『루이스와 이렌』(*Lewis et Irène*)에서 따왔다.

154) [역주] 라파와 모레아는 폴리네시아 지역에 있는 프랑스령 섬들이다.

155) [역주] 에셴바흐의 중세 기사 소설을 대본으로 한, 바그너의 오페리

제목이다.

156) [역주] 당시 군용 차량이나 수송 차량으로 사용된 차종을 가리킨다.

157) 이 영화는 1936년 베네치아 영화제에서 최고의 이탈리아 영화에 선정되어 무솔리니 컵을 수상했다. 아우구스토 제니나(1892-1957)는 파시스트 통치 기간의 유명한 이탈리아 영화인이다.

158) [역주] 이탈리아는 리비아를 식민 통치했다.

159) 주상(柱上)성자 시메온(392-459)은 시리아의 성자로서, 속세를 떠나 기둥 꼭대기에서 수년 동안 살았다.

160) [샤르보노의 주석] 다음 영화 주간지를 보라. *Pour vous*, numéro Pâques 1937.

161) [역주] 이탈리아와 오스트리아 접경의 '티롤' 지역에 있다. 현재도 각광 받는 유명 관광지 가운데 하나이다.

162) [역주] 우리는 샤르보노가 정확히 누구를 겨냥해서 이러한 글을 썼는지 알 수 없다. 그 점에서 샤르보노의 글은 수수께끼이다. 다만, 샤르보노는 '객관성'과 '다수성'에 기초한 사회학 연구 방식에 대한 회의감을 에둘러 표현한다. 이것은 근대성의 주요 특징에 대한 문제 제기이기도 하다. 지금도 특정인의 취향과 행동, 섭취 음식, 기호 활동 등을 연구하는 '질적'이고 '주관적'인 방식은 여전히 객관성을 담보하기 어렵기 때문에 비과학, 비학문 아니면 반쪽 과학, 반쪽 학문 취급을 받지 않는가?

163) [역주] 프랑스 철도청의 전신이다. 파리(P)리옹(L)지중해(M)를 잇는 노선을 운영했다.

164) [역주] 흑해 북부 연안에 위치한 반도이다. 서유럽 사람들에게는 미지의 관광지나 다름없는 곳이며, 저비용으로 쉽게 방문할 수 없는 곳이기도 하다.

165) "환희의 힘 실천단"(Kraft durch Freunde)은 "독일 노동전선"(Deutsche Arbeitsfront)의 비호를 받은 대규모 여가 활동 조직이었다. 이 조직은 나치 체제 아래에서 노조들을 대체했다. 이탈리아 파시스트 조직 "노동

이후"(Dopolavoro)에 영향을 받은 이 조직은 활동 금지 조치를 받은 사회주의 조직들에게서 압수한 토대들('자금'을 비롯한 하부 구조들)을 유산으로 물려받았다.

166) 프랑수아 드 라 로크 대령의 불의 십자단(Croix-de-feu) 재향군인회와 연계된 조직인 국민의용대(Volontaires Nationaux)를 암시한다. 인민전선은 두 조직의 활동을 금지했다.

167) [역주] 프랑스어는 가족이나 친구처럼 친밀한 관계에는 '너나들이'(tutoiement)를 사용한다. 그러나 격식을 갖추거나 초면 사이에는 존칭어인 '당신'(vouvoiement)을 사용한다. 후자에는 상대에 대한 존중, 격식, 거리두기, 잠정적 의심과 불신이 모두 포함된다. 샤르보노가 여기에서 말한 청소년 운동의 '너나들이' 존칭어 대체는 나이, 격식, 권위주의, 직업 등과 같은 신분을 모두 벗겨낸 평등하고 근접한 인간 대 인간의 관계를 가리킨다.

168) 에피네로스의 토다로스 산에서 자란 도도네는 떡갈나무 숲의 "바람"을 일으켜 나뭇잎 소리들로 제우스를 찬양하는 신탁의 목소리를 전한다.

169) 압델 크림이 이끈 반(半)유목 부족인 리팽은 모로코 리프 전쟁 기간인 1921년에서 1926년까지 프랑스와 스페인 부대에 거칠게 저항했다.

170) 저자는 강조 구문을 표시하는 '바로'(c'est.. qui)를 "이들"(ce sont)이라고 잘못 기록했다.

171) [역주] 샤르보노는 당시의 주류 이념인 '진보'에 대해 비판적 시각을 보였다. 생산력주의와 군비 증강이라는 측면에서 좌파 역시 진보 문제에 동조했던 바, 진보의 반대인 야생에 사는 사람들을 어떻게 지지할 수 있는지 반문한다.

172) [역주] 직역하면, "나는 감탄에 사로잡혔다"이다. 바로 다음 문장의 '사로잡힘'과 연결해서 이해하라.

173) 우리는 이미 미국의 작가 데이비드 리즈만의 1950년 작 『고독한 군중』을 안다. 샤르보노는 1964년에 출간된 프랑스어 번역본을 참고한다.

에드가 모랭의 서문이 추가된 번역본에 관해, 샤르보노는 "최고 수준의 사회학의 경계선을 보여주는 적절한 예"라 덧붙였다. "사회"라는 주제와 관련해 "청년 진영"의 보폭에 맞춘 저작이라 하겠다.

174) [역주] 샤르보노는 동지애의 진실성을 강조한다. 즉, 인간과 인간 사이에 예의, 장벽, 거리감이 없는 직접적 관계를 지향한다.

175) "윤리 사회주의"(socialisme éthique)를 주장한 플랑드르 출신의 이론가 헨드릭 데 만(Hendrick de Man)은 프랑스 비순응주의자들 사이에서 수없이 논의된 인물이다. 그는 『사회주의 이념, 작업 계획』(*L'idée socialiste suivi du Plan de travail*, Paris, Grasset, 1935)의 저자이다.

176) 1794년 라부아지에(Lavoisière) 사형 선고에 대한 암시이다.

177) 샤르보노는 '상황'(situation) 대신 '해법'(solution)이라는 단어를 썼다. 오기(誤記)로 보인다.

178) 원문에 다소 오류가 있었다. 원문은 4부와 동일한 제목(「자연 감성과 인격주의 혁명」)으로 5부를 구성했다. 따라서 우리는 위 본문을 [4부가 아닌] 이 부분에 배치하기로 결정했다.

179) 국가사회주의 제국의 노동봉사단은 독일 청년들(양성 모두)의 의무복무 사항이었다. 군 복무 직전, 공익 활동(육체노동)에 6개월 동안 참여해야 했다.

180) 붉은매(Les Faucons rouges)는 사민주의와 사회주의 성향에 가까운 청년 운동이었다. 이들은 앵글로색슨의 "적색 스카우트단"을 만들었다.

181) 발리야 국가 활동대(Opera Nazionale Balilla)는 1926년에서 1937년 사이에 활동한 이탈리아 청년 파시즘 조직이다. 설립자 레나토 리치는 조직 창설을 위해 보이스카우트 창설자인 로버트 바덴-파웰의 조언을 비롯해, 예술을 산업 사회에 적용한 독일 학파인 바우하우스(Bauhaus) 대표자들의 조언을 구했다.

182) 알퐁스 도데의 첫째 아들인 레옹 도데(1867-1942)는 샤를 모라가 주도한 왕정복고주의 운동인 '프랑스 행동'(l'Action française)의 주요 인사

였다. 특히 이 집단에서 발간한 잡지의 공동 집필진으로 활약한다.

183) 샤르보노는 “다른 한편”(d’autre part)이라고 기록한다.

184) [역주] 프랑스의 건축가이다. 20세기 건축에 지대한 영향력을 발휘한 인물로, “집은 살기 위한 기계”(생활 거주 기계)라는 말로 유명하다. 녹지 구성 비율을 부쩍 높인 현대 도시 재구성 계획안(당시로서 혁신적인)을 제시했다.

185) 프랑스의 알프스 등정 모임이다.

186) 샤르보노는 “등산을 통해, 산에 오르자”(à la patrie par la montagne)라고 잘못 기록했다.

187) [역주] 샤르보노는 젊은 시절, 이베리아 반도의 무인 지역까지 스스로 탐색했던 경험이 있다. 아마도 그의 이러한 경험이 투영된 문장일 것이다.

188) [역주] 프랑스 국기를 말한다. 샤르보노의 민족주의 혹은 국가주의에 대한 반발심을 은유적으로 엿볼 수 있는 대목이다.

189) 잡지 『플레슈』(화살)는 1934년에서 1939년까지 발간되었다. 최전선 투쟁 노선을 견지한 조직이자 인격주의자들이 다수 포진했던 비순응주의 좌파 운동이었다. 반면 ‘테트 드 모르’(해골)는 타 조직들에 공격적이었던 우익 조직 ‘크루아 드 푀’(불십자단)의 상징이었다.

190) 본 강연은 1945년 말 바스피레네(현 피레네자틀랑티크) 주의 주지사가 참관한 가운데 포(Pau)의 예술 궁 본당(Palais des Arts)에서 열렸다.

191) 알베르 카뮈(Albert Camus)는 8월 8일자 『콩바』지에 프랑스 여타 언론들이 “과학 혁명”을 쌍수 들어 환영하는 모습에 사자후를 토했다. “과학 혁명”이 처음으로 그 모습을 나타냈던 사건은 사상 최악의 사태를 낳았던 살육전, 전례 없던 살육전이었다.

192) [역주] MUR(Mouvements unis de Résistance).

193) [역주] UDSR(Union démocratique et socialiste de la Résistance).

194) [역주] 본문에서 샤르보노는 ‘절대 비관론에’ 순응하지 않겠다는 의지를 보인다. 다시 말해, 인간이 할 수 있는 역량을 발휘하지 않고 신의

영역, 신비의 영역으로 후퇴해 세상의 종말이나 고대하는 모습으로 빠지지 않겠다는 의지를 단문으로 표현한다.

195) 문서에는 실수로 "두 번째"라고 표기되었다. 확실히 샤르보노는 2000년에 시작되는 "세 번째" 밀레니엄(샤르보노는 1945년에 이를 예측한다)에 관해 이야기한다.

196) [역주] 기술 수단들의 발전으로 인한 인간 살상과 자연 파괴의 상황에 대해 눈 감고 입 닫은 현실주의자, 즉 현실 순응주의자를 지칭한다.

197) [역주] 파리의 유서 깊은 카페 이름이다. 프랑스 지성인들의 토론과 논쟁이 활발했던 곳으로 유명하다.

198) [역주] 베르겐-벨젠(Bergen-Belsen)은 2차 대전 당시 나치의 강제 수용소가 있었던 곳이다. 안네 프랑크가 이 곳에 수용되었다.

199) [역주] 부헨발트(Buchenwald)는 나치가 1937년에 건설한 강제 수용소로서 최대 규모의 수용소였다.

200) 랄마미 사모리 투레(L'Almamy Samory Touré, 1830?-1900)는 19세기 말 프랑스의 서아프리카 횡단 정책과 식민지 정책에 저항한 인물이다.

201) 1937년에 발표한 「자연 감성, 혁명적 힘」과 연결된 미간행 원고이다. 원서에는 없는 것을 편집부에서 독자들의 이해를 돕기 위해 추가했다.

202) [역주] 본문에는 "오늘날 필수 사항이 된"이라는 표현이 추가되어 있다.

203)[역주] 「자연 감성, 혁명적 힘」에서 보았던 것처럼, 샤르보노는 당시에 자연으로의 회귀를 외쳤던 파시즘의 자연주의나 부르주아 성향의 보이스카우트 대장정 활동과 분명하게 선을 긋는다.

204) [역주] 본문에서는 "농민들"이라고 적었다. 샤르보노가 "자연 감성"을 누릴 수 있다고 말하는 지역은 대부분 농촌과 산악 지역이다.

205) 역자의 이 물음은 일련 의 "탈식민주의"(postcolonialism) 현대 사상가들을 겨냥한다.

206) Cf. 자끄 엘륄, 『기술담론의 허세』(대장간, 출간예정), 2부 5장 「과학 이데올로기」편을 참고하라. Jacques Ellul, *Le bluff technologique*, Paris, Librairie Arthème Fayard/Pluriel, 2010[1988], p. 321-348.

207) 대표 사례로, 1960년대 중후반 '상황주의'(l'Internationale situationniste)에 대한 공동 연구 문제가 있 다. 엘륄은 차후 68운동에 큰 영향을

미칠 상황주의 운동에 큰 관심을 가졌고, 1966~1967년 무렵에 스트라스부르의 상황주의자들과 긴밀한 관계를 형성했다. 1962년에 출간된 『선전』과 1965년에 출간된 『정치적 착각』은 상황주의 색채와 공명하는 글이며, 이 후에 출간된 기 드보르의 『스펙타클의 사회』에서 엘륄은 공통 시각을 발견한다. 엘륄은 스트라스부르에서 만난 기 드보르에게 공동 연구를 제안했지만, 드보르와 주변 인물들은 엘륄이 "기독교인"이라는 이유로 제안을 거절한다. 이 결과를 두고, 엘륄은 교회의 오염과 기독교의 역사적 실패를 한탄했다.

208) 베르나르 샤르보노 전문가인 다니엘 세레쥐엘에 따르면, 어린 시절부터 학문 재능을 발휘했던 엘륄과 달리, 샤르보노는 학과 공부에 큰 관심이 없었다. 그 결과 그는 '대입 시험'(baccalauréat)에도 세 번 낙방했다. 대학에 진학해 지리학과 역사학을 전공하며, 뒤늦게 학문에 두각을 나타냈지만, 애당초 학계로 진출할 생각이 없었다. 다음 자료를 보라. Daniel Cérézuell, *Bernard Charbonneau ou la critique du développement exponentiel*, coll. «Les précurseurs de la décroissance», Lyon, Éditions le passager clandestin,, 2018, p. 15-21.

209) Daniel Cérézuelle, *Écologie et liberté. Bernard Charbonneau, précurseur de l'écologie politique,* Lyon, Parangon/Vs, 2006, p. 13-34.

210) Frédéric Rognon, *Le défi de la non-puissance. L'écologie de Jacques Ellul et Bernard Charbonneau,* Lyon Éditions Olivétan, 2020, p. 33.

211) Jacques Ellul, *La Technique ou l'enjeu du siècle*, Paris, Éd. Economica, 2008[1954], p. 141.

212) 앞에서 이야기했지만, 오늘날 기술은 경제 및 정치와 단단히 결속되어 있다. 우리는 이러한 구조에서 경제의 후원을 받은 기술(혹은 과학)이 연구의 결과를 가감 없이, 진실하게 모두 밝힐 수 있을지에 대한 우려가 크다. 과연 후원자의 입맛에 맞지 않는 이야기가 대중들에게 전달될 수 있는가? 참고로, 이러한 문제는 1950년대 경쟁하듯 이뤄진 핵실험에 대한 비판에서도 엿볼 수 있다. 다음 자료를 참고하라. Albert Sch-

weitzer, *Paix ou guerre atomique*, Paris, Éditions Albin Michel, 1958, p. 1423. 이 글에서 슈바이처는 권력 눈치를 보면서 핵실험의 문제를 축소, 은폐하려는 선전가들(학자들 포함)을 맹비난한다.

213) Frédéric Rognon,, *Le défi de la non-puissance. L'écologie de Jacques Ellul et Bernard Charbonneau*, op. cit., p. 37.

214) *Ibid.*, p. 38.

215) Jacques Ellul, *Le bluff technologique, op. cit.*, p. 163-200.(대장간 근간)

216) [역주] 이는 이반 일리치가 엘륄의 글을 읽은 뒤 시도한 방법론이기도 하다.